U0540216

暗網惡帝

直擊全球最大器官交易、毒品走私、軍火買賣帝國絲路偵查全紀錄

American Kingpin:
The Epic Hunt for the Criminal Mastermind
Behind the Silk Road

尼克・比爾頓（Nick Bilton）──著
傅文心──譯

高寶書版集團

獻給我太太克莉絲塔（Chrysta）和兒子薩莫塞特（Somerset）、艾默生（Emerson）。

我愛你們勝過大千世界的任何事物。

沒有人可以長時間戴著一種面具面對自己，而對著他人展示另一副面具，
末了卻不會困惑，究竟何者為真。

——美國作家霍桑（Nathaniel Hawthorne）《紅字》（*The Scarlet Letter*）

我這麼做是為了自己。
我喜歡，我也很擅長。
而且我真的……我覺得自己活過。

——出自《絕命毒師》（*Breaking Bad*）老白（Walter White），
亦即海森堡（Heisenberg）

目錄
CONTENTS

第二部

目錄

CONTENTS

第三部

目錄

CONTENTS

第四部

第五部

目錄
CONTENTS

絲路成員

恐怖海盜羅勃茲

即羅斯．烏布利希

百變瓊斯

身兼參謀與導師的羅傑．托馬斯．克拉克

挪伯，毒販、絲路黨羽

即卡爾．福斯．緝毒局專員

ChronicPain **，版主柯第斯．格林**

住在猶他州西班牙福克

理查．貝慈

友人、程式設計師

絲路其他員工

- SameSameButDifferent
- Libertas
- Inigo
- Smedley

絲路（The Silk Road）

執法單位人員

執法單位

芝加哥國土安全部

· 傑瑞德・德-耶吉亞
絲路上的臥底身分是希瑞絲

馬可波羅專案小組

· 卡爾・福斯・巴爾的摩緝毒局
絲路上臥底身分是挪伯
· 麥可・麥克法蘭
巴爾的摩國土安全部人員
· 肖恩・布里吉斯
巴爾的摩特勤局

美國聯邦調查局紐約市分局

· 克里斯・塔貝爾
· 托姆・基爾南
· 日煥・廉

美國國稅局紐約辦公室

· 蓋瑞・艾福德

美國聯邦檢察官紐約市辦公室

· 瑟林・特納
助理聯邦檢察官

作者的話

我母親於二〇一五年逝世，她不但酷愛讀書，每次看書都有個怪僻，總是先從最後一頁讀起，再回到開頭。對她而言，每本小說都從結局開始。

我提起這件事是因為寫作本書時，我已經決定要把開頭——通常是序言，也就是作者說明成書經過的一段文字——挪到結尾。我會在「報導二三事」說明如何報導、如何撰寫接下來你即將閱讀的連篇文字，詳盡記錄數百萬文字和研究、照片與音檔、數千小時的報導（包括神人記者約書亞．比爾曼（Joshuah Bearman）和約書亞．戴維斯（Joshua Davis）的研究）全都用在本書的創作，而這麼一來，我也洩露了故事結局。

我希望閱讀相關報導不會毀了這則精彩故事，但在你還沒有機會漫步大廳之際，就先解釋建築怎麼蓋的，似乎沒有必要。

本書引用絲路（Silk Road）老闆與員工的多段對話，一字不差，除了讀不懂的錯字之外，保留一切拼字錯誤或特殊用法，原汁原味呈現真實對話。

以上，我保證結局會揭曉所有事情，一如既往。

第一部

第一章　粉紅小藥丸

粉紅色。

一粒粉紅小藥丸，兩面各壓印一隻松鼠。傑瑞德．德－耶吉亞（Jared Der-Yeghiayan）目不轉睛地瞪著小藥丸。

郵件收發室沒有窗戶，傑瑞德站在那裡，脖子掛著美國國土安全部（Department of Homeland Security）識別證，映著天花板鹵素燈泡的光，一閃一閃著。

每三十秒，飛機轟隆隆劃過窗外天際。

一身尺寸過大的衣服、留著小平頭、一雙無邪的淡褐色眼睛，傑瑞德看起來就像一名青少年。他身材健壯的同事麥可（Mike）——是一名海關暨邊境保護局（Customs and Border Protection）官員——遞給傑瑞德裝著那粒粉紅小藥丸的信封，說道：「我們開始每週都會收到幾封。」

白色正方形的信封，右上角貼著一張郵票，背面印著德文HIER ÖFFNEN，下方印著英文翻譯：「OPEN HERE（由此開啟）」，收件者是黑體印刷字「DAVID（大衛）」，目的地為芝加哥西新港大道（West Newport Avenue）。

傑瑞德從六月就開始等這封郵件。

運送這封郵件的荷蘭皇家航空611班機由荷蘭出發，飛行六千四百公里，幾個小時前才降落在芝加哥歐海爾國際機場（Chicago O'Hare International Airport）。疲倦的旅客起身伸展四肢，六公尺下方波音747機身的腹部，地勤正在卸載貨倉。大小不一、樣式各異的行李送往一方；四十幾個裝滿航空郵件的藍盒子則送往另一方。

機場員工都暱稱這些藍盒子為「刷手服」。藍盒子會穿越機坪，抵達十五分鐘外的巨大郵件收發處。盒子內裝的家書、商業文件以及那個裝著詭異粉紅小藥丸的白色方形信封都會經過收發室，通過海關，再進入美國郵政署（United States Postal Service）龐大繁雜的物流網絡。如果事情照計畫進行，通常也是如此，粉紅小藥丸的白色信封以及許多相似的信封會毫無阻礙地平安送達收件人手上。

但不是今天，不是二〇一一年十月五日。

傍晚，海關暨邊境保護局官員麥可．溫塔勒（Mike Weinthaler）開始每日例行打卡上班、倒一杯難喝的咖啡、打開藍色刷手服，查看是否有不尋常的郵件：包裹有一點小凸起，回郵地址看起來很假，紙封發出保鮮膜塑料聲，任何一絲可疑之處都不放過。沒有什麼科學根據，更沒有高科技掃描機，也沒有拭子採取殘留物送檢。

十年來，電子郵件數量遠遠超過實體信件，郵政預算遭到大幅刪減，高科技本就很少運用在大件包裹調查中。芝加哥檢疫犬小黑（Shadow）和小皮（Rogue）每個月只會出勤幾次，因此任何想要追查這些刷手服的人，都直接把手伸進去，順著直覺尋找。

例行翻找了三十分鐘，麥可注意到那個白色方型信封。

麥可舉起信封，對著頭頂的燈看，地址是打字，不是手寫，這通常是海關人員的主要線索，代表事情不對勁。據麥可所知，通常商業信件才會用打字，私人信件很少見，而且從荷蘭寄來的信封摸起來有小凸起，同樣令人起疑。麥可拿了一個證據資料夾填寫6051S扣押表格，才能依法開啟信封。麥可把小刀抵在信封底部，像剖魚一般劃開，倒出透明夾鏈袋，裡頭包著一粒粉紅搖頭丸。

麥可在海關處工作了兩年，完全明白一般情況下，聯邦政府根本不會有人想鳥一粒糟糕小藥丸。芝加哥每位政府職員都知道一項不成文的規定，通常藥物數量沒有破千，緝毒探員根本不會處理。美國聯邦檢察官辦公室（U.S. Attorney's Office）只會嘲笑這樣的調查，明明還有其他更大件的案子可以追查。不過，這次麥可收到明確指示，國土安全部傑瑞德幹員請麥可務必攔下類似這樣的郵件。

幾個月前，麥可剛好看到類似的違禁郵件，那封目的地是明尼阿波利斯（Minneapolis）。麥可拿起電話打給美國移民及海關執法局（Immigration and Customs Enforcement）國土安全調查署（Homeland Security Investigations）機場辦公室，像平常一樣準備好會被嘲笑，甚至被掛電話的心情，但接電話的國土安全調查署幹員卻出乎意料地願意傾聽。

傑瑞德那時才剛上工兩個月，說實在的根本搞不清楚狀況。傑瑞德說：「我不能飛到明尼阿波利斯，就為了和找到一粒小藥丸的人說話，所以等到你找到我轄區芝加哥的東西再打來，這樣我就能登門聊聊。」

過了四個月，麥可只要一發現要寄到芝加哥的藥丸，傑瑞德就衝來看了。

麥可問傑瑞德：「為什麼想要處理這種事？其他幹員都會拒絕，已經有好幾年沒人想處理安非他命和海洛因了。但你卻想要這粒小藥丸？」

傑瑞德心裡明白，到頭來很可能什麼都不是，或許只是一位住在荷蘭的屁孩耍白痴寄搖頭丸給幾位朋友而已。不過傑瑞德也正奇怪為什麼單獨一粒小藥丸會千里迢迢來到這裡，寄件人又怎麼會知道這些小小藥物包裹的收件人是誰。

傑瑞德覺得有些蹊蹺，拿走白色信封，告訴麥可：「說不定這信封值得調查。」還必須把信封拿給「保姆」看。

國土安全調查署的每位菜鳥幹員，就職第一年都會被指派一名訓練官。訓練官年資較深，工作駕輕就熟，確保菜鳥不會沒事惹麻煩，通常也讓菜鳥覺得自己就像渣滓。每天早上，傑瑞德都必須打給他的保姆，告知自己當天的工作內容。和幼稚園不同之處只有一項，那就是菜鳥幹員可以帶槍。

果然不出所料，傑瑞德的訓練官覺得一粒藥丸毫不緊急，過了一個禮拜才同意陪這位菜鳥「登門聊聊」——敲敲藥丸收件人的門，順利的話和他們聊聊。

那天傑瑞德開著福特維多利亞皇冠（Ford Crown Victoria）公務車，左彎右拐穿越芝加哥北區，鑰匙圈的小魔術方塊隨著轉彎朝反方向晃動。車上廣播調到運動頻道：芝加哥小熊隊和白襪隊已遭淘汰，無緣晉級，但是芝加哥熊隊摩拳擦掌，準備在級別賽對上底特律雄獅。廣播發出劈啪的雜音，車子轉進西新港大道，一整排兩層樓石灰岩建築，上、下樓層各自分隔成獨立公寓。

傑瑞德對這個勞工階級區很熟。小時候，他在附近的瑞格利球場（Wrigley Field，芝加哥小熊隊主場）看球賽，但現在這一區變成文青大本營，滿街是精品咖啡廳、精緻餐廳，此外傑瑞德現在知道，還有居民在家等待從荷蘭郵寄而來的藥物。

傑瑞德心裡清楚，在頭髮灰白的訓練官眼中，自己有多可笑。兩人在本市數一數二的安全區域，質詢某位居民一粒搖頭丸。不過訓練官怎麼想，傑瑞德毫不在意；他直覺這不止是一粒小藥丸，而是更龐大的事件，只是究竟有多大，目前還不得而知。

看到門牌，靠邊停車，訓練官緊跟在後。兩人步上階梯，抵達一號公寓，傑瑞德敲敲玻璃門。敲門很容易；要人開口聊天，則是全然不同的挑戰。收件人可以輕易地否認那是他的包裹，接下來就沒戲唱了。

二十秒過去，門開了，一名身穿T恤、牛仔褲的瘦巴巴年輕人向外張望。傑瑞德亮了識別證，介紹自己是國土安全調查署幹員，詢問大衛是否在家——沒錯，就是打在白色信封上的那個名字。

年輕人把門打得更開了，答道：「他正在工作。不過我是他室友。」

傑瑞德問道：「我們可以進去嗎？只是想問幾個問題。」室友同意幫忙，側身站到一旁，讓他們走到廚房。

傑瑞德坐下，拿出原子筆和筆記本，問道：「你室友收到很多包裹嗎？」

「對呀，時不時。」

訓練官靜靜站在角落，雙手交叉，傑瑞德瞄了一眼，說道：「是這樣的，我們找到這件包裹，收件人是你室友，裡面裝的是毒品。」

瘦巴巴室友若無其事回道：「沒錯，我知道。」

傑瑞德吃了一驚，沒想到對方這麼隨意就承認收到毒品包裹，但還是繼續詢問他們從哪裡買到這些毒品。

「一個網站。」

「什麼網站？」

室友答道：「絲路。」

傑瑞德瞪著室友，滿臉困惑。絲路？他聽都沒聽過。其實，傑瑞德從沒聽過有網站可以線上買毒品，懷疑自己是否太菜、太無知，還是現在文青大本營都是這樣買毒品。

傑瑞德問道：「什麼是絲路？」試著不要聽起來太明顯，但超級明顯。

伴隨歐海爾機場飛機降落引擎聲，瘦巴巴室友開始加快語速說明絲路網站。他說：「那個網站上，什麼毒品都能買到。」他和室友試了其中一些，包括大麻、安非他命、粉紅搖頭丸，每週都由荷蘭皇家航空611班機載來。傑瑞德做筆記時，瘦巴巴室友用飛快的語速繼續說明：透過匿名瀏覽器「洋蔥路由（Tor）」購買毒品，使用數位貨幣比特幣線上付款。任何人都可以上絲路網站，挑選、購買數百種毒品，不出幾天，美國郵政署就會把毒品送到你家信箱，接著隨你要吸、要吞、要喝、要注射，愛怎麼樣就怎麼樣。

室友說道：「就像亞馬遜，只不過是毒品專用。」

傑瑞德很是驚訝，同時起了疑心，不太相信在暗網上真的存在這種虛擬市場。

『這網站肯定不到一週就會被關閉。』他想。

幾個問題後，他謝謝室友撥冗回答，轉身和不發一語的訓練官一起離開。

走回各自的巡邏車前，傑瑞德詢問訓練官：「你有聽過這個絲路網站嗎？」對方不耐煩道：「噢，當然。大家都聽過絲路。案子都不知道開過幾百件了。」承認了自己竟然毫不知情，傑瑞德有些難為情，但依然面不改色，說道：「反正我會去查一下，看看能發現什麼。」訓練官聳聳肩，開車離去。

一小時後，傑瑞德回到無窗的辦公室，等到地老天荒，老舊的戴爾公務電腦才順利載入。他開始搜尋國土安全部資料庫，查看是否有絲路的公開調查案。但出乎意料，沒有找到任何資料。他換了幾組關鍵字，改變絲路網站的拼法，毫無結果。換一個搜尋欄位呢？還是什麼都沒有。傑瑞德困惑不解，根本沒有像訓練官說的那樣有「好幾百件」絲路案件。一件都沒有。

傑瑞德思索片刻，決定使用次佳科技，任何資深政府官員都會用來調查重要的事：Google。頭幾項搜尋結果是一些網站，介紹中國和地中海之間的古代貿易道路，不過往下滑超過一半，出現一則六月初新聞八卦部落格 Gawker 的文章連結，聲稱絲路是「地下網站，任何想像得到的毒品，任君購買」。該篇文章放了幾張網頁截圖，角落都有綠色駱駝標誌。文章也展示各個毒品的照片，琳瑯滿目，總共三百四十個「品項」，包括阿富汗哈希（Afghani hash，大麻樹脂）、酸十三大麻（Sour 13 weed）、迷幻藥（LSD）、搖頭丸（Ecstasy）、八分之一盎司的古柯鹼（eight-balls of cocaine）、黑焦油海洛因（black tar heroin）。賣家遍布全球，買家也是。

『你他媽的在跟我開玩笑，』傑瑞德心想，『上網買毒品真有這麼容易？』

那天直到晚上，他都在閱讀所有能找到的絲路消息。

週末例行載著太太和兒子前往芝加哥附近的古董市集，路上他整個人心神不定，幾乎滿腦子都是絲路。傑瑞德明白，任何人都可以在絲路購買毒品的話，大家肯定都會買——不管是芝加哥北側的中年雅痞人士，還是中心地區長大的孩子。再說現在絲路可以賣毒品，之後何不販售其他違禁品呢？槍枝、炸彈、毒藥，都不無可能。傑瑞德想像，或許恐怖份子可以利用絲路，策劃另一場九一一事件。望著後照鏡中熟睡的兒子，這些想法讓他感到不寒而慄。

但是網際網路的無名世界，究竟要從哪裡著手？

週末要過完了，傑瑞德總算開始產生新想法，大概知道要怎樣追查這起案件。過程既費力又無聊，但最後有機會追查到絲路網站創辦人。

可是找毒品、抓藥頭，甚至捉拿絲路創辦人都還算容易的了，相較之下，說服長官基於一顆粉紅小藥丸就同意他辦案，卻不大容易。就算能說服上司，傑瑞德也必須美言哄勸美國聯邦檢察官辦公室支持這項調查。此外，全美沒有檢察官會想要偵辦一起微不足道的小藥丸案。雪上加霜的是，傑瑞德，二十六歲，根本就是個菜鳥中的菜鳥，而從來、從來就沒有人會認真把菜鳥當一回事。

傑瑞德需要想辦法說服所有人，這不只是單單一粒粉紅藥丸而已。

週一早上，他心中有了計畫，希望上司聽了再也無法忽視。

他深吸一口氣，走進老闆辦公室，坐下，把白色信封丟在桌上，開口問道：「你有空嗎？我有個重要的東西要給你看。」

——五年前

第二章　羅斯．烏布利希

「羅斯，跳下懸崖。」

羅斯．烏布利希（Ross Ulbricht）站在那裡，朝峭壁下一望了眼，表情微露詫異。下方，奧斯汀（Austin）的佩斯本德湖（Pace Bend Lake）蜿蜒繞過，留下十五公尺深的冰冷湖水。

羅斯傻笑，提起雙手指向自己寬闊的胸，說道：「什麼？為什麼是我？」

他姊姊凱莉（Cally）指著岩石，回道：「就做嘛！」

羅斯，二十四歲，比凱莉高三十公分，低頭看著姊姊，考慮這道命令。毫無預警，羅斯聳聳肩大喊：「ＯＫ！」跑向壁崖朝空一躍，高喊一聲跳入湖中，濺起水花。

攝影機關機。

漫漫長日才剛開始，今天要拍攝實境節目的試鏡錄影帶，姊弟二人組寫了好幾週的腳本，媽媽琳（Lyn）從旁協助。按照計畫，鏡頭從懸崖開拍，再一路往下。羅斯的姊姊會領頭介紹烏布利希姊弟，強調兩人「願意不惜一切贏得《驚險大挑戰》（*The*

Amazing Race），就算跳下懸崖也不是問題」。開頭歡樂地完成了，接著要漫步奧斯汀，刻意對著鏡頭展示誇張反應，希望說服製片人，羅斯和凱莉是參賽者的不二人選。

羅斯從水中抬頭望向姊姊和剛才一躍而下的岩石，顯然這和想像中大學畢業的夏天完全不一樣。

羅斯腦內有部電影，劇情是完全不同的夏天。

那部電影裡，羅斯存錢買戒指，向德克薩斯州（Texas）的完美女友艾希莉（Ashley）求婚。在他的劇本裡，女友願意嫁給他（那是當然）。這對有情人隨後會從德州大學達拉斯分校（University of Texas at Dallas）畢業，他拿到物理學學位，接下來幾個月則會規劃婚禮。兩人都會有好工作，羅斯可能是研究員或理論物理學家。生幾個寶寶，參加親朋好友的生日派對或婚禮，一起變老，幸福快樂，劇終。

不過，羅斯・烏布利希那個版本的人生還沒播完片頭就告終了。就在羅斯存錢買了完美求婚戒，向艾希莉展開浪漫求婚（說願意，拜託，說願意），艾希莉卻說有事必須告訴羅斯（這聽起來不大妙）。就在那時，艾希莉承認，過去一年與好幾個不同的男人出軌（好幾位？是指超過一位？沒錯，好幾位）雪上加霜的是，其中一位還是羅斯的摯友。

畫面淡出。

在懸崖底部，羅斯迅速離開湖水，烏布利希一家動身前往下一個拍攝地點。攝影機開錄，襯著奧斯汀天際線，羅斯和姊姊輪流介紹他們兩人。姊姊說明羅斯是兩人運作的「腦袋」，繼續說羅斯讀物理和材料科學，甚至還破了世界紀錄，製作出地球上最晶瑩剔透的結晶（crystal formation）。

姊姊介紹的時候，羅斯盯著遠方，數百萬個念頭爬上心頭，像一頭動物在複雜的迷宮中暈頭轉向找尋些什麼。擺明了就在此時此地，羅斯發現事情不大對。然而，不清楚究竟是什麼，又到底是怎麼發生的。

二十四年前，羅斯正是在這座城市出生，降臨於父母家中的廚房地板上。即便還不會開口喊媽媽或爸爸，琳和先生科克（Kirk）立刻發現兒子有些與眾不同。還在蹣跚學步，羅斯就顯得深思熟慮，擁有超齡的理解力。從來沒人叫他：「別衝到馬路上！」不知為何，他就是知道不該那麼做，好似他來到世上帶著別人都拿不到的人生使用指南。小小年紀，羅斯就能解出連他父母都不會的物理問題。

青少年時期，羅斯從事一般孩子都愛的活動——在公園做各種體育活動、長時間桌遊比賽、不停盯著漂亮女生——但羅斯往往更愛閱讀政治理論、存在主義、量子力學等書籍。

他可不光是聰明而已，還打從心裡善良。小時候，拯救動物；長大成人，他選擇拯救人類。沒錯，羅斯就是那種會聊天聊到一半，衝去幫忙老太太過馬路的人，不僅幫忙拿大包、小包，還會幫忙指揮交通，讓老太太慢慢穿越路口。

有些人認為他過度無私的態度有點做作演戲的成分：「怎麼可能有人那麼好心？」但這是真的，只要跟他相處一段時間，他們就明白羅斯有多慷慨善良。從說話的方式就可以輕易看出，他說話聽起來親切到會讓人產生些微不悅感，愛用「哎呀（gees）」、「天哪（golly）」、「吼唷（heck）」等等語助詞。如果真的、真的要罵髒話，他會說「看（fudge）」，而不是「幹（fuck）」。

他也有自己的惡趣味。青少年時期，他發掘自己對迷幻體驗的熱愛，至少這算是比較溫和的體驗。羅斯喜歡和夥伴走入附近樹林，點起大麻菸，脫掉襯衫，一同爬樹。高中畢業舞會之後去參加派對，羅斯喝了太多，女友發現他躺在充氣筏上，漂浮在屋主的游泳池中，身上依然穿著燕尾服、球鞋（羅斯沒有正裝鞋，穿了一雙老舊的網球鞋參加畢業舞會），還戴著墨鏡。

儘管如此，不管哪個場合總是在場最聰明的羅斯，現在在奧斯汀的某座公園，站在姊姊旁邊，和其他人競爭入選實境節目。

還有其他選擇嗎？他不大可能往西去矽谷，在新創公司找到工作。幾年前網路泡沫破滅，那些一時興起就隨便創立的公司吸乾了人民的退休金，卻接二連三倒閉，舊金山似乎成了禁航區。往東發展如何？華爾街難道沒有機會給像羅斯一樣聰明的人嗎？沒有機會。房市崩盤導致銀行搖搖欲墜。此外，羅斯肯定無法和女友穩定下來，過著幸福快樂的日子；他的婚姻、白色圍籬的美夢被好幾位陌生男人剷平了。

現在剩下研究所，或跳下懸崖。

羅斯想像實境節目的光環和獎金，只不過是獲取更大成就前的小小繞路。羅斯確信自己的生命有更為宏偉的意義，雖然還不大確定究竟是什麼。或許有一天，會想出那個意義是什麼。只是並非今天。

日光漸弱，《驚險大挑戰》的試鏡拍攝也快要告一段落了，羅斯和姊姊站在奧斯汀街上，面對鏡頭。羅斯套上深色運動長褲、黑色厚毛衣，傍晚太冷要保暖。

姊姊問道：「羅斯，我們贏了拿到一百萬之後，你要拿你的五十萬做什麼？」

羅斯假裝想了一下，然後笑著說道：「哦，我覺得我會把五十萬灑在地上，在上面滾來滾去。」

凱莉抬起手和弟弟擊掌，說道：「那麼我們必須先贏了《驚險大挑戰》。」

攝影機再次關機。羅斯一邊把器材塞進家裡的車子，一邊做白日夢，他開始幻想著即將到來的機會，想像一定會贏到手的五十萬美元。

他所不知道的是，那個機會永遠不會來臨。羅斯沒有中選，不會參加實境節目——

這只是第一個失敗開端，之後還會有許多失敗。但現在，羅斯跳進車，坐在姊姊旁邊，也還不知道再過五年，自己一天就能賺進五十萬美元。

第三章　茱莉亞・維

茱莉亞・維（Julia Vie）上大學的第一週，可能是此生最艱困的七天——至少在那之前是如此。她來到賓夕法尼亞州立大學（Pennsylvania State University），十八歲，沒有朋友，更沒有明確方向。還沒機會融入大學，她的生活就先受到徹底衝擊。在她整理行李，把衣服塞進宿舍衣櫃，把最愛的小說放上書架時，電話響了，媽媽罹癌過世。

喪禮過後，茱莉亞還沒從震驚之中走出來，試圖回到大學想尋找正常生活。茱莉亞推想，或許正常生活代表交個男朋友。茱莉亞渴望有人能照顧她，帶著愛意慣著她，或者用幾頓奢華晚餐寵溺她。

萬萬沒想到，會遇見羅斯・烏布利希。

這只是個天大的意外。茱莉亞漫無目的在校園閒晃，想著媽媽，不知不覺走到秀特里其路（Shortlidge Road）上的一棟大建築。他信步越過古老廳堂，聽到遠處傳來邦哥鼓的聲音。邦哥鼓是源自非洲的樂器，擊鼓之聲很響亮。跟著節奏，推開門，發現一群男生圍坐成半圓，擊打金杯鼓演奏曲子。六位女生圍繞著他們舞動身軀，沉浸在這場即興的音樂律動之中。

茱莉亞悄悄走到房間後方，看得非常入迷。很快，他便發現這是賓州州立大學的種子社（NOMMO[1] Club）——一個非洲鼓打擊社。看著大家演奏，茱莉亞眼角餘光瞄到一名衣著亂糟糟、步伐卻充滿自信的年輕男子朝自己走來，男子伸出一隻手，自我介紹說自己叫羅斯。茱莉亞從頭打量到腳，發現男子沒有穿鞋，襯衫和短褲又破又髒。茱莉亞覺得對方可能是街友，而且鬍子看起來像是好幾個月沒刮了。

擊鼓聲在四周響起，茱莉亞心知肚明，這名看起來像流浪漢的男子深受自己吸引。怎麼不會呢？茱莉亞婀娜多姿，標緻動人，淺褐色的肌膚，雙頰點著雀斑，水靈靈的大眼睛，長睫毛輕輕顫，臉孔也充滿異國風情——一半非裔美國，一半其他血統。茱莉亞出於禮貌，自我介紹了名字便迅速打發羅斯，跟一位看起來像是數週沒洗澡的人聊天，她可是毫無興致。

茱莉亞以為這就結束了。不過一週後，又巧遇這位名叫羅斯的男子。這次情況略微不同，現在羅斯刮了鬍子，穿著長褲——真正的長褲——和鞋子！

茱莉亞越聊越覺得有趣，羅斯風趣、可愛又聰明——太太太聰明了。羅斯說自己是

---

1 譯註：NOMMO源自於史瓦希利語，是種子的意思，還有娛樂之意，在這裡有生命能量的意涵。

賓州州立大學材料科學與工程學系研究生，茱莉亞問那是學什麼的，羅斯說明自己的研究正在驗證晶體材料的稀有性能，也研究自旋電子學[2]和鐵性材料[3]，另外學校每週會支付幾百美元補助他的研究。

不到一週，這名大一新生發現自己就和羅斯在35公路上一家壽司餐廳共進晚餐，沒隔幾天，就一起回羅斯的公寓。沙發上，羅斯褪去茱莉亞的襯衫，茱莉亞也脫下羅斯的上衣。茱莉亞不大認識這位即將發生關係的男子，但她很快就會認識了。羅斯半裸躺在茱莉亞身上，前門發出喀喀聲，羅斯的室友走進門。兩人一邊咯咯笑，一邊跑離客廳，羅斯道：「回我房間吧！」

羅斯領著茱莉亞下樓梯到昏暗的地下室，只有小窗戶透進來幾縷日光。

茱莉亞覺得聞起來像潮濕的水泥或發霉的味道，又像是兩者混合的詭異氣味。赤腳踏在冰冷的水泥地面，茱莉亞不可置信問道：「這是你房間？」

羅斯驕傲地答道：「對呀，住這裡不用付房租。」

茱莉亞挑眉，站在地下室中央觀察離奇的擺設。床旁邊有一臺暖氣機，紙箱四散，

2 利用電子自旋性質來傳輸、處理信息的新興技術，提高數據存儲容量、運算速度並降低耗能。

3 ferroic material，其材料的內部結構能夠在外部場（電場、磁場）作用下發生可逆變化，應用於自旋電子學、記憶體、感測器等領域。

就像小朋友的堡壘——看起來簡直是牢房。

第一次的壽司餐廳約會，羅斯開了一輛比茱莉亞還老的破舊皮卡來接人，茱莉亞以為羅斯只是比較節儉。第二次約會，羅斯打扮得像名西雅圖油漬搖滾（Grunge）樂團貝斯手，茱莉亞當下明白羅斯也毫不在意身外之物（破爛短褲、骯髒襯衫，以及很明顯之前是養老院老人家的鞋子）。可是當茱莉亞坐在地下室床上，看著斑駁牆壁、沒上漆的石膏板，忽然看清了羅斯真的、真的沒有什麼錢，真的、真的不在意世人渴求的目標。

躺在床上，羅斯想要繼續剛才在沙發上做到一半的事，茱莉亞問道：「等等，為什麼你要住在地下室？」

羅斯停下動作，說明自己喜歡這種極簡生活，證明其實可以做得到。既然可以免費住在發霉的城堡，為什麼還要付錢住公寓？茱莉亞沉著臉看羅斯繼續說。羅斯解釋，這不只是為了省錢，生活方式也是內心實驗的一部分，看看能否勉強自己走向極限，捨棄任何想望或需求。舉例來說，羅斯最近一個月選擇沖冷水澡只為了測試自己的韌性（羅斯炫耀道：「過一陣子就能習慣那種冷度。」）。還不止如此，羅斯得意洋洋地告訴茱莉亞，夏天有整整一週他只靠一罐豆子和一袋米過活。

茱莉亞問：「那咖啡呢？」

「我不喝咖啡。」

茱莉亞開玩笑道：「你好小氣。」

冷水澡和地下室的測試，只是羅斯特立獨行的開端。羅斯隨口說道床尾兩個垃圾袋是他的「衣櫃」。一個袋子裝乾淨的衣服，另一個裝髒衣服。羅斯的每樣服飾——每只襪子、每件襯衫，還有那些老人鞋——都是朋友的二手物。

茱莉亞眨眨眼睛說道：「噢，不不不。我們會好好解決的。我要帶你去買合適的新衣服。」

羅斯傾身再次親吻茱莉亞，說道：「沒問題。」

但是茱莉亞還想多多瞭解羅斯，還有更多問題想要問這位奇怪又聰慧的男子，指向床邊的一疊書問道：「那些是什麼書？」

這一題讓羅斯停下動作，專心思考答覆。第一次約會時，羅斯已經說過，除了種籽非洲鼓社，他也積極參與賓州州立大學自由放任派學會（College Libertarians）。這是政治社團，每週一次社課，討論自由放任派哲學，閱讀經濟學和理論書籍。這些書籍——作者包括莫瑞・羅斯巴德（Murray Rothbard）、米塞斯（Ludwig von Mises）等富有遠見之人——是他埋頭苦讀應用物理論文之餘的消遣。

茱莉亞詢問什麼是自由放任主義，羅斯不帶任何批判，解釋道：每件事——從生活要怎麼過，到要把什麼放進體內——都應該交由個人決定，而非政府。

要不是羅斯這麼聰明，茱莉亞很可能那天就會走出地下室，永不回頭；要不是羅斯非常帥氣，茱莉亞很可能約過幾次會就不再接他的電話。而且要不是羅斯果斷有自信，年紀輕輕的茱莉亞從未遇過這樣的男人，又剛好是那時人生低點最需要的特質，否則茱莉亞很可能幾週後就不會答應當他女朋友。

但並非如此，茱莉亞深深受到這名奇特又可能接近完美的男子所吸引。羅斯回望茱莉亞，漾起笑容，傾身再度親吻。茱莉亞很明白羅斯對自己一見鐘情，而茱莉亞則不想透露自己也對羅斯越來越痴迷。然而，小倆口在地下室小床上滾床單時，都還不知道這段即將開始的關係，會是羅斯和茱莉亞成人生活最動盪、激烈的一段戀情。

對羅斯而言，這是最後一段戀情。

第四章　辯論

學生背著後背包、拿著書彼此匆匆擦肩而過，拖著腳步走進賓州州立大學威拉德樓（Willard Building）。校園秋陽西沉，樓裡的燈火亮了起來。在大學日常之中，羅斯・烏布利希在一間大講廳踱步，準備接下來的學校辯論。

他所在的講廳又寬又深，陸續進場的學生即將坐滿成排座椅。大家到場來聽今晚的討論，辯論人包括自由放任派學會、共和派學會（College Republicans）以及民主派學會（College Democrats），辯論主題與美國大選相關，例如美國是否要讓毒品合法化。《驚險大挑戰》試鏡落選後已過了一年多，但那都已經不重要了。賓夕法尼亞州立大學的生活非常精彩，可能是因為羅斯參加了學校社團。

非洲鼓社實在令人著迷（羅斯如此沉溺於擊鼓，晚上躺在床上也會在腦中打鼓）。另外還有自由放任學派社團，羅斯每一堂社課都會出席，過去一年半的時間沉浸在自由放任政治哲學之中。羅斯飛往國內各處參加自由放任派會議，聽專家演講（費用由社團支付）。羅斯還花了無數個小時在學院大道（College Avenue）的角間酒吧（Corner

Room bar）或 Cafe 210 咖啡館中，和社長艾力克斯（Alex）以及其他社員討論並精進他認為政府該扮演什麼社會角色的看法，及如何減少政府不公與時常不人道的高壓手段。

雖然社團刺激又迷人，但一切都有代價。

羅斯沉迷社團活動，大大影響了學業。

社團也不是唯一令他分心的活動，影響學業的還有現任女友茱莉亞。這對戀人——沒多久兩人就互說「我愛你」——無時無刻不在一起。這是第一次沒有與媽媽共度的聖誕節，羅斯邀請茱莉亞到奧斯汀一起過節。出發前，羅斯溜進大學的實驗室，製作了一顆水晶，裝在戒指上，打算要送給茱莉亞。

羅斯很欣賞茱莉亞可以一坐好幾個小時，聽他講自己的信仰。其中一個信仰是今晚辯論的主題，沒有人比羅斯更瞭解——美國毒品法改革。主持的教授向觀眾說道：「請各位同學入座，辯論即將開始。」羅斯少見地紮起襯衫，與其他兩位自由放任派學會社員坐在一起。教授簡短介紹了一下，講廳陷入安靜。

羅斯開始道：「政府沒有權利叫人民可以或不可以把什麼放進自己的身體。」繼續說明毒品——所有毒品——都應該合法化，這樣社會才可以更安全，而且人民有權決定如何對待自己的身體。

觀眾大概四十名左右，多數出席只因政治科學教授會多給學分，但是羅斯十分重視這場辯論，好似他即將站在美國國會前演講。

針對他的論點，共和派學會代表回應道：「怎麼可以合法化一種每年殺死數萬人的東西？」民主派學會附議：「是啊，你怎麼會認為那是可以接受的呢？」

羅斯冷靜反駁：「所以你認為我們也應該取締麥當勞的大麥克，因為民眾吃了體重增加，結果心臟病發致死？」

毒品辯論一如既往，羅斯的對手立刻慌了手腳。對手試圖回擊幾個論點，但每個論點羅斯都可以反駁。羅斯進一步施壓道：「難道因為人們死於車禍，我們就應該取締車輛嗎？」羅斯提出論點，為抽大麻的人辯護，甚至也為在自家吸食海洛因的人辯護，指出他們和那些下班後來一杯紅酒放鬆的人沒什麼不同。

至於毒品販售引起的暴力，羅斯辯論道，這些殘酷暴行會存在，都是因為政府施行萬惡的嚴刑峻法，企圖遏阻毒品販售，藥頭則必須採取殘暴手段，在街頭爆發的毒品戰中保護自己。羅斯接著道：「酒精販售或大麥克販售不會引起幫派戰爭，因為這兩樣都是合法的。」羅斯推論道，最重要的是如果毒品合法，那麼最終販售就可以受到管制。攙雜老鼠藥、爽身粉等劣質毒品就會從市場上消失。

羅斯直視觀眾說道：「這是個人的身體，屬於自己的身體。政府沒有權利告訴大家該怎麼對待自己的身體。」

羅斯瞭然於心，他的論點無懈可擊，毒品戰爭的每個面向他都再三思考過了。課餘期間、課外活動時，羅斯一直在問自己和女友，至今依然不清楚的是，可以怎麼利用這強烈的信仰，協助改變他眼中有害又專制的美國毒品法。

第五章　傑瑞德的恰特草

「不。」

就這樣。一個字，毫無轉圜的音節。

傑瑞德再說一次：「不。」

長官不可置信瞪著他，不確定自己剛才是否真的聽到菜鳥海關暨邊境保護局官員拒絕一道直接命令。（沒錯，他聽到了。他鐵定聽到了）這名公務員——傑瑞德・德－耶吉亞，一百六十七公分高，二十六歲——坐在年紀較長、身材圓胖的局長對面，看起來比平常更小了，就像小孩坐在校長室，椅子下雙腳晃呀晃的，從未踩在地上。

傑瑞德並不覺得這樣回答有什麼太大的損失，反正海關暨邊境保護局也不是傑瑞德的夢想工作。會在這裡工作，純粹因為如果想要追求在執法單位工作的夢想的話，這是他唯一的選擇。他可以繼續在林肯郡（Lincolnshire）的電影院工作，或者到芝加哥歐海爾蓋護照戳章維生。

傑瑞德曾經試圖加入特勤局，那才是夢想工作。不過考官（極為美式問答風格的男人）一直探問傑瑞德父親的事。父親是現任美國法官，亞美尼亞裔，多年前自種族大屠殺中逃離敘利亞（Syria）。傑瑞德起先還應對有禮，但質疑他家人對美國的忠誠，是少數幾件會徹底激怒他的事。更不用說，一番激烈辯論下來，他沒有拿到那份工作。

沒多久，傑瑞德應徵緝毒局職缺，但是又爆發劇烈爭執，測謊師和他對於怎樣才構成犯罪意見不同。這份工作，他也沒有拿到。

國土安全部美國法警局（The U.S. Marshals Service）和聯邦調查局（FBI）都拒絕了傑瑞德，因為他沒有學位。傑瑞德讀了兩個禮拜的大學就退學了，他沒有耐心聽教授批判，更無法容忍要花時間上課。再加上他認識的大多數人讀完大學也找不到「像樣」的工作，在學校待四年有意義嗎？某天下午，傑瑞德步出校園，再也沒回頭。

按照父親吩咐，傑瑞德找了份最單調枯燥的政府工作，日復一日在護照上蓋戳章。他父親山謬（Samuel）曾待過的單位便是負責監督海關暨邊境保護局。

傑瑞德希望這份臨時工作可以帶來更遠大美好的機會。事實也真是如此，只不過傑瑞德重複吐出「不」字，挑戰長官，顯然就如平常一般，傑瑞德又開始惹毛所有人。

這次做人失敗源於一年多前，二〇〇七年末。擔任幾年乏味的護照蓋章作業員後，傑瑞德獲得機會，負責揪出走私毒品進美國的罪犯。捉拿毒品走私客聽起來是份好玩又迷人的工作，但派給傑瑞德負責的毒品並非如此。他負責逮捕的走私客，挾帶進美國的物質是恰特草（khat）。這和古柯鹼等類似的藥物不一樣，古柯鹼在實驗室或從叢林深處製造出來，恰特草是多葉綠色植物，因此比起白色粉末大磚頭更加難以分辨。由於恰特草功效太過輕微，相較於吸食古柯鹼，反而比較像喝一杯特濃咖啡，恰特草也是政府部門最不重視的查緝毒品。

儘管如此，傑瑞德卻像是被指派追緝全世界最凶惡的恐怖份子一樣，懷著同等的狂熱衝勁尋找恰特草。傑瑞德列印數百份飛行紀錄簿，這些航班過去都被抓到搭載走私恰特草的乘客，所有文件在客廳地板排開，彷彿他是美劇《反恐危機》（*Homeland*）的主角凱莉．麥迪遜（Carrie Mathison），找尋這些走私客的共通點。傑瑞德檢視每回逮捕的所有細節，直到發現了一個模式。

線索一：所有走私客都在前一天才訂機位。

線索二：這些走私客都只用 Gmail 或 Yahoo 的電子郵件帳號。

線索三：（顯然是捏造的）電話號碼有共用的公式。

有了這三條線索和其他提示，傑瑞德一一比對歐海爾入境班機的乘客名單，查看是否有人符合他的罪犯側寫，最後總算分辨出一名他認為會走私恰特草的入境乘客。

隔天，海關官員到入境航班帶走該名乘客，打開了行李箱，發現襯裡都是恰特草。

（幹，我的天啊！真的有用。）之後每一次傑瑞德調查入境芝加哥的乘客資料庫，同樣的事就會發生：官員從包包裡搜出恰特草。

傑瑞德的罪犯側寫太成功，他開始搜尋全國資料庫，在其他美國機場實驗自己的理論。毫無意外，每次都奏效。紐約甘迺迪國際機場（JFK）的海關官員獲知目標（傑瑞德分辨出的乘客），立刻開啟該名乘客的行李，接著查獲藏在襪子、襯衫、行李箱縫隙的好幾袋毒品。

但仍有阻礙，其中頗為重要的一點是，紐約甘迺迪國際機場幹員認為恰特草本來就沒有追查必要。夜間新聞根本不會報導官員在自英國出發的班機上查獲一磅恰特草，官員也不會因此獲得任何獎勵。更糟的是，傑瑞德的成功顯得其他幹員沒有效率。辦案卻沒有功績，代表無法在官僚體制升遷，薪水和休假時間也不會因此增加。私底下的抱怨數量（非正式投訴）實在太多了，長官便把傑瑞德叫進辦公室。

長官道：「你想要在這裡出人頭地，就必須按照規矩來。你到處得罪人，還——」

「不。」傑瑞德打斷道。

還來？又一個不？媽的這傢伙到底哪裡有毛病？

傑瑞德試著講道理：「你聽我說，我只是做好我的份內工作。我只是在跟隨趨勢，而且——」

長官吼道：「對，沒錯，但你管到其他轄區去了。指派給你的是芝加哥，而該你負責的就是：找出芝加哥的屎事。」

別人命令傑瑞德要怎麼做時，通常他都表現不好，脾氣也會開始變火爆。被指派了任務，傑瑞德破獲多起，極其成功，但就因為政府那套官僚主義，居然被告知自己辦事不力，事半功倍。難道他該獲得的不是讚美與掌聲嗎？

指著襯衫上別的金黑雙色海關暨邊境保護局徽章，傑瑞德說：「看到這個了嗎？上次我看著它的時候，刻的是『美利堅合眾國』，我很確定紐約甘迺迪國際機場就在美利堅合眾國。」

長官一臉震驚，回望傑瑞德，但這名公務員繼續說。

「我不會再和你面對面討論這件事了。」傑瑞德起身朝門口走去，說道：「如果你還想要再討論，麻煩你用寫的。」短短幾分鐘，長官就和其他遇過傑瑞德的人一樣，明白了傑瑞德不擅長與人合作。

很快就能證明，傑瑞德的某項特質，是最大的資產，也是最叛逆的阻礙。

第六章　篝火

羅斯開著皮卡蜿蜒上山丘，遠離奧斯汀。日落掛在寬闊的德州天空，茱莉亞坐在右邊副駕，盯著窗外，看著好似永無止盡的成排樹木。

「雪松。」羅斯說。

「嗯？」茱莉亞回應，轉頭看向羅斯。

「那些樹都是雪松。」

茱莉亞回望那大片大片的茂密綠葉，順著彎曲的道路生長。

「德州人不喜歡雪松。」羅斯補充道：「但是德州人沒辦法擺脫雪松，用盡各種不同方法，都沒有成功過。」隔了幾分鐘，羅斯結語道：「贏的總是大自然。」

茱莉亞邊聽邊思考今天的德州知識課。羅斯不停告訴茱莉亞德州的新知趣聞，現在德州是茱莉亞的新家鄉了。羅斯樂於擔任茱莉亞隨傳隨到的歷史學家、全天無休導遊，帶著茱莉亞到自己最愛的咖啡廳、漢堡店、公園。羅斯已經帶茱莉亞去過佩斯本德湖，那可是數一數二最佳懸崖跳水地點。羅斯也一一道來當地建築與景點的無數資訊。

羅斯帶茱莉亞回家，茱莉亞與姊姊凱莉漸漸變熟（雖然不知道為什麼媽媽對羅斯的新女友很冷淡）。羅斯信任茱莉亞，信任到甚至給茱莉亞看他藏在老家房間床下的祕密收藏《龍與地下城》（*Dungeons & Dragons*）玩具公仔。某天傍晚，羅斯緊張地排列數十隻上漆精細的夢幻公仔，每一隻都好好地包裹，放入盒子，塞在床下。

羅斯很感激茱莉亞每次都全力支持他的點子，就算有些結果不太理想，例如「回調資本管理」——羅斯最近嘗試創立的投資基金，還沒有機會蓬勃發展，就先破產了。

「所以他們都是你的高中朋友？」茱莉亞視線離開雪松問道。

「對呀！」羅斯開心答道：「我們小時候都一起在西湖區（Westlake）玩。」

茱莉亞知道快到了，可以看見小屋前的火堆，橘色火花飛散至空中。

「可以見到大家，我真的好興奮。」羅斯說道，皮卡同時慢了下來。

幾個月前，羅斯回到德州，重新回歸奧斯汀的生活，一切都還是如此熟悉。羅斯沒有預料自己會回來奧斯汀，但在校過度沉迷自由放任派社團是要付出代價的。羅斯全副心力都在探索自己的新理想，結果博士考試落選，原本應該要讀博士班繼續研究「以分子束磊晶法成長 EuO 薄膜」的。不過，考試沒過也是機緣巧合。

花那麼多時間談論政治，羅斯明白了人生不只是物理，至少對他而言是如此。於是羅斯領了碩士學位，重返南方。羅斯還說服了那時才十九歲的茱莉亞輟學，跟自己一起南下。可是對他們倆而言，這樣的轉變有苦也有樂。

對茱莉亞來說，離開住了這麼久的賓夕法尼亞州，前往一處看似——幾乎都是堂而皇之——充滿種族歧視且忠實的共和黨人一直格格不入的州。雖說孤星之州[4]（Lone Star State）是如此，但羅斯所在的區域（多半）不大相同。儘管大多數的德州人都支持小布希（George W. Bush），反對同志和墮胎，奧斯汀這區卻較為自由，也和茱莉亞的價值觀一致，有眾多居民支持共和黨議員榮・保羅（Ron Paul），相信政府太大，太多權力，過度干涉人民事務。

對羅斯而言，這回重返家鄉，意外艱難。離開賓州州立大學，羅斯對於下一步毫無想法。他渴望要做的是和自由放任派理想相符的事務，也想要做些能賺錢的事，或許最重要的是讓父母引以為豪。要找到一個符合所有目標的職業，顯然是不可能的任務，但羅斯也沒有為此不再談論新的信仰體系，只要有人願意聽，他都會高談闊論。

每每在當地老舊酒吧巧遇兒時友人，羅斯總想要談論美國的未來，而不是陶醉在遙遠的往日回憶。最近一次在奧斯汀市區的莎士比亞酒吧（Shakespeare's Pub），羅斯和一位高中老朋友幾乎整個下午都是目光焦點，大聊特聊奧地利學派經濟學（Austrian econ-

4 源於其曾作為獨立國家的歷史，這個名字代表了德州的獨立精神，並且象徵著其國旗上的白色五角星。

omics），還指出目前美國政治體系的設計就是讓富人利用弱勢族群。羅斯說明，如果能打造海上家園（Seasteading）就太好了！

羅斯詳述海上家園的概念：在海上開放水域建造自己的家園，不受任何政府、規範或法律限制，完全的自由市場。曾經有人想在廢棄的鑽油平臺上——大海中央——打造不受制於美國或任何地方法規的海上家園。其實賓州州立大學畢業後，羅斯試著製作電玩來說明這些理論，可是都沒有下文，就跟羅斯其他的所有點子一樣，虎頭蛇尾。

這些政治討論場合，有幾次茱莉亞也在場，雖然偶爾提出聰明的異議，但多數時候都讓羅斯獨占舞臺。今晚可不同，隨著車子靠近篝火旁的房子，兩人都會慶幸沒人談論政治或海中央的無法國度。

羅斯駛離道路，轉進長長的黃土車道，朝著鋪設雨淋板的平房前進，窗戶透出溫暖黃光。「有幾位好多年沒見了。」羅斯熄火時特別說道。太陽落下，黑暗吞噬群山；柴火燃燒的味道充斥四周，兩人走向一群歡鬧作樂的人。

「羅斯兄！」一名朋友吼道，擁抱高中摯友。

「這是我女友，茱莉亞。」羅斯得意地介紹。

兩人也圍著篝火坐下，大家拿出啤酒開喝。一根點燃的大麻菸，眾人一邊傳抽一邊回憶高中時光。「記得那時羅斯兄說服警察不要抓他抽大麻嗎？」一則故事開始，並以

「羅斯愛極了大麻」作結。茱莉亞說：「現在也是呀。」全場轟然大笑。更多故事，更多大麻，更多啤酒，更多歡笑，羅斯和茱莉亞盡興玩樂。直到話題一轉，改聊工作。

一位朋友提起自己在公部門工作，另一位說自己是工程師，下一位聊到自己準備開公司。火堆那邊飄來濃重德州腔的問句：「羅斯兄，你呢？現在在哪裡工作？」

羅斯靜默了一下，全身緊繃，轉頭盯著茱莉亞。

這是羅斯現在全天下最不想回答的問題，「我不算真的有工作。」他說。

另一位朋友出言不遜：「哇，好強，這樣還能生活，你是怎麼辦到的啊？」

全場靜默，圍繞篝火的人們一致屏息，靜靜聆聽。

羅斯說自己在兼差，幫忙老友唐尼（Donny）經營一間非營利二手書店「好貨車」（Good Wagon Books）。好貨車在奧斯汀全境，挨家挨戶蒐集舊書，上網販售，兜售不掉的則捐到當地監獄。薪水不高，因此羅斯還會交易股票，補貼平日開銷，另外在賓州州立大學時存錢買的出租房屋也賣了，獲得一筆存款。（羅斯生活節儉，大學時期幾乎都住免錢，足以存下一大筆助教薪資，購買鎮上的一間小屋，後來還順利賣掉。）

圍著篝火，羅斯告訴朋友，過去幾個月都靠那些獲利過日子。

羅斯沒說的是，他早就放棄股票當沖交易，因為獲利沒那麼高，而有那麼幾次賺了點小錢，卻痛恨「山姆大叔[5]（Uncle Sam）」針對投資人訂定的不合理規範和稅制。羅斯也沒說博士考試落榜，而且其實自己厭惡出租房子給大學生，因為房東身分得被迫處理雞毛蒜皮的小事。有件事羅斯壓根不會提，他費時數月製作了一款電玩模擬「海上家園」，但根本沒有人想買，徹底失敗。當然也沒提及自己在分類廣告網站克雷格列表（Craigslist）打的那些雜工，例如編輯科學論文等，就為了賺幾塊錢。羅斯沒有說，目前為止做的所有事，自己都覺得沒半個成功，簡直失敗透頂。好點子一個接一個，卻沒有人認同。

幸虧話題又一轉，大家開始聊起十年前的事。

羅斯雖然在笑，卻也因剛才的事而覺得尷尬。沒錯，朋友朝九晚五的工作很乏味，但至少有工作，而羅斯的履歷又有什麼呢？兩個學位和一連串死路。他是如此渴望能有所作為、能帶來影響，不管要做些什麼或打造些什麼，來勝過朝九晚五。

散會時夜已深，羅斯和茱莉亞一一擁抱眾人說再見，回到車上，準備開回奧斯汀。羅斯甩上車門，繫好安全帶，茱莉亞便感覺到不大對勁。他們倒車開出車道，重返蜿蜒的馬路。

5 譯註：指美國政府。最初是指一位為美軍提供食物的商人山謬．威爾遜（Samuel Wilson），後來成為美國政府的擬人化象徵。

「我做什麼都不成功。」羅斯怨嘆道，「我真的沒有什麼大成就。」

夜色中，雪松快速向後移動。

「噢，親愛的。」茱莉亞回道，「沒關係的，你還在嘗試各種可能呀。你一定會找到的……」

羅斯搶話道：「我想要創業，但我做了這麼多嘗試，卻沒半個能成功。」

「會成的，你只要……」

羅斯繼續說道，彷彿車內只有他一人：「我想要看到一些結果。我想要做些能真正成功的大事。」

「你得繼續嘗試。」

茱莉亞說得沒錯，羅斯即將親眼目睹。

第七章 暗網絲路

對羅斯而言，物品就只是物品，絲毫引不起任何興趣。

但若缺少了某一樣物品，羅斯絕對活不下去——他的筆電。就各種層面看來，那臺四四方方的筆電，是羅斯的人生。裡面所有檔案和資料夾，組成羅斯的聰慧心智圖，雖然對很多人來說是團謎。二〇一〇年八月的某日早晨，羅斯就是在那臺筆電上著手一項計畫，計畫若成，即將徹底改變世界。

最近，羅斯搬去和茱莉亞同住，公寓位在奧斯汀市區，是辦公、住家兩用空間，水泥地板閃閃發亮。茱莉亞也開始她的新事業——薇薇安的繆思女神（Vivian's Muse），替半裸太太拍性感照給老公看。推銷話術簡單明瞭：「擁有一切的男人，還可以給他什麼呢？太太的性感照——幾近全裸。」於是一週會有好幾天，茱莉亞會在客廳擺滿點燃的蠟燭，播放性感風鐵克諾（Techno）音樂，拍攝上千張閨房照。

相鄰的臥房，羅斯展開最新計畫，可以聽到相機閃光啪！啪！啪！的聲響，還有茱莉亞指示繆思女神道：「屁股翹向空中！」或「好，現在表情姿勢要像在高潮！」

他們的臥房——也就是羅斯經常坐著工作的地方——亂成一團，和平常沒兩樣，茱莉亞脫下來皺巴巴的牛仔褲、亂丟的洋裝、內衣褲四散在地。兩人沒有工作的時候，會連續好幾個小時蓋著棉被，摟摟抱抱，或用羅斯的筆電看電視節目。

最近兩人熱衷的電視劇是《絕命毒師》。他們會一起窩在床上，筆電螢幕的光散發溫暖，老白搖身一變，成為嚇人又神祕的毒品老大海森堡，專靠充滿智慧的臺詞合理化自己的邪惡。羅斯喜歡這部劇，很難不去欣賞海森堡的事蹟。曾經有志難伸、總是受到恐嚇的高中化學教師老白，從毒品中發現最佳方式，得以展現自己身為化學家和商人的專業才華。所作所為既可怕又會毀滅一切，但老白行事之優雅，又如此嫻熟，至少對老白而言，本該有的罪都因犯案手法而獲赦免。

儘管如此，羅斯覺得劇情有點牽強，跟茱莉亞說：「在現實世界，根本不會發生那種事。」沒追劇的時候，羅斯就待在奧斯汀臥室埋首新計畫：創立一個匿名網站，讓人們可以任意買賣所有物品。

這概念在羅斯心中萌芽已好一段時間，又是另一個希望未來可以實踐的白日夢。問題出在，一年多前羅斯靈光乍現，可惜所需的科技尚未成熟。

那時羅斯聯繫一名在線上自由放任派論壇認識的男人，網路暱稱亞圖（Arto）。幾封電子郵件往來，羅斯請教亞圖，是否能架設他心中的那種匿名線上商店（主要販售非法毒品，雖然羅斯不認為那些毒品該違法），那種政府無法控制的商店。

亞圖顯然相當專精說明多數必要科技剛好都已經存在。例如使用網路瀏覽器洋蔥路由就能溜到線上的「幕後」，抵達另一個、分離的網際網路——那裡美國政府無法追蹤使用者，多虧洋蔥路由，所有使用者都是匿名隱形。要是在一般網際網路，羅斯的一舉一動都由Facebook、Google或美國有線電視巨頭康卡斯特（Comcast）儲存在資料庫，然而在另一側的網際網路，又稱暗網（Dark Web），沒人能找得到使用者。

但是，羅斯的點子還有許多複雜因素待處理，尤其是二〇〇九年，還沒有好方法可以線上匿名付款購買這些東西。現金風險太高，信用卡則會留下證據，立刻知道有人從非法毒品網站購買一袋古柯鹼。

為了激發靈感，亞圖推薦羅斯讀一本沒那麼著名的小說《行人住所》（*A Lodging of Wayfaring Men*）。小說講述一群自由放任派的故事，為了追尋自由，在網路上建造了替代社會，使用自己發行的數位貨幣，免受政府控制。書中，這個線上世界發展之快，就連美國政府都驚懼其力。ＦＢＩ幹員收到指示，企圖關閉該網站，以防原本的社會結構慘遭摧毀。

亞圖的建議深深啟發了羅斯，但是後勤問題依然無解，特別是沒有方法可以在那樣的網站上付錢買毒品。

於是乎，整整一年，這主意就擱在羅斯心中。

好不容易，直到現在，羅斯遇到了新興科技比特幣。比特幣被宣傳為新型態數位現金，而且根據羅斯的研究，完全追蹤不到。每個人都可以使用比特幣買賣東西，不會留下任何數位指紋。

雖然沒人知道這項新科技的發明人（或人們）是誰，但概念很簡單：雖然在美國得用美元買東西、英格蘭用英鎊、日本用日圓、印度用盧比，但比特幣這款新貨幣，就是設計成世界通用，尤其是在網際網路上，而且就像現金一樣無法追蹤。要獲得比特幣，可以線上換匯，就像到機場把美元兌換成歐元一樣。這正是羅斯苦等的最後一塊拼圖，有了這塊就能打造出他想實驗的無規則世界。

失敗的物理學家羅斯，極度渴望改變世界的羅斯，終於在二〇一〇年夏天，茱莉亞還在為裸女拍照的同時，羅斯坐在摯愛的筆電前，開始實踐心中思量許久的點子。架設一個網站，成為自由開放的市場，只要人在地球上，什麼都可以在上面買到。那些因為美國政府干預而目前無法得手的東西，通通可以在這個網站上買到——重要的是毒品。

手指觸鍵，螢幕浮現程式碼，羅斯幻想著日後網站很可能飛速成長。速度之快，就連美國政府都會因其權力而感到恐懼。羅斯想像，這網站成了實例，證明遏止世上暴力與壓迫的最佳方法就是毒品合法化。如果行得通，或許會徹底改變原有的社會結構。

他當然想賺大錢，這可是自由放任派的行事作風；只不過，他也想要讓人民自由。全國各地監獄擠滿數百萬人，數百萬個靈魂因毒品而鋃鐺入獄，多數是大麻、迷幻蘑菇等無傷大雅的毒品。惡劣又腐敗的監獄體系卻關起這些人；許多人生遭到摧毀只因政府想要告訴人民該如何對待他們自己的身體。

羅斯目前正在製作的新網站，可以改變這一切現況。

命名是個挑戰，但最終決定是絲路，借用中國漢朝一條古老的貿易路線命名。羅斯在大學的自由放任派社團閱讀中曾讀過關於古代絲綢之路的自由，經過進一步的研究，這就是他新創企業的完美名稱。

目前最大的挑戰是，擠出時間執行絲路計畫，畢竟還有好貨車二手書的生意要顧，現在幾乎都是由他負責營運。不過，之前雇了幾名員工負責大部分的二手書生意，因此羅斯可以窩在亂糟糟的臥房，辛勤製作網站。即便像羅斯如此能幹的人，這都是份非常艱困的工作。

羅斯花費數不盡的時光撰寫前端程式碼、後端程式碼，還有那些協助串起這些不同數位語言的程式碼。與此同時，羅斯還得匆匆自學上述所有程式語言。基本上，羅斯在沒有任何協助，不具任何知識的情況下，一人徒手創建等同於 eBay 和亞馬遜的網站。羅斯卡關的時候，通常都是對要怎麼解決程式問題毫無頭緒。他又不能真的在網站上徵人，幫忙製作網站販賣毒品和其他非法違禁品。

雖然進度緩慢，眼下羅斯還是決心憑一己之力架設網站。這點子現在看似是條推行他解放理想的路，或許確實能成真。

不過還有個問題羅斯沒有答案，毒品要從哪裡來呢？

第八章　農夫羅斯

他必須告訴別人，或更重要的是，必須實際帶人去看；但是不行，就是不行——太危險了。這難關令羅斯大為苦惱。經歷數週深思熟慮之後，羅斯知道究竟要告訴誰了。

十一月底的某天傍晚，羅斯告訴茱莉亞：「我要帶妳去一個地方，但是我得矇住妳的眼睛。」

茱莉亞從椅子跳起，驚喜萬分道：「遮住雙眼嗎？」覺得兩人好像要玩一些的新花樣，開心道：「太好了！」

羅斯立刻澄清不是和性有關的事情，臉上掠過一抹擔憂道：「矇眼是為了保護妳的安全，這樣妳才沒辦法帶任何人回到我要帶妳去的地方。」

不過茱莉亞還是在羅斯套塊黑布在她頭上，拉得死緊不讓任何光線透過時，感到一絲刺激。羅斯不像平時那般冷靜，看起來緊張不安，一副若有所思的樣子。兩人不發一語走出公寓，羅斯抓著茱莉亞的手臂協助她坐上皮卡。

羅斯可以看到一切，茱莉亞只能用聽的，鑰匙哐哐啷啷像狗項圈的聲音、皮卡車門喀一聲打開、碰一聲被關上、引擎轟隆隆。終於皮卡載著茱莉亞在漆黑中緩緩前行，羅斯則是在日光下。

「我們要去哪裡？」茱莉亞又問了一次，轉頭看向周遭黑影。

「我跟妳說過啦。」羅斯悄聲道：「這是驚喜。到時候就知道了。」

羅斯沒再多說一個字，開車穿越暮色蒼茫的奧斯汀。茱莉亞感受到羅斯的擔憂，兩人就這麼在靜默中坐著。

最近他們倆相處得很融洽，茱莉亞甚至見過他的大部分家人。每個週末，他們會去羅斯的父母家吃晚餐，想當然和茱莉亞參加過的家庭晚餐截然不同。

一般德州家庭吃飯時會聊橄欖球、福特 F-150 貨卡，烏布利希一家則會聊經濟、自由放任政治、社會慘況。羅斯爸爸科克，軟軟的德州在地南方口音，總是比羅斯的論點更勝一籌，冷靜地指出兒子的想法有那麼一點太理想並且說明理由。

紐約布朗士區（Bronx）出生的羅斯媽媽琳，性格踏實，會用更犀利的觀點插話，捍衛兒子的論點。科克的目標是要教導兒子徹底思考論點的每個面向；琳則是想要兒子將聰明才智發揮盡致，暗暗希望兒子可以不負天分。琳放棄了記者夢，現在則是將美好未來的想望寄託在優秀兒子身上。媽媽的想法，羅斯當然一清二楚。

也或許因為如此，羅斯最近工作特別賣力。

過去幾週，茱莉亞會發現羅斯連續消失好幾個小時，也沒明說到底在忙什麼。茱莉亞想像羅斯在二手書的倉庫忙，或者（更可能是）埋頭架設現在沉迷的網站。羅斯似乎一次都會花好幾天在筆電上，心無旁騖地盯著螢幕。茱莉亞推想，可能羅斯在公園和朋友聚聚，或者在附近的非營利機構當志工，畢竟羅斯常常在空閒時間當志工。

車子終於停了下來，茱莉亞即將知道最近羅斯忙的和以往都不同。引擎熄火，茱莉亞好奇他們在哪裡，可能在高地購物中心（Highland Mall）附近，也可能在倫德伯格巷（Rundberg Lane），或者是已經開離市區，在市區外的貝斯卓普州立公園（Bastrop State Park）附近。茱莉亞聽到羅斯下車、鑰匙哐啷啷、一扇車門關上，羅斯握著茱莉亞的雙臂，幫她走上人行道。

「好，抓緊我。」羅斯領著茱莉亞前進，說道：「現在要上臺階。」過了一分鐘又一百階之後，茱莉亞聽到門鎖開啟的聲音。羅斯牽著茱莉亞往前走了幾步，拆下矇眼布條。

光線進入視野，茱莉亞觀望房間，想要知道究竟羅斯帶自己來看什麼，左看看，右看看，空曠的室內著實費解。狹小又髒亂的空間，看起來像廢棄的療養院，唯一的自然光來自另一頭的小窗戶，窗戶也用厚紙板遮住，保護隱私。汙漬斑斑、泛黃的白地毯蓋住地板，沒有家具，只有成堆的盒子、試管，好像裝著實驗化學藥品。茱莉亞注意到，房間聞起來像動物糞便味。

「這是什麼？」茱莉亞問道：「我們在哪裡？」

「跟我來。」羅斯說道，帶茱莉亞離開無聊的客廳，到旁邊的房間，彎過轉角時，冷氣機吹來一股冷風。接著，茱莉亞踏進房間，就像讀到懸疑小說的結局，恍然大悟，明白為何要被遮住雙眼，以及為何知道地點會有危險。

羅斯說：「我一定要帶妳來看，因為我非得告訴某個人。」

左側牆上，另一塊厚紙板用膠帶黏貼，遮住窗戶，房內同樣空蕩蕩，只有一座高大傾斜的層架組，看起來像十年沒人動過了。

還有那股味道，同樣刺鼻的泥土味，茱莉亞早先踏入公寓，拆下矇眼布條，就迎面飄來歡迎自己的味道。只是現在味道太強烈，聞起來更像森林地面的潮濕土壤。

茱莉亞查看層架，回頭看羅斯，滿臉笑容。不用羅斯來說，這並非茱莉亞第一次看到羅斯變身瘋狂科學家。一年多前，在他們公寓，羅斯已經實驗過了，只是規模較小，把實驗結果存放在黑色垃圾袋，塞在茱莉亞內衣褲和高跟鞋中間。

但是，這裡——這裡！——規模大多了，而且比之前看過的都還要驚人。茱莉亞靠近與房間同寬的破舊層架組，突然間每件事都有了意義——羅斯各種消失；現在茱莉亞明白了，都是來這裡。

羅斯彎腰靠近較低的層架，隨便指向一個托盤，興高采烈道：「妳看這個。」手指劃過空氣道：「還有這個，還有看看那個。」

茱莉亞看到每一層都有直徑約六十公分的白色托盤——托盤總數超過一打——每一個托盤都有上百株小小的菇芽冒出頭，站在遠處看，看起來像整盤、整盤的豪豬寶寶。茱莉亞走得更近，直接瞪著其中一盤，更讓她震驚不已的是，白色、褐色的香菇頭數量龐大。茱莉亞清楚地知道，這些可不是一般的菇，而是迷幻蘑菇。

「妳看看這一個。」羅斯笑容滿面道。茱莉亞轉身，看到羅斯指的菇——一朵蓬蓬的牛奶榛果色蘑菇，看起來熟得剛好，正供採收，可以撒在沙拉上當點綴。羅斯看起來像對孩子引以為傲的家長父母。

茱莉亞深入查看，開始估算羅斯總共種植了多少蘑菇，輕輕鬆鬆就超過一千，或許有兩倍多。從白色托盤採摘的菇，很可能裝得滿一個大的黑色垃圾袋，甚至是兩個。

「這裡房租多少？」茱莉亞問。

「一個月四百五十（美元）。」

「這裡真是個破地方。」

羅斯哈哈大笑，是個爛爆了的破地方也沒差，畢竟這個爛地方是羅斯心目中最佳的祕密毒品實驗室。

整體營運——龐大的迷幻菇場，羅斯希望能促成日後絲路帝國的昌盛繁榮——最終成本是一萬七千美元出頭，包含租金和沒完沒了的必需品，培養皿、膠帶、熱熔槍；泥炭土、石膏、裸麥等原料；壓力鍋、料理計時器等廚房必需品。所有金額迅速累積，至於投資的報酬，估計每公克迷幻蘑菇可以獲利十五美元左右，收穫製作成產品預計高達好幾公斤，輕輕鬆鬆享有好幾萬美元的利潤。可是——這是很重大的可是——這有非常大量的菇要銷，而且網站能否營運，都還是個問題。會有人想要在網際網路上向陌生人購買迷幻蘑菇嗎？

「你不擔心被抓嗎？」茱莉亞問。

「那還用說。」羅斯回答，好似這是全天下最明顯不過的問題，說道：「但是網站需要商品。」

羅斯提醒茱莉亞，沒有其他人知道這個祕密地點。種菇期間，羅斯採取適當的防範措施，確保自己行蹤隱密，還讀了《打造經營祕密毒品實驗室》（*The Construction and Operation of Clandestine Drug Laboratories*），這本書基本上就是一本教大家如何設立重罪毒品工廠的全方位指南。

雖然多數人發現自己男友在祕密種植迷幻蘑菇，通常會大驚失色、心煩意亂，或整個嚇呆，但是茱莉亞充滿了好奇——覺得自己忽然知道了不為人知的祕密。茱莉亞雖然知道羅斯被抓到的話，肯定不會有好下場，但是後果應該也不會太嚴重；畢竟羅斯又不是逼著茱莉亞到安非他命祕密工廠或海洛因製毒設施，看著十幾名半裸工人。這就是幾盤蘑菇而已。

不過，被抓到的後果，羅斯心理有數。德州嚴法，四百公克迷幻蘑菇可判五年到九十九年刑期，羅斯的祕密基地種了將近一百磅（約四十五公斤）的迷幻菇。

走回客廳，羅斯跟茱莉亞說：「該走了。」再次用黑布條蓋住眼睛，拉緊活結，遮掉所有光線。

門鎖喀嚓一聲，接著茱莉亞聽到鑰匙聲，羅斯鎖上後方的祕密巢穴。

第九章　絲路開張

終於來了。

我的老天啊！哈囉，二〇一一年……一月底終於來了。自從這個靈感初次像雪花般落到羅斯心上，已經一年多了，而知道真的能落實運作以來，過了好幾個月，上次帶茱莉亞去看祕密菇場之後，至今也相隔數週了。現在，只差幾個小時，絲路就要向全世界公開了！

安全起見，每個細節都要檢查清楚。「商品」已經準備好了，就是那些小巧可口，裝在黑色垃圾袋的迷幻蘑菇。（羅斯和某位朋友在樹林裡一起嘗試了，確保品質良好，結果是超乎預期的優質）後端資料庫和前端程式碼都放在隱藏伺服器，羅斯取了暱稱叫冰霜（Frosty），而綠色駱駝標誌歡迎訪客來到毒品亞馬遜。當然，網站還缺少某些功能，但羅斯開的是新創公司——時間到了會解決的。

終於來到這一天了，開張大日子。

羅斯差點無法熬到這一天——好幾次！首先，就在網站要開張前，發生一件極度、完全、令人作嘔且恐怖的意外，羅斯差點就進了監獄，好險運氣好。前幾週奧斯汀正值熱浪，不知怎麼的祕密菇場那間公寓漏水了，房東進去查看淹水，卻發現羅斯的毒品實驗室，大為憤怒，打給羅斯說下一通就會打給警察。羅斯衝進去迅速打包，好險即時離開，前腳剛走，警察後腳就到。當晚回家，羅斯渾身菇臭，整個人嚇壞了，茱莉亞費了好幾個小時才安撫下來。光是想到被抓，就足以讓羅斯差點恐慌發作。

儘管如此，這場意外沒有打擊羅斯的意志，震驚轉變回自信時，羅斯知道自己必須繼續下去。但這回與員警擦身而過，不是羅斯路上遭遇的唯一阻礙。

除了經營非營利二手書店，管理五名兼職人員，還得找出時間獨自學寫網站程式。寫必要程式碼時問題層出不窮，羅斯有時真的是摸不著頭緒，只好打給幾年前相遇的德州大學老朋友理查．貝慈（Richard Bates）求助。羅斯小心翼翼，不透露自己正在從事什麼，而是把網站形容成「最高機密」計畫。在一個人人都把新創點子視為「最高機密」的世界，理查也沒多問，直接幫忙抓蟲，而羅斯用 PHP 語言寫得一團混亂。

但現在這一切都不重要了，重要的是羅斯．烏布利希準備好開啟新事業了：絲路。不過，羅斯還惦記著一個重大的問題。會有人使用這個網站嗎？就算可以架設一間不受任何法律規範的商店，真的會有人想要來購物嗎？

如果絲路又成了羅斯失敗清單的一條項目，他會從此一蹶不振。羅斯一人當十二名新創公司的員工在用，既是前端程式工程師也是後端開發人員、資料庫人員、洋蔥路由顧問、比特幣分析師、專案經理、游擊行銷策略師、執行長、主導投資人，當然也是公司內部植菇師。要想複製絲路網站，至少得花數百萬美元的工時。此外，還要撰寫上千行PHP和MySQL程式碼，才能連接到比特幣區塊鏈——交易清單——和中間十幾個小工具之類的。如果失敗，羅斯不知道會對自己做出什麼。

但透過某些神奇宇宙的訊號，羅斯覺得這次不一樣，或許這網站就是他人生在世的理由，要盡一切努力讓網站充分發揮潛力。透過絲路，可以幫助人類，解放人類。

羅斯已經計劃好要如何向世人宣告自己的新發明，當然一切匿名，但首先得親自告訴某人這個網站。

羅斯到客廳，向坐在那裡的茱莉亞宣布示範時間到：「各位先生、各位女士、男孩女孩、大小朋友，當然，還有我們的茱莉亞，請就座。演出即將開始。」

羅斯告訴茱莉亞網站終於完工，自信滿滿想要給茱莉亞看看。羅斯先請茱莉亞拿出她自己的銀色MacBook。

「好的，首先。」羅斯邊說邊打字，「需要下載洋蔥路由，記好，洋蔥路由是瀏覽器，可以讓妳在線上維持匿名，這樣『小偷』（羅斯對政府的稱呼）才不會看到妳的網路行動或網路搜尋。」

「很好！」茱莉亞表示，她樂意下載任何可以保護自己不受小偷窺視的東西——打倒小偷！茱莉亞鼓起掌來。

「然後輸入這個網址。」羅斯邊說邊在洋蔥路由瀏覽器輸入一串茱莉亞看過最奇怪的網址：tydgccykixpbu6uz.onion。雖然這串地址看起來像貓咪走過鍵盤的結果，但羅斯說明是為了保障安全和維持匿名。

網站緩緩載入茱莉亞的筆電螢幕，羅斯漾起微笑，把筆電轉向茱莉亞。籠罩在匿名的燦爛光輝下，那裡是羅斯這段時間以來辛勤打造的小小世界。這個匿名市場，如同現在茱莉亞看到的網頁廣告所言，可以買賣任何東西，不用擔心政府在後偷窺，或把人關進大牢。

茱莉亞雙手抓著筆電，嘆道：「哇，你做到了，寶貝！那要怎麼買東西呢？」

羅斯向她展示上架的商品，還有怎麼購買——按一下綠色「毒品」連結，畫面就會轉到「迷幻藥物」那區。目前絲路供應的是羅斯幾個月前種植的迷幻蘑菇，就這樣列在上方，彷彿只是在克雷格列表上販賣二手腳踏車或一盒女童軍愛心餅乾一樣。

羅斯接著說明如何購買比特幣，有了比特幣才能在絲路上買毒品。就像遊戲代幣，在遊戲廳用現金換代幣就能進去玩，一整天下來，沒有人會知道誰使用了哪個代幣，因為代幣長得都一樣。（比特幣不是專門拿來非法購物，也可以用這個數位現金在全世界

數十家合法網站購買東西）

「妳的信用卡。」羅斯瀏覽到一家線上比特幣交易所，茱莉亞可以用真正的美元兌換到數位黃金，他們輸入信用卡資訊，看著網頁載入。

「大家要怎麼知道得這樣做才能購物？」茱莉亞問道。

「啊，觀眾問了個好問題……不用擔心，在絲路購物，我們都已經幫您設想過所有問題了。」

羅斯解釋道，他張貼了一則網路部落格文章，基本上就是使用說明書，解釋現在示範給茱莉亞看的如何在絲路購物的過程。

「但是大家要怎麼找到那個部落格網站？」茱莉亞又問。

聽到這個提問，羅斯露出自得意滿的微笑。

二〇一一年一月二十七日下午四點二十分，羅斯在迷幻菇場（Shroomery）網站註冊帳號名Altoid，該網站是線上討論迷幻蘑菇的避風港。羅斯用筆名Altoid在論壇貼文並寫道「碰巧發現絲路網站」，好像他在暗網散散步就意外撞見絲路，然後推薦大家去看看。藉此，羅斯希望大家可以發現他新架設的網站。

羅斯不太確定這樣匿名貼文是否有用，沒多久羅斯又用了同樣的暱稱在另一個討論比特幣的網站註冊，在一串討論能否建立線上海洛因商店的留言底下發言道：「這串討論也太讚了！你們的點子都好棒。有人看過絲路了嗎？」這次同樣，羅斯隱姓埋名，才不會反被追蹤。

現在他能做的就是等待，但也等不了多久。

羅斯跟茱莉亞說：「太扯了！已經有人看了論壇貼文到絲路網站來逛逛。」

「有人買東西了嗎？」茱莉亞問道，一邊輕觸筆電，探索絲路。

「還沒。」羅斯答道。

但羅斯知道之後一定會有人買，怎麼可能不買呢？

第十章　飛得越高，跌得越深

日暮籠罩著奧斯汀，好貨車倉庫靜得詭異，只剩羅斯的聲響。羅斯站在桌前，瘋狂敲打鍵盤，試圖收尾絲路的程式碼，結束今天的工作。

人生從來沒有這麼忙碌過。

除了茱莉亞（需要很多關注）、二手書生意、管理六名兼職人員，同時還有毒品網站要經營。

羅斯想結束二手書生意，但又不想惹朋友（二手書店前老闆）生氣，更重要的是，羅斯不想要身旁的人認為自己又放棄另一個不成功的計畫。

幸好，每天的不同工作正好可以互補。

早上羅斯一到好貨車倉庫，就會到倉庫邊邊的小小辦公室開啟筆電，先檢查書籍訂單，然後毒品訂單，再寄出兩邊的商品給全國顧客。

書籍的部分，羅斯會穿梭在花費數月徒手打造的層架之間；數十列兩百七十五公分高的木頭層架，塞滿舊小說、非小說大部頭，全都依照字母排列，井然有序。羅斯把線上售出的書籍放入氣泡信封袋，用標籤機列印出收件人的姓名、地址。

接著會休息一下吃午餐——木屑般口感的全麥雜糧麵包做的花生醬果醬三明治——才開始真正有趣的作業。

是時候分裝毒品了。

真空保鮮機通常是為了食材保鮮，現在羅斯用來包裝自己栽種的迷幻蘑菇，把封好的菇也放入用來裝書的氣泡信封袋中。最後，用同一臺好貨車標籤機列印收件人姓名、地址。羅斯相當滿意整個作業流程。

絲路開幕後，前幾週，每週只寄出一、兩次，現在才過了幾個月，每天都有訂單。絲路還有新的發展，不可置信、振奮人心的發展！羅斯不再是絲路唯一的賣家，其他賣家也陸續出現了，販售霍金大麻、古柯鹼、少量搖頭丸。

茱莉亞聽到新發展，有些擔心，提醒羅斯在線上賣賣幾捲大麻菸和小袋迷幻蘑菇是一回事，但販售更強烈的毒品，後果會越加嚴重。羅斯辯解道，絲路的系統全面匿名，安全無虞，不可能有人能追查到他頭上。

再三向茱莉亞保證自己會保護每個人的安全，但這不是唯一挑戰，還得說服新買家加入。為了取信新買家，讓買家可以自由地上網際網路向這些神祕的新藥頭購買毒品，羅斯建立了絲路評分系統，賣家可以獲得「果報（Karma）」點數，就像 eBay 或亞馬遜的正負評制度。

儘管工作讓他筋疲力盡，但羅斯也很興奮終於有人來使用他架設的網站了，到了二〇一一年三月，獲利已達幾千美元。

現在最大的問題就是時間管理，如何兼顧絲路、二手書生意、茱莉亞。

就這麼巧，其中一件事情即將化作煙灰，消失無蹤。空蕩無聲的辦公室，羅斯正在用筆電工作，忽然「砰！」地一聲，倉庫內發出一聲巨響，打斷了羅斯。聲音太大、太嚇人，羅斯暫時忘記呼吸，接著更多砰砰聲從內部傳來。

羅斯內心瞬間轉過各種可能，說不定是警方攻堅，破門錘一下撞穿門，阻止小小絲路的創辦人繼續作業，也可能是瓦斯管線爆炸。羅斯站在原地，驚嚇了一會兒，害怕這麼多寫程式碼、種植蘑菇的時光都付諸東流，也害怕注定成為自己最懼怕的小時了了失敗者。

如雷貫耳的隆隆聲一抵達，聲音也立刻消失，那裡只剩下一片寂靜。

羅斯心跳緩了一些，他鼓起勇氣，小心翼翼走過轉角進到倉庫，查看到底是什麼噪音。一進去就發現，一座接一座，就像巨型骨牌，數千磅重的好貨車書架倒塌了，之前聽到的聲音是木頭斷裂、書本滑落堆積成山，看起來就像一隻巨掌從屋頂伸入倉庫，掃了一整圈。

羅斯調查損害情形，懸疑小說倒在電腦程式書籍上方，科幻小說和言情小說區被壓在最下方。羅斯立刻想起，之前組合書架時，滿腦子都在想絲路，肯定忘記拴緊螺絲，如果當時有任何人像羅斯那樣站在書架附近，這心不在焉的結果很可能會致他於死地。

羅斯趕緊衝回辦公室，打電話給茱莉亞分享一切，但一邊說著巨大的聲響和書架亂七八糟，一邊也發現書籍倒塌其實並非不祥事件，不是為了帶來更多壓力和混亂，而是機緣巧合，或許是神的旨意、命運、純粹好運，但不管是哪樣，這代表羅斯現在有理由可以關閉二手書店，解聘兼職員工了。可以告訴大家重建書架、重新整理書籍，實在太費工了，一切看起來就不像是他放棄書店生意。

比起之前注意力一分為三，現在羅斯只需要專注兩件事——絲路、茱莉亞。然而，有一方正威脅著另一方的存在。

第十一章　GAWKER報導

布魯克林（Brooklyn）的愛生氣咖啡（Café Grumpy），如同美國其他文青聚集地，筆電螢幕閃爍光芒，耳機無聲地播放著音樂。男男女女坐著啜飲過於昂貴的咖啡，人人都穿著布魯克林的文青制服：緊身牛仔褲、波西米亞風刺青纏繞著手臂和手指。咖啡廳外則是麥基尼斯大道（McGuinness Avenue）工業荒地，連接下水道交錯的紐頓溪（Newtown Creek）南方布魯克林區和北方皇后區（Queens）。街上贓車店、加油站林立，幾棟時髦公寓大廈正在興建——顯示這群創意人士的其中一部分，每天抱著筆電工作，其實也是瀕危物種。只是目前暫時是這個殘存國家（rump state）附近仕紳化區域的核心角色，而首都就是愛生氣咖啡。

這裡多數人是作家學習寫部落格，或部落客學習如何寫作，這群嶄新的階級，做著獨特的美國夢，自由工作者夢想著能出書，有天能被看見。

亞裔陳力宇（Adrian Chen）也是愛生氣咖啡的作家居民，似乎迷失在筆電中自己的世界，瀏覽某論壇上長長的討論串，心裡滿是疑惑，感到不可置信。大家討論暗網上某個被貼上「毒藥亞馬遜」標籤的網站。

有人抱怨該「絲路」網站，非常危險——在網際網路上販售海洛因，如果不知道怎麼食用白粉，可是會害死人的。也有人抱怨這個新興毒品市場會打壞數位新貨幣比特幣的名聲——同時，其他人爭論道，這網站或許能讓毒品交易更加安全，也可以完美利用線上匿名特性，簡直史無前例。

不過，陳力宇想得完全不一樣：「這肯定是一場騙局」。畢竟，他算是時下最瞭解網際網路陰暗面的作家，曾為紐約八卦網站 Gawker 撰文近兩年，不僅週末工作，還輪大夜班，後來只要想到挖掘、撰寫線上酸民、駭客，就會想到他深入危機四伏的暗網，帶回瘋狂糟糕的故事。

但是，陳力宇好奇真有人瘋狂至此，會創建這樣一個網站嗎？當然只有一種方法可以確認真相，下載洋蔥路由，到絲路看了一下，結果沒想到真的有人如此瘋狂。

琳琅滿目、應有盡有——算了一下，準確來說網站上有三百四十三款毒品，黑焦油海洛因、阿富汗哈希、酸十三大麻、搖頭丸等，金額與街頭價差不多，有些甚至更便宜。很簡單，只要用現金換比特幣，再用比特幣換毒品，等待美國郵政送達家門。

力宇還是懷疑如果絲路是真的，那麼任何人都能線上購毒。到論壇註冊了帳號，使用者名稱是 Adrian802（802 是家鄉康乃狄克州（Connecticut）的區碼），留言詢問是否有人願意接受匿名訪問，他要報導這個挑戰體制的網站。

他收到一些回覆，得到一位男子的電話號碼，接著訪問軟體工程師馬克（Mark）。力宇在愛生氣咖啡外面的人行道來回走著，和馬克聊著線上買毒的體驗。

手機那頭傳來馬克聲音道：「我好像到了未來」，向加拿大賣家訂了十顆迷幻藥，四天後郵差就送到家門口。

另外還有一位回覆了力宇的詢問，那人很明顯在經營絲路。

隨著絲路急速成長，羅斯的焦慮也跟著等速增加。自第一次在論壇上匿名張貼訊息以來，不到五個月，羅斯一直沒留心使用人數增加的速度。起初只有幾位客人，這邊十幾位，那邊十幾位，但自從關閉好貨車以來，毒品網站快速成長，現在賣家有上百名，買家則有上千名。

羅斯也從中獲利，那些迷幻蘑菇（大多都已經卸貨了）賺進了好幾萬美元。不過這一切是既興奮又害怕，羅斯一直憂心忡忡，還很煩躁，因為茱莉亞可能是對的，他會被自己的創造給綁住。羅斯再三告訴自己，放心，不會有人把他和絲路聯想在一起。

除了兩個人。

幾週前，大學好友理查想要知道協助的目的，否則就不再幫忙，羅斯沒辦法，只能全盤托出，告訴理查自己就是毒品亞馬遜的創辦人。理查在聊天室寫道：「告訴我這是怎麼回事，不然就別來找我。我現在要正式禁止你再向我提及你的祕密計畫，除非你跟我說那到底是什麼。」沒有理查的專業知識，羅斯就徹徹底底完蛋了。如果絲路倒閉，羅斯會獨自被棄置在黑暗複雜的迷宮，別無選擇，只能全數坦白。

理查一開始很震驚，但聽完羅斯說明創辦理念，同意繼續幫忙。羅斯絲毫不介意給老朋友幾袋獨門迷幻蘑菇，當作謝禮。而理查也開始在絲路購物，買搖頭丸、大麻、維可汀（Vicodin，鴉片類止痛劑）和一些需要開立處方箋的抗生素（理查是潔癖，尤其害怕細菌，開始在絲路上大肆購買處方藥）。終於，理查有自信（畢竟他可是幫忙寫了程式碼）沒有任何事物可以連回他們身上。

但是，要讓茱莉亞相信網站安全無虞，則是全然不同的挑戰。過去兩個月來，兩人不停為了絲路吵架。現在每週都有數百名用戶註冊帳號，茱莉亞擔心羅斯（希望將來某天結婚的對象）會被抓到，未來一輩子都待在監獄。

「這很安全的。」羅斯向茱莉亞保證，說明洋蔥路由無人可破，比特幣完全匿名。「這真的很安全。相信我，不會有人發現是我。」

儘管如此，茱莉亞的告誡一直迴盪在耳邊，為了確保他能正確地蓋掉所有的網路痕跡，但又知道自己的編程技術有限，羅斯決定試試看聘僱其他專家（理查之外的）來重寫網站上新的安全協定。在絲路上張貼一則職缺清單，有些反政府的程式設計師十分樂意參戰，兼差領錢幫忙阻止政府。

有鑒於其他論壇上已經引起了討論，羅斯的網站至今還沒受到任何報導，確實非常驚人，雖然他不確定自己是否準備好好面對這些報導了。

不過，時候到了。用戶 Adrian802 一直四處打聽絲路，告訴絲路用戶他在為 Gawker 撰寫一篇有關絲路的報導。

羅斯知道自己沒辦法阻止報導，他覺得最好的方法就是直接丟訊息給 Adrian802。用詞有禮，對網際網路充滿感激，感謝他的關注，聲明自己的信念：「創立絲路是想讓大家有個安心買毒品的環境」。

藏在絲路管理員匿名身分之後，羅斯寫道：「我們的社群棒極了。」完全不知道會有什麼後果，但羅斯決定告訴 Adrian802 一切，趁機宣傳自己的自由放任派思想，說明絲路會向政府展示，否決人民的權利根本大錯特錯。

羅斯寫道：「不要用稅金支助國家，把產能投入黑市吧！」

沒有想到這段訊息會帶來巨大駭人的後果。

二〇一一年六月一日下午四點二十分，陳力宇坐在愛生氣咖啡，喝著黑咖啡，看著報導發布，標題〈地下購物網站，毒品琳瑯滿目〉（*THE UNDERGROUND WEBSITE WHERE YOU CAN BUY ANY DRUG IMAGINABLE*），文章的開頭寫道：「和大麻販閒扯，爛透了；買古柯鹼，很可能會被槍射死。如果可以在線上買賣毒品，就像買賣書籍和燈泡一樣呢？現在可以了——歡迎光臨絲路。」

第十二章　背上的靶心

「寶貝，怎麼了？」茱莉亞躺在床上問道，側躺著欣賞羅斯的下顎線條。

羅斯沒有回應，正在忙著讀一篇絲路的新聞報導。

幾天前陳力宇的 Gawker 報導一出，羅斯知道政府的反應很可能充滿敵意，但糟糕的程度遠遠超乎想像。

懷著忐忑不安的心情，羅斯播放了文章中插入的影片，小小四方形視窗，記者會講臺站著一臉惱火的參議員查克．舒默（Chuck Schumer），參議員左、右兩側各有一座展示架，分別有張超大型絲路網站列印頁面，參議員下方，木講臺的正面有藍白金三色美國參議院的紋章，記者媒體看得清清楚楚，羅斯也看得明白。

「這根本是一站式服務，什麼非法藥物都有賣，線上兜售毒品的方式，前所未見的囂張。」舒默講道，底下記者一片吵鬧。「囂張程度遠遠超越其他方式好幾光年。」

噢，天啊！這下糟了。當然，羅斯想要認可和目光，但這實在太超出預期了，尤其現在他的毒品市場生意才剛剛起步。

影片轉到下一幕，舒默坐在電腦前，螢幕上是羅斯的毒品網站。舒默手指劃過絲路網站，一一唱名所有販售的好東西：「海洛因、鴉片、大麻、搖頭丸（ecstasies）、迷幻藥物、興奮劑。」（這也讓他不小心洩露自己對眼前的主題有多陌生，因為搖頭丸在英文是不可數名詞ecstasy）臺下鎂光燈閃個不停——啪！啪！啪！——舒默不可置信道：「要什麼有什麼！」

羅斯讀著新聞影片旁的報導文章，渾身不舒服，報導指出紐約參議員舒默和西維吉尼亞州（West Virginia）資淺參議員喬．曼欽（Joe Manchin）雙雙要求司法部和緝毒局立刻關閉毒品亞馬遜。

看！真是該死的糟透了！羅斯挑釁了地表最大的惡霸，現在對方準備要反擊了。

「妳看！」羅斯往後靠向床頭，重播影片給茱莉亞看。「他們開始針對我了。」

「羅斯，」茱莉亞說，盯著螢幕嚇道：「這不大妙呀。」

美國參議院的注意力是眼下最不需要的東西，可能一個月或六個月之後羅斯還可以處理，但不是現在。

Gawker報導刊出以來，過去幾天，各家媒體也跟著不停報導。用驚人速度進入全國新聞播報，羅斯的網站從幾乎隱形躍升成為了主流。老牌新聞媒體都在大肆報導，《大西洋》（*The Atlantic*）有文章、全國公共廣播電臺（NPR）也製作節目播送、美國廣播公司（ABC）和國家廣播公司（NBC）等電視新聞臺都特別製作一節報導（「大家稱之為藥品亞馬遜……」），更別提上百則部落格文章、毒品論壇和社群媒體討論串、自由放任派網站的文章。

儘管主流媒體相繼報導，多數人看完新聞，還是不相信真的可以線上購毒，然後郵寄到府。這肯定就是那種奈及利亞詐騙電子郵件，或者是執法單位設來引誘不疑有他的笨蛋，殊不知即將成為線上大舉掃毒的囊中物。但無論是不是笨蛋，依然有上千名使用者下載洋蔥路由，註冊絲路進去看看。反正看一看也無妨，對吧？

羅斯帶著既害怕又興奮的心情，看著資料庫滿載、網站降速。那篇報導刊登以來，他幾乎未曾闔眼，要麼趟在床上清醒地盯著筆電，要麼坐在臥房的人體工學椅看著世界各地的使用者註冊人數不斷增加。

Gawker 報導登出的隔天，羅斯起床，頭腦昏沉，緊張兮兮，迎接他的是一場完全的災難。不，網站還沒有被執法單位關閉，也沒有被駭客攻擊到離線，都不是這些事。情況嚴重多了。

雖然有些人只是來絲路看看，但其他人可是真的在買賣毒品。每次只要有人購物，羅斯的比特幣就會在交易時消失。靠，現在到底是怎樣？程式碼肯定有漏洞。他的個人獲利（現在已達數萬美元）每隔幾個小時就消失好幾百美元，羅斯得想辦法解決他根本不知道存在的問題。

糟糕透頂。

爬了好幾個小時的程式碼，試圖找到錯誤，羅斯意識到原本架設絲路時，使用了一段標準程式碼（bitcoind），連接到付款系統，現在才發現自己用了不適當的程式碼建立該介面。羅絲根本不知道程式碼的錯誤出在哪裡，只知道基本上建了一臺收銀機，每打開一次，錢就會從收銀機底部掉落，而現在大量的新客戶魚貫而入，收銀機以驚人速率不斷開闔，不斷地漏錢。

羅斯計算了一下，按照大家線上購買毒品的速度，絲路即將瀕臨破產。很快他就會成為史上第一位在網際網路開立地下販毒網站的人，也是史上第一位看著販毒網站破產的人，只怪自己寫了太多爛程式碼。

羅斯別無選擇，只得從能解決的問題著手，狠下心關閉絲路的新註冊帳號，多少可以幫助伺服器處理訪客的猛烈攻勢。接著，想出為什麼每次交易錢就消失的原因，這可能需要重寫程式語言，顯然是他本來就不知道怎麼寫的語言。

接下來的幾天，羅斯幾乎沒睡，吃得又更少了。茱莉亞做了羅斯最愛的花生醬果醬三明治，想要讓他維持好心情，但送了一份到他身邊，幾小時後回來，卻又看見筆電旁的三明治一口都沒動。

這段時間，焦慮蠶食著羅斯的內心。

網站關閉、參議員宣戰（向絲路及其創辦人），接二連三的大事件過後一週左右，羅斯漸漸開始理解到自己究竟在做些什麼，以及可能帶來的後果。

某天傍晚，處在幾乎可說僵直型思覺失調、筋疲力竭的狀態，羅斯跟茱莉亞說：「他們在找我。」

茱莉亞回道：「屁啦，他們才沒有在找你！」

之前就看過羅斯這個樣子，那次是幾個月前種蘑菇被房東抓到，那時臉上也是浮現興奮又恐懼的奇怪表情，好似羅斯體內住著兩個不同的人。一位是膽小又美好的男孩，真心想要幫助人類，建造一個更安全的世界；另一位則是倔強又反叛，隨時準備好向美國政府全面宣戰——美好羅斯和反叛羅斯。

等到茱莉亞也明白了可能的後果，說道：「羅斯，或許是時候罷手了。說不定網站成長得太大、太快了。」

但美好羅斯沒有回應，只剩反叛羅斯孜孜矻矻，試著找出程式碼的問題（就是造成絲路獲利蒸發的程式碼），不僅沒有打算要採納茱莉亞的建議停下網站工作，還做好萬全準備，準備加強網站的防護，確保沒有參議員能夠找到他。

第十三章 茱莉亞告訴艾莉卡

茱莉亞躺在地板聽著窗外交織的聲響，紐約警笛大響、樹葉沙沙作響、布朗士區高架捷運列車尖銳刺耳，漸漸感到一陣平靜。等待大麻生效的同時，茱莉亞鬆了一口氣，心想，終於可以離開羅斯一個禮拜。

「給妳。」朋友艾莉卡（Erica）說道，湊過來，再次把大麻菸給茱莉亞。

茱莉亞把點燃的大麻菸貼到唇邊，臭鼬氣味般的雲霧大口吞入肺中，不太確定是否有必要跟好友說突然來訪紐約的原因。茱莉亞至今嚴守祕密，半個人都沒說，不管是絲路、迷幻蘑菇、參議員，還是羅斯現在聘來幫忙開發網站的駭客，未曾從雙唇走露半點風聲。但茱莉亞最近開始擔心，不是為羅斯，而是為自己，不確定自己是否也算共犯，雖然沒有寫過任何一行程式碼，也沒有賺到任何一分錢，卻依然對整件事情感到害怕。因為某些複雜的原因，羅斯還是會繼續和茱莉亞分享每一個新祕密，預期茱莉亞會守住所有祕密——而且認為絲毫沒有任何道德問題。

一開始，也就是八個月前，絲路剛開幕，茱莉亞覺得這些隨意出現的不知名人士沒什麼關係，畢竟網站那時還很小，根本微不足道，但是情況漸漸轉變，現在不同了。

茱莉亞對賣賣大麻沒什麼意見，從來沒聽過有人因為抽大麻過量致死；迷幻蘑菇，嗯哼，大自然土生土長，吃了只會變開心。但最近幾個月，網站開始販售新商品，快克（Crack）、古柯鹼、海洛因等各式各樣高度成癮的毒品，連聽都沒聽過，還是在亞洲的祕密製毒工廠製造。茱莉亞疑慮漸增。

當快克和海洛因出現在絲路檯面，茱莉亞問：「如果有人吸食過量致死怎麼辦？」羅斯毅然決然道：「我們有評分系統。如果有人賣爛貨，就會拿到負評，那麼就沒有人會想再去買他們的貨。」

「那如果他們死了呢？人都死了要怎麼留負評？」

這樣的對話會持續好幾個小時，一直打轉、打轉、打轉，找不到盡頭。不管茱莉亞說什麼，羅斯總是能答腔，經常滿滿都是聰明的分析或自由放任派理論。這樣子兩人爭執死循環太多次，羅斯就會簡單帶過，結束談論道：「好吧，在這一點上，我們就是意見不同。」

這些分歧，加上絲路網站現在獲得媒體和政府的關注，害得這對戀人偶爾一次的口角變成每天一次的大戰。茱莉亞會大吼：「你必須停止，不然下半輩子都會待在監獄，那我和囚犯要怎麼結婚、共組家庭？」對此，羅斯會冷靜回道：「我不會被抓，因為有洋蔥路由和比特幣保護。」接著羅斯會開始激憤講述他的遺產，重申這個網站會是他對社會最大的貢獻。他在幫助人，保護大家安全，不需要在街頭買賣毒品，否則一不小心就被關，或更慘，可能受傷、橫死街頭。難道茱莉亞沒有看到嗎？難道茱莉亞不想參與這一切嗎？

兩人好似重複上演相同劇本，隨後就會迎來語言大戰，然後其中一人會憤而衝出公寓或衝進另一個房間。幾個小時後，愛會重新把兩人吸引在一起，和好如初，睡在彼此臂彎，茱莉亞夢到白色圍籬、咯咯歡笑的小孩在院子奔跑，羅斯的絲路美夢越做越大，有天可以翻轉毒品法，還因為對社會帶來正面影響而備受稱讚。

隔天早上，這對愛鬥嘴的戀人會重頭再來一次。

絲路也開始影響他們關係的其他方面，茱莉亞想要去跳舞，或想要羅斯用現在賺的一堆佣金帶她去吃好餐廳，但是羅斯光吃花生醬果醬三明治，在筆電上打打程式碼，就心滿意足了。日子就這麼過著，羅斯可能好幾天不洗澡、幾乎沒和茱莉亞講話，就關在他們的臥室、坐在他的椅子（經常裸體）、用著自己的筆電。

茱莉亞開始非常擔心兩人的關係，還有羅斯的整體健康，擔心過頭，恐慌症開始固定發作。在雜貨店，茱莉亞會盯著男人瞧，懷疑他們可能是臥底警察，知道自己和絲路創辦人住在一起。茱莉亞還會在淋浴時哭泣，她很愛羅斯，但顯然羅斯更愛他的絲路。

生活就這樣又過了好幾週，每一天都在重複前一天，直到某天傍晚羅斯回家，雙眼散發著狂熱興奮，喜滋滋告訴茱莉亞有個東西要給她看。

羅斯打開筆電，忙了幾秒鐘，然後轉過筆電給茱莉亞看。長久以來，羅斯傾盡一己之力說服茱莉亞，硬性毒品應該要在絲路上架，用的是他那突出的論點，也就是政府沒有權利告訴人民該放什麼東西到屬於自己的身體，以及要是沒有毒品戰爭，犯罪和暴力也就不復存在。雖然茱莉亞不一定同意羅斯的觀點，但明白羅斯的論證方式，理論上也都有道理，不過，羅斯即將要展示的好處，完全無法說服茱莉亞。

羅斯指著筆電螢幕驕傲道：「妳看！網站上現在賣槍了。」

茱莉亞盯著螢幕，不敢置信，突然一陣反胃襲來，她開口乞懇道：「羅斯，這一點都不正常。」

「為什麼不正常？這是憲法賦予我們的權利，人民可以擁有槍枝，我們應該要可以擁有——」

茱莉亞打斷道：「告訴我為什麼有人需要匿名購買槍枝。」

對於茱莉亞沒有跟著一起開心，羅斯覺得煩躁，高談闊論道：「那不是我的責任，我不會問那個問題；我不能決定為什麼有些人要做某些事，這是大家的選擇。」

「沒錯，但是——」茱莉亞開口，卻被羅斯打斷。

羅斯說：「政府就可以擁有槍枝，人民卻不行？」（羅斯會在絲路上重複這些話，偷偷告訴新進員工：「我一直支持槍枝。這是可以與專制政府抗衡的力量。」）

茱莉亞直覺知道自己的良心是對的，但即便她的反駁聰明有力，羅斯會簡單一句話作結：「好吧，在這一點上，我們就是意見不同。」

槍枝出現時，茱莉亞覺得夠了。軟性毒品？當然可以。硬性毒品？也還可以。或許羅斯是對的；或許我們都有權利隨心所欲放任何想要的東西進自己身體。政府怎麼能夠說人民可以喝酒，然後每年失去美國九萬條人命；又或者說人民可以吸菸，但每個月美國因此喪失四萬條生命；甚至是紅肉，這可是會每天造成上百起心臟病發；但卻說不能抽大麻，雖然沒人因此而喪命？話又說回來，匿名購買非法槍枝？茱莉亞實在無法苟同。幾週後，她搭飛機前往紐約市。

茱莉亞認為降落在美國東北部可以幫忙理清思緒。艾莉卡迎面就給茱莉亞一個大大的擁抱，接著兩人就躺在客廳地板閒聊。窗外遠方，可以看到洋基球場散發到夜空中微微的藍白光芒。這光景和過去幾個月來的混亂截然不同，窗外隱隱傳來布朗士區的喧鬧聲，茱莉亞下了決定，坐起身，轉向艾莉卡，說道：「我有事情要告訴妳。」

「什麼？」艾莉卡回道。

茱莉亞懇求道：「但妳必須答應我不會告訴任何人！**絕對！**不然羅斯會殺了我。」

「我發誓！」艾莉卡說道，現在非常好奇究竟會聽到什麼祕密，「我答應妳。」

茱莉亞又抽了更大一口大麻，讓煙在肺裡多留幾秒鐘，呼出，看著白霧消散空中，然後把所有事情都跟艾莉卡說了。

第十四章　你做了什麼？

羅斯眼眶泛淚，發瘋似地跑上茱莉亞公寓的樓梯，恐懼混合著憤怒不斷襲來，他大力打開門，衝進室內，開始吼叫，對著茱莉亞尖叫道：「真不敢相信妳幹的好事！」後面剛關上的門也震動了，「都結束了！」

茱莉亞結巴道：「你在說什麼？」從筆電抬頭看向羅斯，被突如其來的入侵嚇到，接著又對羅斯臉上顯而易見的懼怕感到更加震驚。

拭去雙眼的淚水，羅斯尖叫：「妳背叛我！我不敢相信妳竟然告訴別人！」羅斯試圖想出辦法，但同時恐慌攫住他、搖晃他，讓他這輩子從來沒這麼生氣過，也從來沒有這麼害怕過。

那一刻，茱莉亞明白發生了什麼事，雖然要再過幾分鐘，才會知道究竟是怎麼發生的。茱莉亞很快就知道這事肯定跟艾莉卡有關，但羅斯怎麼會現在知道？而且為什麼羅斯這麼害怕？茱莉亞腦內播放了一下過去幾週發生的事，當時羅斯就在眼前站著，火冒三丈。

早秋，茱莉亞從紐約市回來，決定要和羅斯分手，告訴羅斯如果他想要繼續經營網站，就必須到其他地方；茱莉亞不再允許自己的公寓發生這樣的事。羅斯選擇照做，在奧斯汀另一側自己租了個地方。

雖然怨恨讓兩人分開，但愛（和性）又讓兩人出現在彼此生活，偶爾會繼續約會。

羅斯搬出去沒多久，茱莉亞就說服艾莉卡從紐約市搬到奧斯汀，和茱莉亞一起分租工作室。一切都很好，直到某天晚上艾莉卡在派對玩樂，用了絲路上買的毒品，卻走了一趟糟糕的迷幻旅程，最後還送醫。出院回來和茱莉亞吵了一架，羅斯剛好在場，試著勸架卻幫了倒忙，艾莉卡和茱莉亞脾氣更大，爭吵越加劇烈，甚至報了警。

羅斯本來想好好幫忙，卻立刻失去耐性把艾莉卡推出公寓，艾莉卡一怒之下搭計程車到機場飛回紐約市，羅斯和茱莉亞以為事情就這樣結束了——艾莉卡，走得好！謝謝妳提供了故事，明天我們就會告訴朋友。

但隔天早上，羅斯回自己公寓，打開心愛的筆電，檢查絲路營運狀態，再瀏覽社群媒體帳號。羅斯的 Facebook 塗鴉牆上，被艾莉卡張貼了一則公開的新訊息，散發著嚇人的光輝，所有人都可以看見，寫道：「我相信有關當局會想知道羅斯．烏布利希的毒品網站。」像網際網路上一面巨大的霓虹燈廣告招牌。

羅斯恨不得立刻鑽進地裡。羅斯開始哭泣，立刻刪除訊息，雙手顫抖，心臟重擊，拿起電話打給艾莉卡。

「拜託，我很抱歉。」羅斯抽抽噎噎，眼淚滑過臉頰道：「拜託，答應我，妳絕對不會告訴其他人網站的事。」聽到羅斯哭泣，聽起來像要去自殺，艾莉卡保證絕對不會向任何人透露任何事，就掛了電話。

可是羅斯內心刮起思緒風暴——還有誰知道？看！

只有一個人可以回答他，羅斯坐上皮卡，油門踩到底，開往茱莉亞家，然後就是狂奔上樓梯。

羅斯大喊：「妳背叛我的信任！妳還告訴誰了？」

「沒有了，我發誓。」茱莉亞懇切道，眼淚撲簌簌流下雙頰。「我不敢相信我把事情告訴她。我真的非常、非常抱歉。太蠢了。就這樣說了出來，我沒有想要——」

羅斯更加生氣道：「妳這個騙子。我沒辦法相信妳了。」

聽到羅斯控訴，茱莉亞反而回嘴道：「你讓我獨自一人面對。你告訴我所有事情，根本沒想過對我有什麼風險。」

羅斯回道：「這是安全的大漏洞，因為有人確實知道我，知道我的長相，還知道我架設了這個網站。」

羅斯既無情又嚴肅。茱莉亞毀了他的信任，對羅斯而言，這比他曾經想像過的任何狀況都還要糟糕。只是向別人提及羅斯的名字、分享羅斯在世上最嚴加防守的祕密，茱莉亞就出局了。茱莉亞望進羅斯的眼睛，感受到自己的解釋只是火上加油。

「說不定這是要你收手不該再經營絲路的預兆。」茱莉亞嗚噎道，跌坐在地，淚流滿面，懇求羅斯原諒。

羅斯還在打算該怎麼辦，結結巴巴道：「不，並……不是。這代表我該找個地方藏起來，必須離開奧斯汀，都是妳害的。」

「我很抱歉，我——」茱莉亞啜泣道，但已經來不及了。

「結束了。」羅斯說道，轉身離開工作室，大力甩上背後的門。

第十五章 傑瑞德和五十噸紅鶴

襯著十一月底的天空，芝加哥聯邦中心廣場（Federal Plaza）顯得灰暗陰鬱，除了兩點顏色刺穿那片陰暗。一面紅白藍美國國旗在風中獵獵飄揚，一座巨大鮮紅的雕塑紅鶴（Flamingo）站在廣場黑色人行道中央紋絲不動。

那座五十噸紅鶴抽象的拱型鋼條，是許多人一出捷運走到廣場最先看到的東西，大多數都漫步從旁走過或穿過下方，進入其中一棟相連的聯邦大樓，包括郵局、法院以及最嚇人的三十層樓高黑塔——德克森聯邦大廈（Dirksen Federal Building），座落在迪爾伯恩南街（South Dearborn Street）二一九號。

二〇一一年十一月底的某天早上，兩位姓氏都是德－耶吉亞的男子正在德克森聯邦大廈。在十九樓，五十九歲的山繆．德－耶吉亞整理了一下法袍和法庭文件，為那天稍晚要開庭的案子準備，他是美國聯邦法官。

山繆法官辦公室下的十六樓是他三十一歲的兒子傑瑞德，走過美國聯邦檢察官辦公室走廊，背著巨大的黑色後背包，裡面塞滿多臺筆電、一個魔術方塊、資料夾裝著證物照片，手上捧著一個白色大型收發室箱子，裡面堆滿三十幾封形狀大小都不同的信封。

小德－耶吉亞緊張到不行，他可是要去參加職業生涯最重要的一場會議，也很清楚如果搞砸了，肯定會一路傳到好幾層樓上的父親辦公室。

傑瑞德用在歐海爾穿的寬鬆街頭服飾交易了一套尺寸過大的黑西裝和一件硬挺的白襯衫。他的國土安全調查署小組長官踩著悠閒的步伐跟在他後面，兩個人抵達負責緝毒的助理聯邦檢察官辦公室，而助理聯邦檢察官監督伊利諾伊州（Illinois）所有毒品相關案件的起訴。

簡單介紹之後，傑瑞德「砰」一聲，放下手中的白色郵件箱到辦公室地板上，那位檢察官向下看著箱子，再抬眼看傑瑞德，滿臉困惑。檢察官當初答應碰面討論網際網路毒品走私時，並沒有預期會看到這些東西。幾大塊海洛因磚的照片？沒問題。幾公斤鹹鹹白白的古柯鹼？太好了。好幾磅大麻？當然。但滿滿一個郵件紙箱的空信封？那就不怎麼樣了。儘管如此，檢察官坐回座位，看看到底是怎麼一回事。

傑瑞德開始說明絲路是什麼，如何運作，一邊說，一邊從郵件箱拿出信封，彷彿在賭場發牌般一一擺在桌上。傑瑞德指向其中一個信封說道：「這個，裝了迷幻藥。」彎腰拿了另一個包裹，道：「這個裝了安非他命。」然後另一個，「這是古柯鹼。」「K他命。」「海洛因。」接著又拉出一個白色四方形信封，信封上是芝加哥的地址。「還有這個。」傑瑞德說道，一邊翻找後背包要拿絲路案件資料，一邊在桌上放了張照片，看起來像是一粒粉紅小藥丸，說道：「裝了這粒搖頭丸。」

自從六月發現那粒從荷蘭來的搖頭丸，傑瑞德就在思索該如何說服頂頭上司，現在得說服這位助理聯邦檢察官，才能開案調查絲路網站。

過去幾個月的每一件事累積下來才抵達眼前這一刻。

國土安全調查署的上司同意傑瑞德以個人專案方式展開調查，從那以來，傑瑞德瘋狂投入證據搜集，任何經過芝加哥歐海爾的一點蛛絲馬跡都不放過。每晚都開著老舊的公務車（其他探員取了個變態車的綽號，因為看起來像是戀童癖會開的車）到機場的郵件中心，搜集前一天從刷手服挑出來的毒品信封。

傑瑞德交代麥可說：「我需要你攔截、存放每一個信封。」麥可就是發現第一粒粉紅小藥丸的海關官員。

「你要拿這做什麼？」麥可問道，不能理解這項要求。「從來沒有人想要這些小包裝的毒品。」

傑瑞德跟麥可說：「我正在調查。你就繼續收集、裝袋作為證據，我會過來拿。」

Gawker報導刊登以來，攔截的次數暴增。傑瑞德也因而收集更多信封，他在國土安全調查署的辦公室看起來越來越像郵件收發中心。現在辦公桌後方地板整整齊齊放了三個郵件桶，裝了超過百封信件。傑瑞德從中挑選了幾封，現在正在展示給助理聯邦檢察官看。

「怎麼可能那麼簡單。」檢察官說，懷疑傑瑞德說出口的話語，也不相信筆電上的圖片。就算真有「那麼簡單」，量這麼小，檢察官不確定這是否是辦公室現在該處理的毒品相關最大案件。

「這不只是毒品而已。」傑瑞德激昂道：「這不只是一粒小藥丸而已。」傑瑞德已經練習這段話好幾週，深吸一口氣，開口繼續：「重點是這網站的存在，和網站代表的一切。重點是網站的使用者使用我們的網際網路——美國政府架設的——來開啟匿名瀏覽器——也是由美國政府架設——接著透過美國郵政系統，規避我國律法。我們卻拿他們沒轍。」

辦公室一片沉靜，話語慢慢遭人理解。

「這還只是開頭而已。」傑瑞德繼續道：「現在是毒品，但接下來可能會被用在恐怖活動；想像一下最壞的情況，一個像卡達（al Qaeda）一樣的組織使用這個網站，或使用相同的設置，協調合作攻擊美國——都是使用美國製造的工具。」

他的論點很簡單，絲路不單單只是數位販毒集團，還是獲利極高的新創公司，有著巨大的潛力。亞馬遜一開始只是線上書店，現在是什麼都賣的超市，Google 起初只是搜尋引擎，現在開始製造自駕車。

傑瑞德重申，問題不是絲路現在是什麼，而是未來會發展成什麼。這網站顯然是由天才經營，看起來既懂科技、政治，也懂自己的受眾。不管是誰，男的還是女的，都必須及早阻止，以免網站變成一場運動，最後勢不可擋。

這麼一番論述，聽得檢察官心驚膽顫，迎面直擊最大恐懼。傑瑞德的警告是，就像當初有人劫機，用美國製造的飛機撞向紐約世界貿易中心，絲路的幕後人員也可能會使用美國製造的工具，摧毀美國社會結構，這比喻異常駭人。

檢察官打斷傑瑞德道：「好的。」看著桌上的信封，再抬頭看向傑瑞德：「好的，我們會派人協助你的案子。」

第十六章　離開奧斯汀前往澳洲

羅斯在 Facebook 上告訴所有朋友：「我要賣皮卡，開個價吧！」秋天籠罩著奧斯汀，二〇一一年即將結束，羅斯只剩兩週把生活裝箱打包，賣掉所有其他東西，就得離開此地。

看！都是艾莉卡。要不是她在 Facebook 張貼那則惱人訊息，說什麼羅斯是販毒帝王還是毒品老大，管他是什麼，羅斯也不會這麼匆忙急著離開美國。就在這團混亂爆發前幾週，他就在想著要去澳洲看姊姊凱莉，待上一陣子，遠離茱莉亞、德州朋友和家人，但現在這一趟非去不可，而且得加緊腳步。

羅斯相當肯定已經及時刪了艾莉卡的可怕貼文，但要是沒有，還有人確實看到，那麼就會深陷遠遠超過羅斯能力所及的大麻煩。羅斯同樣也沒辦法知道艾莉卡的 Facebook 情緒爆發是否是最後一次，如果艾莉卡真的想要報復，大可再進一步，告訴ＦＢＩ或緝毒局，甚至幾個月前針對絲路的那些參議員。

有件事倒是很肯定：羅斯不想冒任何風險。他急急忙忙整理好情緒，離開奧斯汀，迅速到澳洲簡單地休息一下。

皮卡立刻就脫手了，個人物品則是留給朋友或直接送人。羅斯把其他東西裝箱，塞回老家房間床下，旁邊是那盒小時候上色的《龍與地下城》玩具公仔。羅斯打包了一些日常用品，V領灰色T恤、唯一一件牛仔褲，以及最重要的筆電。

妄想症已經漸漸入侵他的思緒，羅斯對身旁任何人都緊張不安。現在FBI或緝毒局在追捕他嗎？那男的是警察嗎？那女的呢？大家都知道些什麼？但壓力最大的時候還是在思索該如何處理那些知情人士。

羅斯不是因為愚蠢或天真才告訴他們網站的事，而是當初第一次分享祕密時，羅斯從沒預期絲路會成長到現在的規模。開張那天，羅斯心中想像的是幾十個人在他的線上市集購物，但很快那數目已經迅速變成好幾千。現在，媒體、參議員、不知道多少名執法人員都在找他，羅斯必須換個說法。

出發前往澳洲的前幾天，行李打包好了、護照和筆電也都準備好了，羅斯去找好友理查，到理查家敲敲門。理查早就沒有幫忙處理絲路程式碼的任何問題了，害怕網站成長得太巨大，媒體造成的關注也嚇到了理查。但除了茱莉亞之外，只剩理查知道絲路創辦人的真實身分，羅斯必須在其他人發現之前，處理好這件事。

那是二〇一一年十一月十一日傍晚，書呆子理查已經花了好幾週規劃派對，慶祝數學異常現象 11/11/11——那天的年、月、日都列隊排好形成一串十一。羅斯在派對開始前叨擾，敲了敲理查的家門，不知為何敲門聲帶著驚慌。

「我有件事得告訴你。」羅斯表明來意。兩人一起走進理查潔白、幾乎是醫療等級般乾淨的公寓，只有幾個晚上派對的裝飾品破壞了整潔。「你有跟任何人說——就是那個——我和絲路的關係嗎？」

理查用一貫的膽小氣音，緊張地解釋他差點要告訴某個人，但最後沒有，總之就是沒有。沒有其他人知道。

羅斯借題發揮，告訴理查有人在 Facebook 貼文揭露羅斯在經營毒品網站，有關當局肯定想知道。

聽到這個，理查感受到熟悉的恐懼陣陣襲來。自己顯然是共犯，不僅幫羅斯架設網站也知道是誰在經營。柔弱的理查很可能在牢裡過下半輩子，羅斯也是。如果有件事是理查絕對無法忍受的，那就是牢裡的生活。理查哀求道：「你必須把網站關掉，根本不值得因此去坐牢。」

羅斯早就料到這個反應，回道：「我沒辦法關。」

「為什麼？」

「因為，」羅斯鄭重道：「我把網站給別人了。」

第二部

第十七章 卡爾・福斯的明日

多數人過日子都想著明天就要來幹大事，明天就是一覺醒來，發現人生在世使命為何的那日，但明日復明日，很快就會發現明日所剩不多。

卡爾・福斯（Carl Force）太熟悉這種感覺了。他從來沒想過現在會是這樣子，坐在巴爾的摩（Baltimore）市中心一棟普通辦公大樓的粉紫色辦公隔間，盯著螢幕直到可以收拾東西下班。

卡爾是執法單位所謂的「太陽探員」，只在外面有光時工作（他也常常這麼半開玩笑半感自豪地自稱）。當時鐘敲三下，卡爾會溜出辦公室，開著政府配發的雪佛蘭羚羊（Impala）橫越巴爾的摩，回到太太和小孩身邊。

另一天，又一個明日。

對任何人路過他隔間的人而言，卡爾看起來就像他努力要從街上掃除的那類人——毒販。卡爾的光頭幾乎總是戴著黑色毛線帽，雙眼凹陷黯淡，滿臉灰白鬍渣遮住胖臉上的皺紋，還全身刺青，其中一個黑色的凱爾特族圖騰繞過背部，一路纏上雙臂。

如同緝毒局多數的老屁股，卡爾四十五、六歲，職業倦怠。沒錯，他是緝毒員警，但每天工作就像一般企業員工一樣無趣，幾乎每個工作天都盯著桌機螢幕，用多年前在緝毒局大會拿的宣傳馬克杯喝著不新鮮的咖啡。偶爾會聽當地的 Hope 89.1（基督福音廣播電臺），耳畔響起主禱文，保證卡爾只要照著聖經的道，做對的事，就會獲得一直渴望的生活。

生活並非總是如此。十三年前，一九九九年底，卡爾剛加入緝毒局，吃喝拉撒都在緝毒局，菜鳥時期他愛極了突襲檢查的驚險刺激。凌晨四點起來，套上防彈背心、檢查彈匣，踹開一、兩扇門，對著厲害的毒販或底層安非他命癮君子大吼道：「別動！他媽的給我趴下！」

驚險刺激，大家夢寐以求的工作，不過隨著時間流逝，大清早漸漸疲乏，踹門也不那麼有趣。一名毒販進監獄，另一名就會補上他的街頭位子。

從莽撞年輕菜鳥變成職業倦怠老屁股的過程很漫長，起先卡爾沒辦法獨自找到好案件，接著沒辦法執行突襲檢查，還有臥底工作的高壓——沒逮到人的話，就等著被抓。走下坡的狀態，再加上默默形成的物質濫用問題，最後壓力累積過多，卡爾終因執勤酒駕而遭捕，然後精神崩潰了四年。卡爾幾乎要失去一切——家庭、工作、貓咪，但主伸出援手，卡爾獲赦得以再次工作，只是得坐辦公室當太陽探員，至今卡爾的小隔間從未有任何機會降臨。

然而，二〇一二年一月底某天，出現了轉機。

卡爾坐在桌前等著另一天過去，長官尼克（Nick）從辦公室大吼，叫卡爾來一趟。這常常發生：尼克吼叫一聲，下的指令多數探員都認為荒謬，例如定期要求大家去「跳車」，也就是開車繞巴爾的摩市區、停在街角、開門跳車、逮補底層毒販。探員都認為這樣打擊毒品問題實在很可悲，相較之下追捕大頭才是大家認為有實質影響的作法。

儘管如此，尼克叫人，你就得去。尼克的辦公室一如往常地陰暗。雖然很幸運辦公室窗戶可欣賞一小片巴爾的摩冰凍貧脊的景色，尼克卻總是將窗簾緊閉，連一絲光線都不放過。除了黑暗無光，尼克還在牆上釘滿鐵娘子樂團（Iron Maiden）和金屬製品合唱團（Metallica）的海報。

尼克告訴卡爾：「是這樣的，我剛接到一個關於絲路網站的電話。」

卡爾精神為之一振，一個月前才在一場執法會議聽到，一名美國郵政調查員簡短介紹了這個奇怪的網站。該名調查員說，現在有個新現象開始影響全美的郵件收發處，很多人使用美國郵政寄送少量毒品。調查員還解釋，毒販和買家的連接點叫做「絲路」。

之後，卡爾心生好奇，上網搜尋、讀了幾篇文章——包括陳力宇那篇報導。卡爾思考了一下這意味著什麼，發現影響極大。卡爾合理推論，線上沒辦法做跳車，畢竟卡爾沒有電腦鑑識相關知識，因此完全沒想過會被指派。直到尼克叫卡爾進辦公室，問他是否想要協助巴爾的摩一群國土安全調查署探員，說：「他們挑了一位線民，對方說可以帶他們找到網站擁有者。」

卡爾詢問為何挑上他去參與此案，尼克解釋說，國土安全調查署在巴爾的摩的那群人不是緝毒小組，平常負責追蹤仿冒品，或按照尼克的說法「路易威登假包的那類狗屁東西」。也因此如果巴爾的摩小組想要追查毒品，就需要一名緝毒局探員。

尼克問道：「你想加入嗎？」

卡爾想了一下，依現在的資歷大可隨便回句：「不，沒興趣。」走出尼克的黑暗辦公室，繼續過著太陽探員的生活，當兒子足球賽的教練，週末和太太小孩上教會，希冀有天能明白他的明日就是家庭。又或者，他可以選擇加入本次的調查，或許——只是或許——能在緝毒局闖出名堂。

卡爾答道：「當然。」他會接下這起案子。

卡爾步出上司的辦公室，還不知道說了這兩個字——「當然」——沒多久就會踏入地下世界，那裡是如此黑暗，貪婪橫流，很快就會拽著他一頭栽入深淵。絲路誘惑人心的後果就是，卡爾・福斯即將失去一切重要的事物。

第十八章　百變瓊斯和那條蛇

羅斯在澳洲才待了幾週，就從一場怪夢中驚醒。夢裡，一條三十幾公尺長的大蜈蚣與自己對視，眼睛黑亮，多條龐大的腿在那擺動。後方高懸一條隱隱閃現的蛇，比蜈蚣更巨大、更陰險，在黑暗中滑行。

隔天早上醒來，羅斯不懂夢的意義，也不懂為何自己不怕這些不祥的生物。對羅斯而言，他們看起來一點也不邪惡。又或許他們真的邪惡，只是羅斯單純無法看透他們的本性。不過，羅斯即將開始一天時，那些爬行生物還是揮之不去，最後決定在 Facebook 分享，好奇夢境究竟代表什麼。

可能只是過去幾個月難以接受的現實突破了潛意識，還在德州的時候，維繫絲路的營運和守住自己涉入的祕密，造成雙重的壓力。某些特別擔心的時刻，羅斯甚至想過是否該棄守生意，放棄就好了。但自從搬到雪梨，待在姊姊附近，生活變得好多了。德州積累的焦慮漸漸消失，取而代之的是澳洲默默的鎮靜，現在羅斯天天在金色沙灘衝浪，在提基酒吧（Tiki bar）和新朋友喝兩杯，和女生調情也沒有失手，還能在這些社交聚會之餘經營絲路。工作與生活的平衡，讓他短暫忘卻了焦慮與恐懼。

不過，即便是邦代海灘（Bondi Beach）的歡樂悠閒，經營多國毒品走私新創公司的恐懼，也無法從羅斯心中消除。尤其，羅斯無法完全改變的事實是，除了艾莉卡的說詞他可以否認是道聽塗說之外，另外兩位活生生的人——茱莉亞和老友理查——確切知道他創建了絲路。

沒錯，他已經編了個故事告訴理查，說自己把網站給了別人，但是茱莉亞的問題還沒解決。不論能編出什麼故事，這兩人永遠都知道是他創建了這個網站。即使羅斯各個方面都是天才，但輪到要拆解這團混亂時，總是毫無頭緒。

幸好，有人即將成為他生命中的要角，這人完全知道該怎麼解決這些問題，還知道如何處理其他許多妨礙絲路發展的大難題。

每天，羅斯在絲路上和數十人互動，賣家、客戶、幾名新自由放任派兼職員工（幫忙處理網站各種程式設計問題），大家都使用化名，隱藏真實身分，例如 SameSameBut-Different、NomadBloodbath、SumYunGai 等名字（羅斯自己的化名是絲路或管理員）。但羅斯最近在絲路開始聊天的其中一人——化名百變瓊斯（Variety Jones），幾乎立刻就看出他與眾不同。

他賣大麻種子，但不是普通賣家，百變瓊斯是種子專家，光看種子照片，就能分辨品種、栽種方式以及株系。而且不像絲路上那批沒有耐心、拚命推銷的毒販，百變瓊斯（論壇暱稱ＶＪ）狡黠又聰明，這名男子（先假定真的是男性）無所不知，線上、線下都是——就連絲路的創辦人也不例外。

就在大蛇與蜈蚣的夢兩天後，ＶＪ和羅斯開始在TorChat聊天（保證隱私無虞的聊天平臺），在他們最早的通訊中，ＶＪ寫道：「我想要談談網站的安全問題，很多、很多安全問題。」

羅斯迫不及待想談談，因為現在徹底瞭解不只是美國政府針對他，還有數十個其他國家的相關當局很可能都在追捕他。此外，現在真金白銀也在網站上流通，羅斯靠著賣槍和毒品，每週獲利好幾萬美元，接下來肯定會有更多主管當局出手，而躲藏警方的唯一方法就是為網站打造更好的安全防護。羅斯毫無疑問地有撰寫程式碼的天賦，對未來有異想天開的展望，但也比任何人都明白，自己根本沒有能力解決網站的各種漏洞。

然而和百變瓊斯聊得越多，羅斯就越加明白對方是非常有能力的互補角色——百變瓊斯的強項似乎剛好都是羅斯的弱項。也許最重要的是，瓊斯馬上指出自己可以成為完美警督——好老闆身旁大家公認的黑臉警察。ＶＪ警告羅斯：「就連跟我不大熟識的人做夢也從來不敢惹毛我。他們要是真的夢到了，醒來也會立刻打來道歉。」

百變瓊斯說自己四十五歲，加拿大人，現在住在英格蘭，從他回答羅斯的程式設計問題，很顯然知道自己在做什麼。他告訴羅斯幾個月前（Gawker報導後沒幾天）自己和一位夥伴從祕密後門潛入絲路伺服器——某天深夜，就像強盜一樣破門而入，但只是四處晃晃——VJ察看網站檔案，確認不是執法單位在搞鬼（聽到這裡，羅斯驚恐萬分，誰知道是否還有其他人一樣暗中在網站四處打探）。

等到VJ相信絲路的幕後主腦真的想要終止毒品戰爭，而不是緝毒局臥底探員想要逮補毫無疑心的可憐市民，百變瓊斯想要出手相助（畢竟，如果網站成長，VJ自己的毒品生意也能蒸蒸日上）。因此，他帶著建議現身了。

但在此之前，VJ需要先確認網站創辦人究竟有沒有覺悟。他寫給羅斯道：「不是要來挫你士氣，或有任何其他打算，但是要明白我們現在做的違反了美國毒梟法（U.S. Drug Kingpin laws），定罪的話最重刑罰是死刑……強制性最低刑期則是終身監禁。」

羅斯比任何人都清楚這些法律，但又覺得自己在做的事情會真正改變世界、還給人民自由。正因如此，終身監禁還是坐上電椅，都不足以令他卻步。羅斯回道：「竭盡全力，在所不惜，我的朋友。」大聲表明自己根本不怕那些後果。

確定羅斯的決心後，兩人合作進展到下一階段，VJ開始鼓舞士氣。

VJ提出：「只要一直記著《生活》（*Life*）雜誌的故事，它太成功了，所以不得不停刊。」依照VJ所言，印製高質感戰後照片雜誌的成本遠遠超過零售價，買的人越多，賺的就越少，直到有天銷售量實在太大，《生活》「即便獲得成功卻破產了」。VJ警告，絲路很可能也會發生同樣的事，如果事業擴張時創辦人不注意伺服器成本，也不在意使否聘僱對的員工，可能也會因成功而毀滅。

羅斯讀著螢幕上的字，看得出神，這一刻，終於不再感到孤獨，之前都一個人經營網站，不能找人聊聊腦中亂轉的各種問題。現在，這裡有個人似乎能回答羅斯從未問出口的疑惑，羅斯回覆：「多說一些。」

沒多久，羅斯開始向VJ討教各式各樣的建議。他會坐在雪梨的公寓或是附近的咖啡廳，寫下問題傳給新朋友，貪婪地吸收百變瓊斯提供的所有意見。兩人最初只是隔幾天聊一次，接著變成每隔幾小時一次，最後甚至到了每幾分鐘就會聊一次的地步。每次兩人密談，對羅斯而言都深具啟發性，不論是學習如何在伺服器上架設比特幣組態檔，或出面管理網站上交戰的派系藥頭，還是理解普羅大眾使用者對他的看法。

即便如此，本質上這段關係的核心還是個人的。VJ最大的價值在於他是多元高階主管教練——可以指導年輕創辦人走過任何新創問題，例如比爾・坎貝爾（Bill Campbell）曾指導過了推特[6]和Google的創辦人，或是馬克・安德里森（Marc Andreessen）在Facebook為馬克・祖克柏（Mark Zuckerberg）提供建議。

6 譯註：Twitter，二〇二三年七月已更名X。

某天下午，羅斯問ＶＪ：「我的優勢是什麼？」希望新知己可以高舉明鏡，讓羅斯看清自己，這個角度是羅斯在私下獨處時無法自己客觀看出的。

「你總是守口如瓶。」ＶＪ回覆道：「你真的明白現在不是好玩的遊戲，而是攸關生死的嚴肅生活型態，都是你一手打造。」ＶＪ列出幾項絲路領導者的特質，例如他顯然接受良好教育、網站上許多人都認為他是線上毒品世界的「賈伯斯」。

「太好了。」羅斯回覆，然後問了個比較容易受傷的問題：「那我的弱點呢？」

百變瓊斯沒有遲疑，寫道：「你的弱點就是無法分辨哪些是無害的束帶蛇，哪些是致命的銅頭蝮，以及網站安全知識極度貧乏。」

羅斯打斷：「等等，蛇的譬喻是什麼？」

「學會辨別危險事物，即使你認為某樣東西是無害的時候。」

這評論很尖銳，羅斯聽了之後還想要更多答案。在那重大時刻，羅斯聽著邦代海灘的浪聲，感受著澳洲的柔軟空氣，卻有個急迫問題擱著沒問。充滿無限智慧、貌似資安天才的百變瓊斯可以提示一下羅斯，或許這位新朋友不單單只是來幫忙，而是籌劃著更大的計畫？就算ＶＪ正在嘗試提出警告，羅斯在談話中陷得太深，根本沒有想要停下來詢問百變瓊斯——他究竟是無害的束帶蛇，還是三十幾公尺長的大毒蛇？

羅斯無疑有他，他只是回覆道：「多說一些！多說一些吧！」

第十九章　傑瑞德購物去

外面還是一片漆黑，傑瑞德便睜開雙眼，看向客廳開啟的窗。昏沉了幾秒，傑瑞德才意識到自己在沙發上睡著了，又一次，衣服沒換、電視開著。他昨晚下班回到家已經半夜，很可能在凌晨兩點左右，一邊看著最愛的古董鑑定節目《巡迴鑑寶》（Antiques Roadshow）睡著了，而現在快要早上六點，他可能已經——三點、四點、五點……成功睡了整整四小時。對傑瑞德而言，這似乎可以列入紀錄了。

大多數夜晚裡，傑瑞德都被自己對「絲路」的偏執搞得輾轉難眠。他想要自己偵查破案，但深陷官僚泥淖，充斥瑣碎的小事和不成功的計畫。他試過的每個方向，都與繁文末節糾纏不清。

老闆、老闆的老闆，還有那些他完全不知道存在於政府單位的人開始問，這名年紀輕輕的菜鳥在做什麼？為什麼要這麼做？國安局探員應該追查只販售少少幾包毒品的網站嗎？那屁孩難道沒有更重要的事情做了嗎？這小子他媽的以為他是誰啊？

原本的工作加上絲路案成了沉重的負擔，傑瑞德的婚姻也承受了巨大壓力。不難理解太太金（Kim）越來越沮喪，因為傑瑞德待在家的時間比待在辦公室的時間還要少，更糟的是，花了這麼多小時，卻沒看到什麼成果。沒有任何線索，也沒有任何想法，不知道怎麼追查一個窩藏匿名罪犯的網站。

值得傑瑞德慶幸的是，情況即將有所轉變。

連續好幾週，傑瑞德都在規劃如何出擊，知道自己無法找到那名網站創辦人——或多名，可能吧，他認為應該如此——因為他們在線上被洋蔥路由安全地罩住。不過，傑瑞德也知道任何犯罪組織的運作方式，如果從基層開始查起，終有一天可以抵達高層。對賈瑞德來說，「基層」代表的就是購買毒品——大量的毒品。

他沒有料到，線上買毒品會有多難，不是因為在絲路上很難採購海洛因或快克（實際上是驚人的容易），而是因為國土安全部目前為止還沒有人在線上大肆採購毒品過。不像在港口查獲違禁品，或設計好街頭送貨來逮補某人，線上販毒是真正的蠻荒西部，根本無法可管。經過多層級批准、無數次會議、大量文書作業，傑瑞德總算獲得批准，可以開始在毒品亞馬遜「大肆」購買毒品了。

接下來面臨的挑戰是購買比特幣。他分到的購物之旅預算是一千零一美元，於是拿了現金，存入銀行，再到比特幣交易網站，把美元換成比特幣。這不像在街上用現金買毒品那樣簡單，也不像在克雷格列表上找一臺二手腳踏車那麼簡單，但想想他正要買的東西，整體來說仍算是出乎意料的簡單了。

第一次絲路遠征，傑瑞德有三大目標：首先，循線追回毒販；再來，比對絲路的商品詳情頁和毒品本身及包裝，為絲路信件包裹的特徵建檔，就像之前在海關暨邊境保護局為恰特草建檔一樣；最後，傑瑞德想要執行一次小規模但重要的測試。

他知道，全美港口的郵政人員都有在郵政系統中發現毒品，但是——這是個大大的但是——沒人知道有多少比例的毒品尚未查到；究竟有多少粒藥丸、多少包粉末就這樣游過官員身旁。目前傑瑞德所知，絲路這網站一年可以兜售幾千美元的毒品，又或者一個月可以販售幾千萬美元的非法違禁品。沒有人知道究竟是哪個，但傑瑞德認為自己可以找出答案。

首先，傑瑞德向六個不同國家的十八位賣家購物，絲路購物車裝滿幾粒搖頭丸、一些鴉片「茶」、一些合成大麻、各式各樣的興奮劑，指定送到歐海爾的祕密郵政信箱。

除了麥可（發現第一粒螢光粉紅小藥丸的人）和幾名國土安全調查署的高層人士，沒有其他人知道他的訂單，也不會知道訂單會在今天早晨送達（二〇一二年一月中某日）。

傑瑞德從沙發起身，揉揉疲憊的眼睛，一架飛機飛過頭上三萬五千英呎高空，準備好降落在芝加哥歐海爾國際機場，機上載著幾個信封，目的地是那個祕密郵政信箱。儘管疲倦，傑瑞德還是精神奕奕，這才是他一直想要做那有意義的工作。事實上，多年來他一直覺得自己就像那粒粉紅藥丸，只是汪洋大海中的小小水滴。現在，他獲得機會發揮影響力，或許甚至能因此成名。

他從沙發上踉蹌起身，慢慢地步上樓幫太太忙，準備把兒子泰瑞斯（Tyrus）送到日間托兒所。一家人親了親，說掰掰，泰瑞斯咯咯笑了幾聲，然後輪到傑瑞德出門，開著變態車去上班。

那天就和平常一樣開始，在國土安全調查署處理其他案子，到了傍晚回到機場查看毒品。隨著夜幕低垂，寒冷也來臨。走向機場邊巨大郵件收發中心的路上，傑瑞德感到寒冷，吃力走過冰凍的地面，朝郵件中心的後門前進，最後踏入鹵素燈泡的世界。

麥可在扣押室興高采烈地等待，有個驚喜要給傑瑞德：幾個四乘八的白色信封，來自同一位藥頭，正面有傑瑞德的郵政信箱地址。

麥可得意地說：「我找到你的毒品了！」

但這是那天之後，或接下來的其他天，麥可唯一找到的包裹了。傑瑞德在絲路的十八筆交易中，有一筆消失在物流運送途中，剩下十六筆都安全寄達他的郵政信箱，就在聯邦政府的眼皮底下，無人察覺。

對新的毒品戰爭而言，實在不是好兆頭。

那天傍晚，傑瑞德、麥可、另一名收發室的工作人員拿來所有毒品、套上藍色橡膠保護手套，在研究中心的會議室桌上排放所有毒品、拍照、上標籤註明品項、標記每個再平凡不過的細節作為證據。

到了半夜時分，傑瑞德會開啟一小時車程的回家之路，等回到家趟在沙發看《巡迴鑑寶》，他滿腦子只剩下：誰是絲路創辦人，要怎麼做才能逮補他們？

第二十章　恐怖海盜羅勃茲

煙火從四面八方在羅斯的眼前炸開，天空千百道光芒伴隨著震耳欲聾的巨響，砰！砰！砰！紅色、綠色、粉紅色映照整片湖面。羅斯看著覺得不可思議，緊緊挨著新朋友蘿拉（Laura）和她姊妹取暖。

幾天前，羅斯剛抵達越南，中間在新加坡轉機，睡在機場長椅一晚——這樣的夜宿比較適合曾經想參加《驚險大挑戰》的羅斯，而不是即將成為百萬富翁的羅斯。絲路才開幕一年左右，毒品交易剛剛突破每月五十萬美元，這代表數十萬的佣金會直接流入羅斯口袋，即使如此，羅斯還是認為錢不該用來炫耀，到河內玩，住的是青旅，發現剛巧趕上農曆新年的慶祝活動，可以欣賞美麗非凡的煙火，非常高興。

對羅斯而言，農曆新年是絕佳的啟發時刻，是全新的開始。羅斯還讀到，農曆新年是時候忘卻去年的煩惱，期許迎來更好的一年。更重要的是，這場文化慶典還代表各種重塑，正好就是羅斯前一週的經歷。

幾天前，羅斯在處理絲路事務時，新的心腹兼好友百變瓊斯傳訊息問了一個怪異的問題：「你有看過《公主新娘》（*The Princess Bride*）嗎？」

就算問的人是百變瓊斯，這問題還真是毫無邏輯可言，而且更怪的是，幾分鐘前羅斯才和ＶＪ討論寫程式碼的問題和毒品銷售量。

《公主新娘》是八〇年代中期的邪典黑色喜劇，講述一名農場工人成了海盜，必須拯救毛毛公主（Princess Buttercup）脫離火焰沼。

ＶＪ這一問確實沒什麼邏輯，但他們的對話常常會朝各種意想不到的方向發展。過去好幾週，兩人每天都聊上好幾小時，主題五花八門。自從成為朋友，幾乎每個小時兩人都會聯繫彼此。

他們越來越親密無間，多數夜晚都以數位枕邊情話作結，羅斯寫道：「好啦，要睡了。等等見啦。」ＶＪ回覆：「你要確定自己有睡夠喔。」多數早晨都以阿羅哈開啟，看看另一人怎麼樣了，一人道：「嘿，早安。」另一人回：「哈囉，哈嚕。」

接下來所有清醒的時刻，兩人會隨意聊政治、反毒戰爭、Ａ片、書籍，因對方的笑話而開懷大笑。ＶＪ總是能讓羅斯哈哈大笑，例如有一次收到包裹，ＶＪ寫道：「我的郵差是藥頭，只是他毫不知情。」

兩人之間情誼越加密切，最近幾週，最長一段沒聯絡的時間就是跨年期間兩天半的空窗。羅斯在澳洲看煙火秀慶祝一月一日的到來，同時照顧某人喝醉而受傷的手肘，百變瓊斯在倫敦，陷入熟睡，在此之前吞了幾粒搖頭丸、喝了兩瓶香檳、時代廣場球落下前三十分鐘就昏過去了。

兩人感情之好，VJ放假回來工作時，羅斯甚至打招呼說：「我想你了 :)」

VJ討人喜歡、有趣又機智，但更重要的是，在一個無法相信任何人的世界，他是羅斯真正能信任的人。自從絲路開張以來，這是頭一次羅斯交了摯友。當然，百變瓊斯也從這段友誼賺到錢。羅斯為他的服務付費，有時單次高達六萬美元，這金額包含差旅費用和VJ手下程式設計師的薪資。

這段時間正適合兩人加深情誼，因為經營絲路的壓力只增不減，越來越大。在開張初期，絲路提供少許迷幻蘑菇和大麻，現在則成了毒品大本營，林林總總，應有盡有，有些產品還有非常大量的交易。大家也販賣許多不同種類的槍枝，烏茲衝鋒槍、貝瑞塔手槍、AR-15突擊步槍、消音器，以及不計其數的子彈。這又引來更多媒體報導，媒體嘲諷政府至今尚未關閉絲路網站，其中一個標題寫道：「參議員舒默抨擊比特幣，八個月後絲路依然蓬勃發展。」

羅斯因此感受到巨大壓力，但新摯友有個計畫，這計畫不知為何源自兩人對《公主新娘》的討論。羅斯的回覆是好像有看過，就像他那一代的許多孩子，家家戶戶幾乎都有一卷《公主新娘》的錄影帶。

百變瓊斯寫道：「那麼你知道恐怖海盜羅勃茲（Dread Pirate Roberts）的故事嗎？」

羅斯其實想不太起來，但開始打下還記得的電影內容、主要角色的名字。羅斯不知道還有什麼可以說時，百變瓊斯接著說完電影摘要：有個男的叫韋斯特利（Westley），從他人手中承接了恐怖海盜羅勃茲的名號……多年後，新人會繼承名號，舊人會退休。這樣就沒人知道原本那位恐怖海盜羅勃茲究竟是誰。

羅斯回道：「對。」就是這樣，那部電影就是這樣。

然後輪到ＶＪ寫下：「你必須把名稱從管理員改成恐怖海盜羅勃茲。」

恐怖、海盜、羅勃茲。

這幾個字掛在螢幕上，好似懸在某種平行宇宙。

多棒的主意啊！羅斯愛死了這個箱法。噢噢噢噢，太讚了！真是好極了。

「恐怖海盜羅勃茲」稱號基本上就是海盜，也很適合羅斯之前在絲路論壇上使用過的「船長」譬喻。最為重要的是，ＶＪ注意到把名稱換成恐怖海盜羅勃茲，羅斯就能一掃昔日足跡，鞏固他確實放棄了絲路的說法。最完美的不在場證明就是：說他早就退休，所有權和網站老闆一職已經轉讓給其他人。

百變瓊斯再推一把道：「現在就創造傳說吧！」

百變瓊斯不知道羅斯會多認真看待這則建議，但他認為羅斯會很熱血。之前百變瓊斯好奇有誰知道真面目（如果有人知道的話），羅斯那時就已經告訴ＶＪ，世上有兩個人知道羅斯和絲路的關係。

ＶＪ在十二月時問道：「ＩＲＬ[7]，有任何人知道你就是——不管你是誰——創造絲路的人嗎？女友、男友、聽你說話的小兔兔、認識多年的網友？祖母、牧師、拉比、脫衣舞者？」

「可惜，還真的有。」羅斯回覆：「有兩個『人』，但他們以為我賣掉網站，抽身了。」羅斯停頓了一下，才繼續解釋幾個月前已經告訴那兩人，他把網站賣給別人了。「一『位』我大概永遠不會再跟他說話了，另一位我會慢慢疏遠他。」補充道：「永遠不會再犯下告訴他人這種錯。」

農曆新年將至，現在是羅斯改頭換面的完美時機，忘卻去年的紛紛擾擾，希望迎來更加美好的一年。新摯友百變瓊斯還提供了聰明、驚人、厲害的主意，不僅能解決茱莉亞問題，還可以解決理查問題、艾莉卡問題，以及其他任何人發現他創設了絲路而可能製造的某某人問題。

當然，如果真的被抓了，羅斯可以假裝承認：「沒錯，很不幸地他確有涉入絲路的

7 在現實生活中（in real life）的網路用語。

早期營運，但後來網站帶來的壓力太大，所以放棄了。」如果有人問：「你不再經營絲路之後，網站怎麼處理？」羅斯可以回答：「把網站給別人了。」如果再追問：「給了誰？」他只需要說：「我不知道，只知道他自稱恐怖海盜羅勃茲。」

第二十一章　卡爾・福斯重獲新生

巴爾的摩郊區那幢兩層樓白色殖民風建築看起來恬靜美好，門前有石板步道蜿蜒而過兩棵高大的橡樹，後面有彎彎曲曲的小溪，狐狸和鹿穿越黑莓灌木、跑過芳香的酸蘋果樹。這景緻簡直是烏托邦，足以讓卡爾和太太愛上這幢房子——不僅適合養育小孩，將來哪天可能退休，也會是完美的養老地。

但是，自從卡爾與銀行簽字那天以來，這房子便成了一場惡夢，問題百出：電力、漏水，還痛心地發現多數牆壁都沒有隔熱層。一幢紙糊的房子，幾乎榨乾了夫妻倆的存款帳戶。卡爾叫這幢房子「檸檬」，又為層層疊疊的壓力再添上一箱壓力。

卡爾常常發現自己晚上清醒地躺著，盯著空中一片漆黑，郊區特有的寂靜在耳邊迴盪著，卡爾想著自己的過去、未來，以及該如何收回買房的損失。

不像多數人，工作一整天之後，會躺在沙發、轉開電視、開啤酒來緩解緊繃，清醒卡爾做的是另一種極端。下班回到家，這名光頭、全身刺青的成年男性會開始把枕頭弄蓬鬆。他實在無法克制，工作的壓力、房屋漸爛的壓力、不知道自己人生走到哪了的壓力，所有壓力造就了他在晚餐前必須進行一個小時的清潔，結束了才會坐下吃晚餐。

有時候，他會把這項怪僻推給自我診斷的強迫症，但其實他根本不在意原因到底是什麼。在空中搖晃枕頭直到所有羽毛平均分散，比起任何啤酒更能令卡爾鎮靜。

但最近這幾週，即將來臨的工作轉變，迅速減少卡爾的壓力。事實上，卡爾——記憶所及以來第一次——第一次感覺到生命重新燃起了活力。

他重獲新生了，絲路為他受洗。

起初被指派去國土安全調查署巴爾的摩小組協助絲路一案時，雖然覺得有趣，但對行動本身漠不關心。這是一個體驗有別於一般跳車案件類別的機會，但並不會改變他的太陽探員生活型態。然後，一位巴爾的摩探員告訴他如何下載洋蔥路由，如何瀏覽絲路論壇，卡爾開始沉迷其中。

他立刻發現這網站會改寫一切，緝毒局可能會變成網路犯罪單位，FBI或國家安全局（National Security Agency）等其他單位，從來沒有主導過毒品案件，也可能會設立新的部門追查這些線上目標。他認為，這個新開闢的疆域就是當初的蠻荒西部，而他想要成為一八一一年OK牧場槍戰（O.K. Corral）的警長。

卡爾開始吸收任何找得到的絲路資訊，瀏覽絲路上數不盡的討論串，有人教如何從眼球注射海洛因，也有人教如何包裝毒品，美國郵政才不會發現。卡爾還讀了網站領頭的文章，這個人以前自稱管理員，最近換了個名字叫恐怖海盜羅勃茲。

國土安全調查署巴爾的摩探員已經嚴正警告卡爾先不要註冊絲路帳號，上級說了：「別在絲路上做任何蠢事，我們可不想有人知道執法單位已經進入網站了。」

但是，卡爾有要追捕的目標，早年還是探員的熱血又重回體內，全身因刺激而興奮不已，彷彿有人拉開一道卡爾・福斯簾幕，一位更年輕、更活潑的卡爾・福斯正等著證明自己給老闆、同僚、太太——還有給自己看。

很快，太陽探員的日子也開始拉長了，現在只要太陽西沉，卡爾就會在自家車道停好車，跑到家裡樓上後方的空房間，打開局裡配的筆電，瀏覽絲路，讀絲路領頭剛剛發表的新貼文。目前，屋內的枕頭只能暫時擱置一旁了，他有更重要的事要做。

必須深入虎穴，瞭解絲路，思索對策，一舉攻下。

第二十二章 噢，船長！我的船長！

絲路部落豈止喜歡頭領的新名字，幹，簡直愛死了。這成為了絲路所有人高喊的口號，成了革命頭領臉上的一副面具。如果古巴有切．格瓦拉（Che Guevara），愛爾蘭有麥可．柯林斯（Michael Collins），反毒戰爭則有恐怖海盜羅勃茲。

在絲路論壇，大家可以討論任何與絲路相關的事，現在都在熱烈討論頭領的化名。買家和賣家覺得自己不只是單純買賣毒品而已，而是身處在轉變的關頭，參與一場即將徹底改變司法體制的革命。

羅斯的員工們也立刻喜歡上這新化名，因為這賦予了至今毫無個人特性的管理員一個身分。上一秒，他們的老闆是鍵盤後方沒有姓名、模糊不清的角色；下一秒，搖身一變成為人人敬畏的海盜，帶領大家反抗美國政府。幹他媽的上帝一定會保佑他勝利。

大家開始尊稱羅斯為恐怖海盜羅勃茲，或簡短一點稱為DPR，親近的人——多數是員工——選了更重要的稱謂：「船長」，每天有數十次都這麼稱呼他們的指揮官。

「早，船長。」

「就等你一聲下令，船長。」

「我也這麼想的，船長。」

「一夜好夢，船長。」

「晚安，船長。」

羅斯超愛的——什麼都愛。這麼多個月，他第一次覺得有動力，不只絲路帶來的，還有他可以帶領這艘船航行的方向。不是別人的，是他自己的船。

「噢，船長！我的船長！」

遇到百變瓊斯之前，羅斯常常質疑自己到底在做什麼，懷疑**這一切值得嗎**？起初，他一直活在恐懼之中，經營絲路可能下半輩子都得坐牢，甚至不得不坐上電椅。他已經妥協了，提醒自己是為了信念而戰，也因為是在幫助人，值得冒這個險。儘管他克服了障礙，但他無法接受在現實生活中，還是得一直向身旁的人撒謊。

少數幾名員工經常拉他一把脫離憂鬱，反覆告訴頭領他們有多自豪可以參與如此盛大的革命。當然他們都有領薪水，而且都不低，大多數都是撰寫程式，每週賺進好幾百美元，但這不只是錢而已，大家都很感激自己能成為其中的一員。

一名員工告訴羅斯，他拋下其他工作和生活責任來「追求這一切」，努力讓毒品合法化，未來不再有人因為販售、食用而鋃鐺入獄，是最重要的目標。另一名員工則驕傲地宣告：「我們真的可以改變世界……我們真的好幸運……這是千載難逢的機會。」

潮流的方向變了許多，絲路的未來有許多展望，羅斯決定開始寫日記。第一本日記其中一篇寫道，明白了自己的願景意義重大，「我想像有天可能會寫下我人生的故事，如果有詳細的記載，就太好了。」許多事項可以說明他的重要性逐漸高升，從財務收入來看，網站經營得有聲有色，羅斯身家上看幾百萬美元。可是節儉的羅斯，除了吃幾餐好的，不會花錢買任何華麗、炫耀的東西，他的所有個人物品還是可以全部塞進一個小包包。

儘管絲路生活很完美，羅斯還是很困擾得對人說謊這件事情，每每親朋好友詢問他的工作的時候，羅斯對每個人都編不同的故事道：「我在做當沖。」「我在做電玩。」「我買賣數位貨幣。」每次說起這些故事時，羅斯都滿懷愧疚，因為他向來堅信「信守承諾」，現在得一直活在欺騙之下，令他良心不安。

這也不是說他可以在絲路上說實話，他沒得選，必須向絲路上的所有人說謊——理由不用說。雖然好幾次都說溜嘴，有時候是不小心，更多時候是因為他需要把事情告訴別人。

最近某天下午，羅斯告訴了百變瓊斯他以前是「實驗物理學家」。他也犯了錯，告訴新來的首席程式設計師 Smedley 自己在澳洲和亞洲旅遊。他也告訴另一名員工 Inigo

以前和爸爸科克的露營小旅行。不止一次，他講到自己有多愛釣魚。

現在不一樣了，羅斯有更好的系統來區分現實和虛構：成為恐怖海盜羅勃茲，就像戴上面具，變成另一個人。現實世界，他是羅斯．烏布利希；線上世界，他是恐怖海盜羅勃茲。

「沒問題，船長！」

做回羅斯的時候，他可以談論毒品合法化的理想、自由放任主義以及比特幣的工作等等，完全不需要觸及心中絲路的那塊，更重要的是，再也不用對親朋好友說謊了。一戴上恐怖海盜羅勃茲的面具，另一個人可以掌舵，在無人標明、很可能沒有道德規範的水域航行。DPR可以越過羅斯從沒反抗過的那條線，必須先妥協一切，才能把網站帶往下一個領域。

「噢，船長！我的船長！」

成為恐怖海盜羅勃茲，羅斯不需要向任何人說謊——除了自己。

第二十三章 羅斯絞死或回家

羅斯的手指在打字時會跟著發痛，指甲邊緣紅紅的，在持續殘暴的啃咬下，幾乎要出血。問題在於，他無法停止啃咬指甲。焦躁蔓延全身，啃咬就會開始。

這模式逐漸發展而成，羅斯根本不知道該如何終結。上一秒，網站迅速運行，順得不得了，下一秒，毫無預兆——**轟隆！**——災難般的事件就會發生：伺服器當機、駭客試圖闖入比特幣銀行、不好的程式碼需要更替、好的程式碼需要更新、買家和賣家爆發衝突、遺失包裹、詐騙高手、失竊的比特幣。這份工作會發生這些問題不是不能理解，但問題就是會突然冒出來，不論身在何處，羅斯得立即處理。

有時候只是小問題，一下就解決了（解決駭客攻擊就像堵住船身破洞）。有時候很嚴重，是從開張就發生的問題（就像要比駭客先找到那些漏洞）。但偶爾，一個問題才發生幾分鐘，就讓羅斯損失上萬美元。舉例來說，有一天羅斯發現有人偷走七萬五千美元的比特幣，都是因為羅斯犯了程式編碼的二級錯誤。這種日子，羅斯就會開始瘋狂咬指甲，一開始就停不下來。

好險，羅斯損失七萬五千美元也不會破產，現在絲路帶來太多獲利，多到難以洗成現金。十二月時，每月毒品交易金額達五十萬美元，現在三月底，每週交易金額就高達五十萬美元。

百變瓊斯看了一下圖表，給的回應也很簡單直接，寫道：「哇操！我是說，我心裡一直有底，但是看到圖表，那個……哇操！」他提到的圖表是一條黃線繪出絲路的成長和獲利，這條線直直朝右上角走，一路突破了頁面。

百變瓊斯花幾分鐘簡單計算了一下，按照目前的成長率，估計到了四月，也就是再過一個月，每週金額會高達一百萬美元，到了夏季中旬金額會成長兩倍。他告訴羅斯，就算發展不如預期，最糟、最糟二〇一二年底也會有一億美元的毒品交易量。假使按照目前的速度發展，到了二〇一三年底，絲路一年的毒品銷售量會趨近十億美元。

羅斯的佣金現在每天約一萬美金，而且實際上每小時都在增長。實際情況，羅斯的財富每隔幾週就會增長兩倍甚至三倍，因為比特幣匯率不停飆升。如果羅斯其中一個比特幣帳戶禮拜一有十萬美元，到了禮拜五價值會變成二十萬美元，而他什麼都沒做。假設VJ的預測正確，在熊市的情況下，到了二〇一四年，羅斯每年可賺一億美元；牛市的話（而且比特幣現值繼續按照以往的速度增長），金額會立刻增加十倍。

但成堆的數位貨幣帶來一連串新問題，除了變現的問題——還得躲過稅務部門的查核——更多錢代表更多客戶，而這又帶來另一串問題。網站上買賣雙方衝突仍頻，伺服器因為新訪客而過載、降速，來自執法機關的關注也變得越來越多。

「如果我們進了監獄，再多錢都沒什麼價值了。」羅斯寫給VJ，他們在討論絲路超陡峭的成長曲線和隨之而來的焦慮——羅斯也清楚自己必須掌控好，否則焦慮會反過來控制他，最終必然鑄成大錯，出錯肯定會被逮捕，而被逮補絕對是羅斯、VJ、千千萬萬絲路買家與賣家最不樂見的事。

VJ表明：「我們需要……緊急措施和一項計畫。」

遵循百變瓊斯的導引，羅斯確實想好了一項計畫。

首先最重要的是離開澳洲，回家。羅斯經由旅行習得自身所需的觀點，但好幾個月的行旅也帶來全然不同的擔憂。起初到澳洲和姊姊在一起，羅斯感到安慰與舒適，然後愛上了和煦的氣候，也愛上這樣的天氣下能享受的娛樂，例如任由邦代海灘的海浪打在身上。

沒有工作限制行動，羅斯隨即展開一個月的亞洲樂遊。羅斯看起來就跟其他窮遊太平洋群島的背包客沒兩樣，住青年旅舍、吃路邊攤的麵食。唯一的不同在於，萍水相逢的朋友大多是窮光蛋大學生，想要先探索世界再回歐美找工作定下來，然而羅斯私下經營世界最大毒品交易網站，目前個人身價高達幾百億美元。

融入窮大學生輕而易舉，羅斯帶的東西很少，頭髮也亂糟糟，直到某天網站出事。羅斯不得不在亞洲各地的網咖，使用冰川移動般緩慢的無線網路處理絲路事務，這代表每一次查看網站，就有好幾十雙好奇的眼睛在偷窺，也代表話說到一半，就得告訴員工他要起身換位置。

羅斯寫道：「要換位置了，馬上回來。」

「換位置。」

「我不喜歡這個位置了。」

「要換位置了，等等就回來。」

「換個地點。」

有時候羅斯發現有人瞄到螢幕，就會大力闔上筆電，匆忙離開（希望）沒有引起任何注意。但是他常常得待在有網際網路的地方附近，像隻等待小狗大便的蒼蠅。戴上恐怖海盜羅勃茲的假面，羅斯告訴心腹：「必須要能安全使用筆電並且保有隱私，我的生活才成立。」現在這樣的生活方式正在一點一點奪走他的性命。

「馬上回來，得換地方。」

旅遊也有比較討厭的經驗，某次羅斯出發前往泰國叢林中央一座冷清的衝浪小鎮，打算享受海浪、沙灘、棕櫚樹下的健行，或許抽點大麻，認識年輕漂亮的背包客（如果順利的話）。可惜事與願違，他才開進小鎮，網站就出了天大問題，有人開始偷竊羅斯帳戶的比特幣，起因一樣是嚴重的程式編碼錯誤。羅斯必須當場立刻著手解決——問題還很棘手。

羅斯從早到晚都躲在當地一家網咖，不停咬指甲，拚命想阻止比特幣搶劫，與此同時，當地人、背包客懶洋洋地漫步在小鎮的泥土路上、喝啤酒、在溫暖的海洋中衝浪。（羅斯後來告訴百變瓊斯：「那裡的人都覺得我瘋了。我一天十八個小時都在用筆電、咬指甲，旁邊所有放鬆度假的人都看著我，心想『好扯喔那傢伙怎麼了？』」）

除了這樣的焦慮，羅斯還很害怕有人會看到螢幕上的絲路標誌或毒品圖片，也害怕有人詢問他在寫什麼程式。更糟的是，當地人想要討警察歡心，可能就會向有關當局匿名告發。

在羅斯最清醒的時候，這樣的焦慮反倒嚇得讓人動彈不得。因為絲路，所以世界各地的人能透過網際網路購買毒品，羅斯基本上成了全球通緝犯。這代表他可以受到地球上幾乎每個國家的法律制裁，而羅斯最不想的就是因為促成了極大量的毒品交易而在東南亞遭逮補，之前有西方人因為非法販賣不過幾盎司的海洛因，獲判絞刑。

只剩下一個方法了。等到艾莉卡的 Facebook 貼文沒有引起任何人關注，也沒有人懷疑他除了羅斯．烏布利希還有其他身分之後，羅斯便定好日期返回德州。光這樣沒辦法消除經營網站的焦慮，但羅斯也已經計畫好了。他答應百變瓊斯，會開始長時間散步、吃得更健康維持專注力，並且每天睡前靜坐時間增加三倍，至少三十分鐘。有ＶＪ在旁輔導，羅斯試著處理經營世界上第一家也是最大家毒品網站所面臨的壓力。

至於他的指甲呢？四月十日，在離開澳洲前幾天，羅斯走進藥局，放了幾塊錢在櫃檯上，帶走一瓶防咬指甲藥膏。

他興奮地告訴百變瓊斯他買的藥膏，說接下來一週至少每天要塗一次神奇藥膏，還說：「是時候戒掉壞習慣了。」

但這個習慣他沒辦法戒太久，一回到美國，羅斯就發現不只絲路過去幾個月來大幅成長，就連執法單位想要抓住恐怖海盜羅勃茲的熱情也大大增溫。

第二十四章　卡爾、艾拉迪歐、挪伯

對緝毒局探員而言，當臥底是最驚險、刺激的，同時也最令人緊張的差事。如果做得好，可以抓到無恥之徒；如果做不好，會反過來被逮到。卡爾．福斯從慘痛經驗中學到教訓，將近十四年前，那時還是緝毒局菜鳥，頭幾項差事之一便是被派到科羅拉多州（Colorado）阿拉莫薩（Alamosa）小鎮辦案。

卡爾還沒抵達，就先逮補了一名犯人，犯人轉做線民，答應幫忙牽幾位當地毒販達成交易。小鎮就在新墨西哥的邊境北方，是一個走私毒品的絕佳地點，可以走私古柯鹼、安非他命到美國。

線民安排了幾場會議，確保首次行動成功，但馬上就出錯了。每次只要卡爾出現，當臥底買毒品時，線民就會陷入驚慌，抓狂地說卡爾看起來太像警察了，肯定會把整場行動（很可能還包括兩人的生命）推入萬分危險的境地。

卡爾不喜歡被命令，但看著鏡子，知道線民說得有理，自己看起來完全就是警察。於是卡爾決定做一些迷你肉體改造，打耳洞，戴上金環，留頭髮，開始打扮得不像個緝毒局探員，更像個販毒維生的人。

為了確保沒有人能夠一眼認出他是聯邦探員，也需要有個假身分，還得精心編好背景故事。卡爾學到了重要的一課，不會有人參與臥底行動，卻光說自己在組織犯罪的世界工作而已，還必須展現出你真的身在那個世界。

十年後，卡爾坐在巴爾的摩緝毒局辦公室，盯著絲路網站的使用者註冊頁面，決定如法炮製，好好變身。

卡爾做足了功課，為這一刻好好準備。但在註冊帳號之前，得先思考在絲路要扮演什麼角色。不像真實世界的臥底工作，這回他可以隱身在鍵盤後，意味著想要當什麼都行，黑人、白人、西班牙裔、華人都可以；男性、女性，或任何介於兩者之間的性別。線上世界就是他的舞臺，只需要決定誰該掀開布幕登臺表演。

卡爾決定從他熟悉的經驗中汲取靈感，挑選以前在南方聽到的故事，決定要當一名多明尼加共和國（Dominican Republic）的走私客，每年走私到美國的毒品價值為兩千五百萬美元，幾乎是古柯鹼和海洛因。他為這個角色取名艾拉迪歐．古茲曼（Eladio Guzman），顯然採用類比時代世界最出名毒梟矮子古茲曼（El Chapo Guzmán）的姓，而矮子古茲曼是墨西哥西納羅亞販毒集團（Sinaloa Cartel）的老大。接著，卡爾為他的古茲曼編造複雜的經歷，說古茲曼在南美各地都有認識的人，可以運毒、洗錢，還可以殺人滅口。噢，對了，古茲曼還瞎了一隻眼，戴著眼罩。

為了確保古茲曼看起來真有其人，卡爾還用自己的真實照片向緝毒局申辦古茲曼的假駕照。但是絲路上，沒有人會用真名，就算這個真名是假的。既然網站頭領自稱恐怖海盜羅勃茲，卡爾決定效法，得為自己的假身分想個化名。

再一次，他決定從自己熟悉的事物中挑選──《聖經》。說是直覺也好，這份工作做了這麼多年，說是自信過度也好，但他想要選個化名來描繪絲路一案的結局，因此選了聖經裡那座被國王摧毀的城鎮──挪伯（Nob）。

這麼一來，卡爾．福斯會成為艾拉迪歐．古茲曼，多明尼加毒品走私客，網路化名為挪伯。

回到家，卡爾請十二歲女兒幫忙。他先抓了張白紙和一支黑色馬克筆，大力寫下「挪伯萬歲（ALL HAIL NOB）」，拿眼罩遮住根本沒瞎的眼睛，穿黑色帽T遮住光頭，舉起那張紙，再請女兒幫忙拍照。

立刻註冊帳號，名稱挪伯。

上個月，卡爾都一直和巴爾的摩探員討論調查策略，他們的計畫其實和傑瑞德的大同小異，也想要開案（顯然要來較勁，因為他們知道傑瑞德已經在芝加哥展開自己的絲路調查），首先得逮補藥頭，再一步步往上。為此開了無數次會議討論策略，但是卡爾認為從基層滲入太費力。

或者，卡爾也可以罵一聲：「幹，算了。」直接去敲大老闆的門。

卡爾選擇了後者。四月二十一日星期四，中午左右，卡爾坐在電腦前，變身毒品走私客，寫了一封電子郵件給恐怖海盜羅勃茲。開頭寫道：「絲路先生，我非常欣賞你的成就。」讚美之後，寫下簡短幾句自我介紹，挪伯有「各種門道」，毒品這行也幹了二十多年，並且直白地指出，他認為毒品交易的未來就是絲路，而最重要的是，他有個提議：「我想要買下網站。」按下「傳送」，等待回音。

巴爾的摩小組發現了之後，怒火中燒。這根本不在計畫內，卡爾在團隊還沒決定下一步該怎麼做時，就已經擅自行動了。上級打了幾通電話給助理特別探員主管（assistant special agent in charge，主要職責就是確保像卡爾那樣的人不會擅自行動），但卡爾一點也不在意，只是一直查看電子郵件，等待恐怖海盜羅勃茲的回覆。

那天下午，他檢查了信箱——沒有回覆。隔天早上，還是什麼都沒有。就是**明天**，他推測，恐怖海盜羅勃茲明天會回覆。

第二十五章　傑瑞德的芝加哥VS.卡爾的巴爾的摩

傑瑞德的小小辦公室看起來越來越不像辦公室，比較像是芝加哥歐海爾機場郵件分發室的分支。數十個箱子沿著牆，圍住整個辦公室，每一疊資料都像小小孩那般高，塞滿信封——總數約五百封。這些包裹有個共同點：裝了從絲路買來的毒品。

這堆郵件上方，辦公室牆面貼滿列印的資料和照片，都是之前裝在這些信封裡的不同毒品——丸狀、袋裝、結晶狀。

顯然傑瑞德不容拒絕，早已一頭栽進絲路案件，流連忘返，一意孤行。

傑瑞德一直嘗試建立系統來分辨哪些信封（和毒品）屬於網站上的哪幾名賣家。海關官員一發現包裹，不管時間早晚，傑瑞德都會坐上變態車，開到機場，拿走毒品、拍照、填寫扣押文件，再把所有東西帶回辦公室。下一步就是到絲路網站，瀏覽每一張待售毒品的照片，試著弄清楚包裹是哪名賣家寄出的。

有鑒於絲路現在有上千名藥頭，要找可不簡單，但傑瑞德總是願意接下費時又費力的挑戰。傑瑞德推論等到（或按照目前速度，如果）最終抓到絲路頭領，到時會有數百磅的證據證明絲路確實在販售毒品。

在絲路購買毒品、推測誰賣些什麼、瞭解不同國家來的毒品包裝有何差異，他真的學到很多（有些用氣泡式信封、有些藏在CD盒等日常物品之中，也有藥頭挖空廢電池藏毒，還有人把一釘一釘的迷幻藥黏在照片背面）。不過有了這些資訊，他也明白一些令人不安的事，網站成長太過迅速，沒人能趕得上。

傑瑞德開始調查的這幾個月，絲路已經獲得極大成功。每天世界各地都會有新聞媒體報導，十八個月過後，網站目前正常營運，更多潛在客戶相信可以放心在這裡購買槍枝、毒品，客戶群也迅速擴大。

媒體瘋狂報導造成絲路頭領的麻煩，也為傑瑞德帶來困擾。報紙、部落格上那麼多故事，代表其他政府探員也聽聞了絲路，傑瑞德設想每位探員都想分一杯羹。

果不其然。

二〇一二年春天的某個傍晚，傑瑞德坐在辦公室，揀選海關最新攔截的信件，就像醫師檢查X光片一樣，拿起毒品照片放到網站的圖像旁比對。傑瑞德已經和太太金說了要回家，現在在做最後的整理，才能在回家之前先去機場一趟。此時，電腦發出好大一聲「叮！」通知有新郵件。

這不是一般的電子郵件，只要有人登入政府案件紀錄系統，開啟別人的案件，系統就會送出通知給案件負責人。傑瑞德剛收到的電子郵件告訴他有兩名巴爾的摩國土安全部（同單位的姐妹辦公室）的探員正在閱讀他的其中一份案件資料。他坐在那裡看著螢幕上的訊息，想說到底發生什麼事，結果又發出一聲「叮！」然後另一聲，沒多久就像老奶奶在賭城拉斯維加斯中大獎一樣——叮！叮！叮！叮！叮！

傑瑞德困惑地坐在那裡，不知道現在發生了什麼事，情況又變得更怪了。他在芝加哥的上司收到一封電子郵件，是位在巴爾的摩的另一位上級寄的，說有一群探員想要來風城（Windy City）聊聊絲路案件。更加詭異的是，這群巴爾的摩探員還突如其來地要求要帶他們的聯邦檢察官一起來。

這擺明了巴爾的摩想要插手傑瑞德的案子，但傑瑞德不想要任何人影響他追查恐怖海盜羅勃茲。這可是他的案子，不是他們的，而且其他人肯定會拖累他追緝的腳步。他也知道要是選擇打開天窗說亮話，只會引起內鬨，最終隨之而來的就是「協調會議」，政府超高層人物會在會議中決定誰可以負責案件。那可對傑瑞德而言非常不利，與資深探員對峙，輸的人很可能就是他。

於是，傑瑞德和國土安全調查署老闆同意和巴爾的摩小組在德克森聯邦大廈見面，也就是當初傑瑞德說服芝加哥聯邦檢察官放行絲路一案的地方。

會面當天，傑瑞德抵達五十噸紅鶴的家，預期只會看到一、兩位巴爾的摩代表，但卻看到一小隊人馬魚貫走進辦公室，探員、助理、還有他們自己的巴爾的摩助理聯邦檢察官——他自我介紹叫賈斯汀（Justin）。

一番寒暄和彆扭的握手之後，巴爾的摩檢察官開口了：「謝謝你們願意碰面，我們一直在拜讀你的報告，傑瑞德。」——暫時朝他的方向看了一眼——「你做得真好，非常好的報告。」

傑瑞德心想：『我知道你們一直在讀我他媽的報告。幹他媽的過去這幾週，每十五分鐘收件匣就會收到通知。』他暫時只在心裡抱怨，臉上則掛著笑容，還邊聽邊點頭。

巴爾的摩檢察官接著說明，國土安全調查署探員麥可和葛雷格（Greg）（兩人都是卡爾．福斯的同事）在一次突襲檢查找到了線索，有名毒販「被轉性了」，交出絲路毒品賣家名單。檢察官繼續說，他們要去追查名單上所有人，而「其中一名肯定就是絲路的頭領」。巴爾的摩小組坐在那裡沾沾自喜，為自己的計畫感到驕傲。

傑瑞德忍不住打斷，「你們根本不知道自己面對的是什麼。」他心煩意亂道，「你們沒有把洋蔥路由和比特幣當一回事……」

巴爾的摩的賈斯汀忽視傑瑞德的發言，暗示道，巴爾的摩國土安全調查署會接手絲路一案，說不定會讓芝加哥參與，只要傑瑞德可以有所貢獻。

傑瑞德怒火中燒，就要再次插嘴，但老闆搶先一步，看起來也很討厭巴爾的摩探員大搖大擺來到芝加哥，在那邊頤指氣使。老闆一副幹架的口吻道：「我們決定好了，你們愛怎麼做怎麼做，但我們會繼續追查。」

辦公室瞬間變得安靜無聲，會議剛開始的一絲絲親切全都消失殆盡。傑瑞德的老闆繼續下命令，如果國土安全調查署巴爾的摩小組出現在國土安全調查署芝加哥的調查，就會直接通報上級，聽候處治。

「如果有必要開協調會議，我們就照辦。」

一陣安靜懸在空中幾秒，賈斯汀再次開口：「沒問題。」巴爾的摩小組同時起身要離開，他接著道：「我們勝券在握，要不了幾個禮拜，就可以讓網站關閉。」

第二十六章 叛變

每位創辦人都會遭遇反抗。

Facebook 推出「動態時報」功能時有人反對，幾百萬名活躍用戶非常惱火，不僅隱私受侵犯，做了什麼都被迫和他人分享，但馬克．祖克柏沒得選；他必須增加收益，而這才是前途。Uber 也經歷過反抗，那時不顧反對，堅持保留「高峰動態訂價」法（顧客車資很可能因此變兩倍、三倍，有時甚至會變八倍，卻沒有明確通知），但特拉維斯．卡拉尼克（Travis Kalanick）沒得選；他需要增加收益。

每一家科技公司都面臨這樣的挑戰：Twitter、Google、Apple、Yahoo 都會宰顧客賺錢，大家並不明白，這些只不過是執行長為了生存而必須下的一些困難抉擇。正因如此，假使羅斯想要絲路繼續成長，也必須做出這些艱困的決定。就像 Facebook、Uber 等每家矽谷新創的造反都惹怒自家使用者，絲路的藥頭對恐怖海盜羅勃茲最新的決定也火冒三丈。怒火之高，傳聞有人要在絲路頭領之艦（HMS Silk Road）上發動叛變。

反叛的謠言在甲板間流竄了好幾週。起初，羅斯只是當成謠言，沒有多加理會，認為只是幾位不開心的賣家散布謠言，但現在討論聲浪越來越大聲，還有傳聞說網站上已經有人計劃發動叛亂，甚至製造大批出走。

這一陣騷動從今年早些時候就開始了，那時羅斯決定調高佣金率，以前不論買一小包五美元大麻種子，還是五千美元古柯鹼，絲路都只收百分之六．二三的佣金，當作幫忙促成交易的費用。

這樣的稅率很適合小藥頭做生意，每筆交易都只要付幾分美元而已，但進行最大量毒品交易的藥頭則被迫支付龐大的佣金。為了避開佣金，有些大藥頭開始在絲路之外私下交易，絲路完全無法從中獲利。

恐怖海盜羅勃茲和百變瓊斯有了打算，寫了一篇「絲路現況」的講稿，宣布佣金率即將調整。羅斯在一封致用戶信中寫道：「我們會取消固定佣金率，改採低價商品高佣金、高價商品低佣金的制度，類似 eBay 的模式。」聲明信還解釋，每筆金額低於五十美元的訂單，網站會抽百分之十的佣金，單價高於一千美元的交易則抽百分之一．五，中間還有一些零星費用，希望可以平衡一下佣金的差異。絲路現況講稿結語就像古巴革命勝利，斐代爾．卡斯楚（Fidel Castro）在一九六二年布道的結語：「我相信未來充滿光明，我們終將勝利。」

但並非所有買家、賣家都同意這個新未來。有些人很高興利率增加（尤其是對那些販賣大批毒品的人），但其他人可是不爽極了，特別是那些小筆金額但交易次數極多的賣家。信才發出幾分鐘，絲路論壇就炸開了鍋。

羅斯完全不懂為何會有這些回應，甚至因為論壇上的留言而受傷，難道這些人不知道要是沒有他和他的創新點子，絲路根本不會存在？難道他們不明白他可是為了大家賭上人生？要不是他努力耕耘，大家現在都還在街頭買賣毒品，冒著會被逮補的風險，或者更糟，陷入地盤戰，交易稍有差池就會被搶、被打，甚至被殺。他們竟然有膽抱怨這麼小的佣金調整，難道他們不知道網站沒辦法自行運作嗎？這可不是一個看他媽的非營利組織？這他媽的是一門生意啊！

大家強烈反對佣金調整使得羅斯情緒過勞，最後實在不勝其擾，羅斯基本上叫所有人回家吃自己，大聲回應那些抗議道：「管你喜不喜歡，我才是船長。如果不喜歡遊戲規則，如果不相信你的船長，可以直接下船滾蛋。」

這並不是鼓舞士氣的最好發言。

幸虧時間一長，動盪漸趨平緩，多數人都接受佣金調整，只是還有一小群哀怨的藥頭還是非常不滿，謠傳他們正打算要直接取代羅斯。

某次對話，羅斯告訴ＶＪ：「我懷疑不少人在討論備案，準備跳船，或者另創網站來對打，我不想要有叛變。」

因此百變瓊斯決定冒險潛入底層甲板，和買家、賣家交流，目的是要瞭解情況，究竟有多少人參與叛亂，是否真的會揭竿而起。

差不多同一時間，四月中某天傍晚，恐怖海盜羅勃茲的收件匣跳出收購信件，但沒有開價，信件開頭寫道：「絲路先生，我非常欣賞你的成就。」接著簡短介紹了一下寄件人是誰：一位叫挪伯的人，自稱在南美販毒數十載，信件結尾最精彩。

「我想要買下網站。」

如果是五個月前（羅斯壓力達到高峰、個人關係跌落谷底時），羅斯收到這麼一封出價收購的信件，很可能不假思索，直接答應。給我一袋比特幣，網站歸你，但小心：網站還沒有規矩可循。但是四月中的今日——就算網站可能要爆發動亂——羅斯對未來的想像可不同了。

他現在經營的可是一門正經生意，他有將近十數名員工專門負責重寫程式碼、監督論壇、協助支援。百變瓊斯在一旁幫忙掌舵，而羅斯開始意識到，絲路的發展遠遠超乎想像，更重要的是，羅斯最近才領悟——這個網站，一開始只是渺小的夢想——會成為羅斯的畢生志業。

看看絲路現在發展得有多好，成為了一部偉大的作品。

儘管如此，羅斯想了一下，回覆這位挪伯（姑且不論他到底是誰），看看他願意出多少，反正問一下也不會有損失。如果是矽谷的一間新創公司，出價會是衡量公司價值的方式之一。畢竟，能有什麼損失呢？頂多就是挪伯開價太低，對話就此打住。羅斯點了「回覆」鍵，輸入短短的回覆，接著按下「傳送」。

電子郵件寫道：「我不反對這個提議，你想出多少？」

等待ＶＪ回報叛變情報時，羅斯過著自己的日子，正準備和高中老朋友一起露營。羅斯幾週前就回到德州了，而且信守與百變瓊斯的承諾，早上或傍晚會冥靜坐，再花幾個鐘頭處理網站事務。為了保持頭腦清醒，也為了限制他對執法單位的恐懼，工作結束他會像其他所有朝九晚五的程式設計師一樣外出社交。他會到奧斯汀外圍的森林去健行，和高中朋友抽大麻，和其他人在戶外攀岩。好險自從他回到孤星之州以來，都成功避開了茱莉亞。

過沒幾天，挪伯來信了，但是內容令人費解。挪伯說為了能夠正式開價，需要看絲路的財務報告，報告要包含「網站每月銷售總額、銷貨淨額、賣家支付多少百分比的費用、賣家總數、買家總數、網站運營和升級成本（？）、行政人員和監察員的薪水。」

哈！想得美！

世界上只有兩個人知道這些數字，一位叫恐怖海盜羅勃茲，另一位叫羅斯・烏布利希，就連百變瓊斯也只略知一二。

DPR有禮地拒絕挪伯，並提及這麼做的風險，如此敏感的資訊一不小心就會輕易落入執法單位手中。不過，羅斯還是決定釋出網站的可能售價，想看看這名買家是否有一絲興趣。至少，思考他的網站值多少總是令人興奮。Facebook現在值八百億美元左右，Twitter約一百億美元（而且都在胡搞瞎搞），就算絲路目前還不及這兩家的價值，但想當然爾，價值肯定在好買家的預期範圍內。

羅斯回覆道：「想要買下絲路的整體營運，開價九位數的話，我會考慮看看。」

與挪伯還在一來一回，百變瓊斯帶回消息和報告，準備要向恐怖海盜羅勃茲回報。叛變的傳聞看來沒錯，網站上一群藥頭不滿意新的佣金制度，正在權衡要怎麼做。

羅斯得知這些叛徒的選項一是跳船，到另一個新的但小得多的敵對網站——最近才現身的黑市（Black Market）網站。選項二是叛徒全員下船，另外打造敵對網站，收取更加低廉的費用。最後，最終選項，最糟的情況其實和真實世界做生意會發生的事沒什麼差別，那就是董事會罷免執行長。在這樣的情況下，藥頭會討論駭進網站（畢竟絲路的安全漏洞百出）強占絲路。

但比起這些選項，百變瓊斯偵查期間發現一則更加令人不安的情報。

VJ向DPR說明，問題不只是大家不滿高佣金，還有一個更嚴重的問題隱隱浮現，而這個問題是早在幾年前冒出絲路點子時，羅斯怎麼樣也無法想像到的問題。

第二十七章 十億美金？

卡爾坐在筆電前，讀著恐怖海盜羅勃茲的回覆，開頭寫道：「這問題很難回答，對我而言，絲路不僅僅是生意還是一場革命，絲路是我畢生志業，」接著提出價格：「想要買下絲路的整體營運，開價有九位數的話，我會考慮看看。」

九位數！卡爾讀到這數字差點嗆到。最低也要一億美元，最高則是九百九十九億美元，但卡爾知道只會高不會低。此外，絲路規模如此龐大，卡爾太驚訝了。

截至目前為止，巴爾的摩專案小組和緝毒局都認為絲路只是家小網站，但這估價看來超乎尋常的高。緝毒局探員認為頂多幾百萬美元，最多或許——只是或許——卡爾相信可以值兩千五百萬美元，不可能再高了，但九位數？

現在卡爾很高興自己得想想怎麼回覆這樣高額的數字。

卡爾最近變得特別容易興奮，情緒幾乎無法穩定，一直在案子帶來的興奮激情與惱人壓力之間擺盪，這些情緒在等待DPR回覆時嚴重惡化。有時候得等上好幾天才有回覆。

為了釋放這種壓力，卡爾有時會運動——嗯，也算是運動吧。卡爾偶爾會在緝毒局健身房的跑步機跑步，也會和同事比摔角來釋放壓力，好似參加某種祕密鬥陣俱樂部，和其他成年男子在地上翻滾，試圖把對方釘在緝毒局巴爾的摩辦公室地上，接著氣喘吁吁回到筆電前看看DPR是否回覆了。

基本上，回覆DPR，卡爾又再次違反協議。最近他老闆尼克才唸了一頓，說不論卡爾何時與DPR說話，都必須告知巴爾的摩小組（小組暱稱馬可波羅專案小組），如要通信都必須由上級經手。

特別幹員卡爾．福斯工作十四年以來，特別不爽兩件事情：一是職權，二是年紀比他小，而職權卻比他大的人（偏偏馬可波羅專案小組所有人都是第二種）。

不，不可能，卡爾一點都不想透過什麼委員會來和毒梟溝通。於是，他考慮完DPR的信件，卡爾決定不照規矩，直接回覆。

卡爾用化名挪伯寫道：「我可以支付九位數，但我不太確定現在的絲路是否值這個金額。」卡爾確信可以抓到網站的頭領，於是接著提議：「我想要為大藥頭另外設立一個分部『絲路大師』（Masters of the Silk Road）。」在這裡，網站上的大藥頭可以輕易交易數百公斤或數噸的毒品，不以盎司來計算。挪伯向DPR保證絕對會協助這新的毒品「好市多」（當然要DPR願意），因為挪伯知道全世界所有走私路線。最後，他提議挹注兩百萬美元，換取新興「絲路大師」百分之二十的經營權。

按下「傳送」，然後走到尼克的辦公室，帶著叛逆的歡愉告訴尼克他做了什麼。尼克顯然怒火中燒，連聲咒罵「去你媽的！」「這他媽的怎麼回事！」「操他媽的這都是什麼鬼！」來回應卡爾的自白。

卡爾根本不在乎尼克怎麼想，當然，尼克是他的上司，但是卡爾知道，沒有人能夠因此而開除他。這是在公家單位工作繁文縟節帶來的好處之一；被開除經常遠比被錄用更加困難。至於那些「鬱鬱」（mopes，卡爾都這麼稱呼那些國土安全調查署巴爾的摩探員），誰管他們愛怎麼說，他可是連鳥都不鳥。

卡爾目前在乎的是他直接和絲路頭領聯繫上了。如果計畫成功，他和DPR會建立起關係，而如果這也成功了，卡爾．福斯探員不出幾週就會拿下恐怖海盜羅勃茲。絲路創辦人會被關入大牢，而福斯探員則會獲得表彰。

第二十八章 哥斯大黎加新興億萬富豪

一切都好平靜，海洋、空氣、天空，羅斯一口氣全部吸入，心滿意足。哥斯大黎加（Costa Rica）清晨，風從東邊柔柔吹來，穿過平靜的水面，羅斯坐在衝浪板上，隨著海浪輕輕搖擺。

原本隱隱浮現的叛變，經過幾個月已經沸騰到絲路頂層，現在終於逐漸消散，雖然有些叛徒選擇離開，前往暗網中新設立但規模小得多的敵對網站。

鬧事的人一離開，網站再次運行得相對順暢——員工孜孜矻矻，跟從船長的指示，也就是恐怖海盜羅勃茲——網站繼續以驚人的速度成長。羅斯的利潤每秒都在倍增，因為比特幣的價值也在急劇增加。這就好比羅斯睡前把一美元塞進口袋，隔天醒來就發現變成兩美元（有時候甚至是三美元），他的個人淨值早就高達上千萬美元。

羅斯也加強了安全協定，為了確保沒有警方滲透員工，羅斯針對最核心的顧問設立問答暗號系統，每一組問答都只有羅斯和該位顧問知道。例如，他問一位員工：「天氣怎麼樣？」那名員工必須一字不漏地回答：「噢，巴哈馬這裡冷斃了。」如果該名員工說了像是：「喔，不錯，你那邊呢？」羅斯就會知道事有蹊蹺，立刻關閉對方的帳號。每名員工都有一組專屬問答，羅斯寫給其中一位手下道：「（如果我說）可以推薦一本好書嗎？你要回答：『羅斯巴德的書都是。』」

但最重要的是，羅斯終於想出方法解決茱莉亞知情一事——這問題等他再過幾週回到德州便會一勞永逸地解決。

五月底，羅斯往南飛到哥斯大黎加，住在他家擁有的魔幻祕密基地：占地一．六公頃的飛地卡薩班布（Casa Bambu），位在該國半島的南端，提供網際網路的樂園。

卡薩班布在羅斯心中是一塊特別的地方，原因眾多，小時候不在德州，他在這裡長大成人，和姊姊一起探索叢林，和媽媽一起坐在門廊聽吼猴的叫聲，和爸爸一起學習迷你軟板衝浪。不過，羅斯之所以熱愛卡薩班布，還有更主要的原因：這裡也影響了羅斯開設絲路的決定。

二十年前，他的父母度假時愛上這塊區域，決定要在這片牧地上蓋一棟家庭度假小屋，羅斯的爸爸（以及幾位朋友和當地人）蓋了四棟小木屋，形成一座靜謐的太陽能發電《海角一樂園》（*Swiss Family Robinson*）那般的隱身處。烏布利希一家每年有幾個月會出租卡薩班布給遊客，也因此樂園不僅自給自足，還有盈餘。這樣的成功也令羅斯想要追求類似的目標，想憑一己之力開創事業。

厲害，羅斯確實做到了。

羅斯曾經向百變瓊斯吐露過早年一些不切實際的夢想，以及這些夢想現在看似觸手可及。確切而言，羅斯說自己在二〇〇四年默默宣告，等到三十歲身價會達十億美元。好長一段時間看似哀傷無望，然而現在，二十八歲又兩個月，這目標不再那麼遙不可及了。某次，羅斯與VJ長談的時候，他看著目前絲路的成長率計算未來的銷售額，說道：「沒問題，可以達成。」他很可能在兩年後成為十億富翁。

VJ曾預測二〇一二年營收可能會達到一億美元，羅斯便給VJ看最新的Excel試算表，絲路的收益和預期發展都列在上頭，VJ驚訝道：「哇操！」再補道：「二〇一二年一億美元看起來好容易！二〇一三就上看十億美元！」

「衝啊！繼續飛吧！」羅斯回道。

儘管如此，要能達標，他們還需要繼續擴張。DPR和VJ多方嘗試，想要增加網站用戶，例如「4/20」比賽，抽獎即可贏得各種違法商品，還有合法獎品，例如全額補助假期，外加度假零用金。

但百變瓊斯和DPR都知道，不是光靠比賽和絲路，就足以讓羅斯成為人人欣羨的十億富豪。網站需要切割，區分不同市場，才能觸及更廣的顧客群。他們討論過組一個完整的地下網站類別，當然以絲路品牌為底。

數位絲路（SilkDigital）提供可數位商品下載，例如贓物軟體、駭客工具；藥局絲路（SilkPharma）販售止痛藥、興奮劑、鎮靜劑；說不定還可以架設武器網站。但這些擴張都需要投入心力，羅斯決定要南下哥斯大黎加，到父母的樂園專注處理這個問題。

羅斯父母完全不知道自己兒子究竟在忙什麼，看著自己的骨肉（小時候是童軍，後來是物理學家，二十出頭時還會捐書到當地監獄）然後想：「噢，或許他即將成為世上數一數二惡名昭彰的毒梟？」沒有父母會這麼想，根本不會出現這樣的想法。琳和科克看著兒子，看到的是優秀、有理想的二十八歲男子，花這麼多時間在電腦上是因為他在交易股票。

羅斯相信有一天他發起的這場運動會勢不可擋，向美國政府證明唯有將毒品全面合法化才能贏得反毒戰爭。到那時，只有到了那時候，恐怖海盜羅勃茲才能摘下面具，換羅斯・烏布利希站上世界舞臺，鞠躬謝幕。他媽媽會驕傲地看著兒子，這場自由放任派運動的英雄，這場運動最初是在奧斯汀餐桌上，和父母邊吃晚飯、邊討論時開始萌芽。

儘管如此，羅斯和VJ知道上述情形暫時還不會發生。

羅斯從哥斯大黎加的水中起身，沖洗身上的沙子，囫圇吞下早餐，匆匆離開，到隱密的地方用筆電工作，躲開任何窺視。羅斯登入聊天視窗告訴百變瓊斯：「我目前確實在一個神奇的地方，大口吸著氧氣和徐徐海風。」

可是，那熟悉的壞預兆又再次浮現，VJ還有其他事要討論。

「兄弟，我擔心那位贏家。」百變瓊斯說道，指的是那位贏得4/20比賽的人，贏家即將獲頒全額補助假期和幾千美元的現金。

「怎麼啦？」DPR回道。

「他打算戒毒，海洛因戒斷。這樣不是辦法，而且我覺得他最近獲得的現金也幫不上忙。」

「噢，天哪！該死，那怎麼辦？」DPR說，接著開玩笑道：「當初應該想得更仔細才對，砸四千美元到毒蟲身上；或許下次的獎品改成三個月戒治復原療程。」

VJ說：「沒錯，我們面臨的問題，吉列刮鬍刀的促銷活動都不會遇到。」百變瓊斯開玩笑道，下回宣傳活動應該是「贏得三個月戒治療程！買越多，機會越大！」

羅斯轉變話題，開始討論更加緊急的問題，尤其是擴張絲路版圖和促進生意成長，最終達到那特殊的十位數目標。天氣也跟著轉變了，原本平靜的哥斯大黎加天空逐漸變成深灰，強烈暴風在海平面生成，不祥之兆朝陸地逼近。

第二十九章　百變瓊斯前往蘇格蘭

蘇格蘭格拉斯哥（Glasgow）漆黑寂靜，飯店房間時鐘指針超過凌晨兩點，一名中年男子坐在電腦前，喝了幾口水止渴。

這名男子又叫百變瓊斯，禿頭又邋遢，T恤汗漬斑斑、領口鬆垮垮，下垂的雙眼像一隻被火灼過的塑膠玩偶。這個男人到地獄走了一圈又回來，身體飽受疾病、毒品、監獄經年累月的摧殘，但顯然他很享受整趟旅程。

電腦螢幕上開著好幾個視窗，一個在寫程式，另一個是聊天視窗，對話的有兩人。眼睛下垂的男子按一下聊天視窗，開始打字。

他寫給DPR道：「敲敲敲，在嗎？」按下「回覆」鍵。

一分鐘後收到回覆：「人呢人呢？」

瓊斯寫道：「我在的國度，迷你冰箱有十二歐元罐裝啤酒。噢，開心！」

「您好，飯店帳單。」

過去幾個月來，VJ和女友在倫敦低調生活，同時在絲路為非官方老闆恐怖海盜羅勃茲工作。多數時候，兩人合作順利愉快，技能互補，世界觀也大致相同。但隨著時間的推移，有個嫌隙逐漸浮現，就在瓊斯回到格拉斯哥慶祝叔叔的死亡——沒錯，慶祝：如同VJ告訴DPR，「瓊斯」家族「會舉辦比婚禮還盛大的喪禮」，棺材放在酒吧的正中央，飲酒作樂、跳舞狂歡，四百名親朋好友圍著過世的叔叔轉——VJ登入網站向DPR報到，打算解決兩人之間的道德爭議。

兩人其實不常爭論，關係也算堅不可摧，一年多前在絲路上相遇以來，也培養了一段真誠緊密的友誼。兩人都相信毒品和槍枝需要合法化，這段結盟也因此盛開。VJ是忠誠的僕人與夥伴，甚至還說過，如果DPR被關入大牢，會買下直升機公司去劫獄，寫道：「記得，哪天你在運動場地放風，我會搭直升機迅速帶你走，我保證。賺了這麼多錢，可以僱一整個小國的人口去劫獄了。」

即便關係如此緊密，對於網站基本的發展方向還是出現了分歧，百變瓊斯拚命想轉變DPR對某個特定議題的看法。

VJ心裡覺得，毫無疑問，恐怖海盜羅勃茲越來越自由放任了。恐怖海盜羅勃茲深信絲路應該是可以自由買賣任何東西的地方，沒有規則，無拘無束，真的成了買賣違法物品的網站，每個字母開頭的東西都買得到：迷幻藥、古柯鹼、苯二氮平類鎮靜安眠劑（benzos）、二甲基色胺強效迷幻藥（DMT）、搖頭丸、美沙冬（fizzies）、液態搖頭丸

（GHB）……，但字母Ｈ令百變瓊斯陷入了兩難困境。這個字母前後的東西他都可以接受，就是海洛因（heroin）不行——他對海洛因深惡痛絕。

ＶＪ寫給ＤＰＲ道：「我對古柯鹼沒什麼意見，但是Ｈ，噢、老兄——我在監獄裡看多了——我希望這爛貨最好消失。」

百變瓊斯對自己入監服刑的事毫不避諱，經常說些好玩的故事，獄中遇到的人，詳細說明如何鑽監獄體系的漏洞，例如幾年前服刑的英國監獄，「鯖魚」罐頭是貨幣，可以買到選擇。他開玩笑道：「我把『監獄』當成第三世界國家，通訊基礎設施簡陋。」

不過，他告訴ＤＰＲ自己服刑的事不是為了娛樂，而是當作序言，正題是要分享獄中親眼目睹海洛因如何糟蹋人體：監獄會隨機驗毒，但通常只挑週間執行，也就是禮拜一到禮拜五。囚犯都知道每樣毒品在體內會殘留多久，舉例來說，大麻一個月後還是會在尿液中檢出，因此不會有人在獄中抽大麻。海洛因就不一樣了，頂多在血液中待上兩天，如果禮拜五注射Ｈ，禮拜一早上就會排出，剛好能趕上毒品檢測。

ＶＪ寫道：「每到禮拜五，大家都會狂注射Ｈ。」他所監禁的高警戒區，海洛因日（H days）又暱稱為地獄日（Hell Days），因為那就是獄友的狀態。「有些人會在四小時內注射一整個禮拜分量的Ｈ。」

效用發作時，獄友會大聲哀嚎，藥效漸退再轉成呻吟，然後一整個禮拜陷入失控的嘔吐、抽動、無法入睡，只能在床上抽搐、抖動、扭動，等待下一輪週五來臨，才終於從上週五的疼痛中解脫，同樣的惡性循環又會重頭來過。

ＶＪ說道：「裡面的狀況可不好，大家只是想要好好睡上一覺。」現在，早已遠離獄中生活，還是世上最大毒品網站的左右手，ＶＪ發現自己身陷道德兩難。

ＤＰＲ和那位南美走私客挪伯聊了好一陣子，說要透過英國運送大量海洛因，在絲路大師網站販售，但在開始架設該網站或向挪伯拿錢之前，ＤＰＲ想要先確保挪伯這個角色確實存在，於是向他的顧問ＶＪ尋求協助，幫忙促成一樁初期測試交易。

但是道德上，瓊斯告訴ＤＰＲ：「我不認為我該靠著進口Ｈ賺錢，如果你想要，我會提供你所需的一切協助和建議，但是我一毛錢都不想拿。」

羅斯從來沒看過海洛因在身上發作的模樣，因為聽完ＶＪ的地獄日經歷，他只回了「聽起來好糟」。完全不妨礙他自己的信仰體系，如同在賓州州立大學時期的論點，羅斯沒有立場說誰該放什麼到自己的體內。

ＤＰＲ向ＶＪ說明：「我已經完全分開個人道德和生意道德，我會在朋友身邊幫忙他戒毒，力勸朋友不要吸毒，但不會用任何物理方式阻止朋友吸毒，除非對方跟我要求。」

百變瓊斯仔細思考究竟要多堅持自己的立場，已經盡力給予建議，但有時候DPR的自尊心會冒出來擋路。不只一次，VJ失去耐心，寫給DPR說之前的爭論：「你應該要像賈伯斯一樣，而不是什麼王牌接線員拉里（Larry the Cable Guy），頭領就是要領導，不會隨隨便便丟出東西，再看哪些有人要遵守。」

DPR時常想要捍衛自己的點子，但是百變瓊斯可不給人機會回嘴，他是鍵盤大師、辯論大師、真正的對手，不論主題為何，都可以與羅斯對抗——而且常常這麼做。H的討論已經拖了一陣子，但DPR絲毫沒有要退讓的意思。坐在格拉斯哥昏暗的飯店房間，VJ終於決定讓DPR贏了這場海洛因論辯。

原因有二：原因一是反覆想起上回他放任類似的分歧，造成與生意夥伴間的嫌隙，多年前VJ合夥經營網站論壇，線上販賣大麻種子，那次爭論毀了公司，照瓊斯所說，還在德州以槍戰告終。但更重要的是，百變瓊斯決定這回不計較，因為還有更遠大的絲路參與個人計畫。雖然恐怖海盜羅勃茲還不知道，但VJ不想只當一名員工，他想成為絲路之船的共同船長。

第三十章　軍械庫開幕

羅斯想像過絲路可能會發展出許多不同的樣貌，但沒想到會變成這樣。幾年前，羅斯在心裡想像過一座絲路自由市場，大家想買什麼，愛賣什麼，都不會被政府追蹤。沒有官僚體系告訴大眾究竟可以嗅聞、吞嚥、注射些什麼，完全自由和開放的市場，這也是絲路最終的樣貌。

然而，對某些買家和賣家而言，這種自由反而成了問題。放鬆隨和的人在網站上買賣大麻，不想和販售古柯鹼一味追求刺激的人扯上關係，有些販售硬性毒品的藥頭不想和販賣槍枝的右翼瘋子作伴，也不是所有槍枝賣家都想和卑鄙齷齪的海洛因藥頭在同一輛購物車，就這樣沒完沒了。即便這些人都從事非法活動，但人人自有一把道德的尺，都覺得自己的產品比其他人的更加正當合理。

百變瓊斯特別能察覺這些隱約的躁動不安，他早就已經警告老闆一段時間了，催促DPR起碼把槍枝下架，才不會失去大麻賣家，主流客戶也可以更加自在地在毒品貨架區採買。VJ寫道：「這樣一來，老奶奶可以來買便宜的加拿大藥品，也不會在結帳的路上不小心看到一把口徑 9mm 克拉克手槍。」

羅斯的看法不一樣。能全盤接受所有人加入絲路，從各方面看來，其實是羅斯的超能力，從高中到絲路都一直在實踐這個理念。也因此他無法理解為什麼其他人沒辦法管好自己的事，享受他創造的自由世界就好。

正因為他堅定不移地接受一切，現在網站上販售超過兩千多種毒品，還有實驗室用品供大家自製毒品，以及可以用來儲存、販售那些毒品的商品。網站也供應數位商品，例如鍵盤側錄器、間諜軟體等工具，可以用來駭進他人的電子郵件或網路攝影機。大家也可以購買偽造文件，例如護照、假證件，甚至幾可亂真的假鈔。當然，還有最具爭議的「武器」區域（發展實在迅速），從手槍到 AR-15 自動突襲步槍，應有盡有。客戶也可以挑選子彈、手榴彈，如果需要的話，就連火箭發射器也可以買到。

但如果羅斯想要繼續生意昌榮，必須安撫較傳統的客戶，管他是不是自由放任派。百變瓊斯說了：「槍枝會嚇跑一堆主流客戶。」

羅斯勢必得做出改變。如果他真的想要讓毒品合法化——這是他的終極目標，必須先解決槍枝問題，可是羅斯不會禁止槍枝——他不會禁售任何事物——他決定另外架設槍枝專門網站。

羅斯和 VJ 討論專門網站的想法，一起想出網站名稱「軍械庫（The Armory）」，本來想叫「絲綢軍械（Silk Armory）」以承襲絲路的品牌命名，但兩人都覺得聽起來太詭異了，又或者如同ＶＪ開玩笑所說：「絲綢軍械聽起來像是在賣Hello Kitty專用的AK47網站。」

幸虧打造軍械庫沒那麼難，畢竟不是從頭架設全新網站，羅斯單純把絲路的程式碼整組搬來，放上新標誌——字母Ａ又大又結實再加上一對翅膀——改動一些設計元素。

只不過，軍械庫還是沒辦法解決幾個武器販售既有的問題。羅斯本來希望大家可以輕易地在軍械庫上購買槍枝，就像在當地沃爾瑪（Walmart）選一把.22口徑的手槍那樣簡單。但後來發現，透過郵寄運送槍枝實在太棘手了，不像用信封裝幾片迷幻藥那麼簡單（看起來就像郵票），羅斯需要確保在軍械庫買賣武器的所有人可以寄件、收件，而美國菸酒槍炮及爆裂物管理局探員不會出現在家門口押人回監獄。

他一直自問自己，該如何才能做到？

這又不是說他可以打給奧斯汀帕克路（Park Drive）的當地郵局，然後問：「嗨，我想要送幾把槍給朋友，最好的郵寄選項是？」於是做了同齡人一不知道就會做的事——到社群媒體求助。緩緩移動到個人Facebook和Google+帳號，羅斯發了最新動態問道：「有人認識在UPS、FedEx、DHL工作的人嗎？」一名朋友問為什麼想要認識貨運公司的員工，羅斯回答：「是這樣的，我有個貨運業的新創想法，但是毫無經驗。」

槍枝網站還帶來另外一個問題，執法單位會派更多人查看絲路，不止如此，就連軍械庫的營運團隊也會嚴加追查（更別提絲路大師網站上的大批毒品，等到開張之後，肯定會吸引全球更多目光、各國政府的關注）。

網站現在受到媒體審視，日後軍械庫開張不可避免會有更多關注，顯然風險越來越高了。這些嚇人的未來景況令百變瓊斯（現在又被稱為網站的安全總長）決定是時候隱身得更徹底了。

他心中最佳的地點是泰國，他曾經在那裡藏身過一次，還告訴DPR自己買通了當地幾位警察。但重返泰國代表他必須拋下他的淑女，留淑女一個人在倫敦。

VJ寫給DPR道：「我不想把她捲入任何戰火，我需要全世界的人都以為我們分手了。如果最後被監禁在關達那摩（Guantanamo）監獄，我可不想要她在隔壁牢房裡面。」

「那也夠嗆了。」

VJ回覆：「她知道我在改變世界，也知道自己身處險境，但是有我在，就不可能安全。」

這麼多新關注，羅斯明白自己也需要再次移動了，現在出國不太合理，待在德州家人身邊也不可行，要說謊又很可能被發現，實在太危險了。羅斯要可以一天使用十八小時筆電，也不會有人質問為什麼要這麼反社會或詢問他在做什麼的地方。

那個地方就是舊金山。

軍械庫網站開張，羅斯開始規劃西遷，聯繫住在那邊的朋友，弄明白自己一到舊金山會住哪裡、理由是什麼。但在動身之前，羅斯還有最後一件事要解決。

他開啟瀏覽器，搜尋茱莉亞的 Facebook 頁面，傳送訊息詢問是否能見個面。

第三十一章　羅斯封鎖茱莉亞

羅斯沿著奧斯汀的雷尼街（Rainey Street）漫步，經過成排老屋改建的酒吧，朝著湖上溫莎（Windsor on the Lake）大廈前進。時值二〇一二年夏天下午，街道相對安靜，幾個人坐在室外長椅，週遭充斥著微微的德州音樂，大口喝啤酒、大口吃烤肉。

羅斯走向街上的一棟大廈，拿出手機，撥打電話，等人接起。

已經有好一陣子沒回奧斯汀了，但也不會待太久，再次離開孤星之州前（或許離開真的比較好），羅斯必須解決最重大的問題。

「嘿。」他朝手機說：「在樓下了。」

一分鐘後，茱莉亞來了，興高采烈地跑下樓梯歡迎羅斯。長長的擁抱當作打招呼，茱莉亞後退一步，從頭到腳打量羅斯，檢視全身服裝（藍色牛仔褲、黑色皮帶、灰色V領T恤、成雙的球鞋），哈哈大笑。

自從兩人戀情開始，已經過了許多時光；各自走上完全不同的道路，但現在羅斯．烏布利希來了，看起來幾乎沒變。「你穿的是我幫你在賓州州立大學買的整套衣服！」

茱莉亞笑道。羅斯只是微笑不語。

自十月的命運之夜以來，兩人沒再碰面，現在重拾聯繫，茱莉亞非常興奮，推著羅斯進工作室，帶他參觀一圈。

閨房照到處都是，有些在牆上，有些斜斜地堆在桌上。羅斯立刻認出一張大照片上仰頭弓背的女性，拍攝地點就是那間工作室，兩年前他在那裡用茱莉亞的內、衣褲抽屜實驗，種植第一批迷幻蘑菇，從那時到現在，羅斯有了很大的進展啊！只不過二十四個月前，他又窮又沒有方向，現在他有錢又堅定不已。

「哇，這裡好讚！」羅斯嘆道，看著茱莉亞自信地帶他參觀。

「對吧！是不是也替我高興？」茱莉亞熱情回道：「我現在有新男友了，會帶我到處玩，還會帶我去吃美食。」

「那就更讚了！」羅斯說，和茱莉亞開開玩笑，接著打趣道：「噢、對，我現在也有新女友了。」

閒聊一會兒，羅斯問是否可以散個步討論事情。

「當然。」茱莉亞漾開笑容，抓住羅斯的手步出大廈，走下水泥階梯，過到對街，朝泥土路走去，一直走會到柏德女士湖（Lady Bird Lake）。

太陽開始西沉，他們順著小徑漫步，手牽手，說著過去幾個月來各種生活大小事，茱莉亞還愛著羅斯，其實有點希望羅斯是來復合的。最後，他們遇到一棵比羅斯身高還要粗的樹，底部有塊大岩石靜靜靠在水邊，兩人一起坐下。

「那個，」羅斯深吸一口氣，準備要告訴茱莉亞重要的事。「我只是想要告訴妳，我沒在那個網站了——我退出絲路了。」

「謝天謝地！真是太好了。」茱莉亞靠上去給羅斯一個大大的擁抱，盡可能抱得久一些。

樹葉在兩人上方嘆息，羅斯望著太陽照耀水面反射的粉紅、黃色、橘色，又深深吸了一口氣，開始說明讓出網站的原因。網站變得太大，壓力也太大了，就覺得讓給其他人做準沒錯。

羅斯哀嘆：「抱歉，當初一開始的時候跟妳說絲路的事，我會全權負責——」

羅斯還在說，茱莉亞脫口道：「謝謝。」眼眶泛淚。

「經營絲路，讓我自己決額充滿了權力。」羅絲道，停頓了一下，好似在背誦劇中臺詞：「我很抱歉。」

茱莉亞又再謝了一次，謝謝他來道歉，也謝謝他離開絲路。茱莉亞傾身向前，兩人擁吻了起來，隔了幾分鐘，羅斯向後拉開，看著茱莉亞的眼睛說：「我只需要再確認一件事，妳還有告訴其他人這個網站的事嗎？除了艾莉卡之外？」

「沒有。」茱莉亞迅速答道。

「沒有人？」

「沒有。我沒有再告訴任何人了，就只有艾莉卡。」一陣罪惡感襲來，茱莉亞很愧疚自己竟然出賣了祕密。「我愛你，羅斯。」

「我也愛妳。」羅斯說，兩人繼續親吻，後方的太陽落入地平線之下。「我需要確認沒有其他人知道才能繼續前進。」

兩人聊更多舊日時光，羅斯分享自己的旅程——泰國的海灘、叢林，還看到一座純用超巨大假陽具製作成的山形雕塑；在澳洲和姊姊一起野餐，旅程中反思了人生，也很感激不會再和絲路有任何關係了。

寒氣開始從水面吹來，羅斯提議走回去。

「那你現在打算做什麼呢？」茱莉亞問道，兩人穿過雷尼街，往茱莉亞的公寓大廈走去。

羅斯說，過幾天就要離開德州，搬到舊金山，打算和奧斯汀的老朋友勒內．皮奈爾（René Pinnell）共同開發一款應用程式（app）。

羅斯認真道：「我們很可能好一陣子不會再見面了。」茱莉亞說，雖然羅斯離開她會很哀傷，但還是很開心羅斯能掙脫那個糟糕網站的魔爪。

「沒錯。」羅斯同意道：「我也很高興可以擺脫，壓力實在太大了。」

兩人走到工作室門口，羅斯傾身吻了茱莉亞最後一次。

茱莉亞說：「我愛你。」

羅斯沒有回應，只是抱了茱莉亞一會兒，便轉身走開，獨自一人步入黑暗。

第三部

第三十二章 FBI克里斯．塔貝爾

有個問題整天一直困擾著克里斯．塔貝爾（Chris Tarbell）——不管是在辦公室、吃午餐，還是現在和同事一起走在曼哈頓（Manhattan）市區。一群人穿越百老匯，右轉中央街（Center Street）時，塔貝爾就是忍不住，他必須要問。

「好的。」他向身邊所有男的說道：「如果你必須……」但還沒講完，大家都開始擠眉弄眼，心知肚明接下來會發生什麼。塔貝爾的「終極二選一」笑話向來很噁心，總是出奇不意提出搞笑問題，刻意殺個同事措手不及，這些粗俗的笑話，範圍可以從令人反胃到非常怪誕。

「你寧願睡媽媽，還是睡爸爸？」

「你寧願身高變成現在的一半，還是體重變成兩倍？」

「你寧願勃起一年，還是下半輩子都在打嗝？」

「你這些奇奇怪怪的想法都是哪來的，塔貝爾？」一位同事問道。

「好啦，快點回答。如果你必須——就像你真的沒得選，」塔貝爾繼續道，大家還在走路，同事扮著鬼臉，塔貝爾堅持問大家問題，就像哥哥折磨弟弟、妹妹一樣。

這場反覆詢問暫且稍停，大家來到巴斯特街（Baxter Street）的在地廉價酒吧「威士忌小酒館（Whiskey Tavern）」，夾在兩家保釋店面中間，面對紐約警察局。

紐約所有警察和公務人員下班都有各自來一杯的去處，紐約市消防局會去第八大道的社交酒吧（Social Bar），紐約警察局前往第三大道的流氓幫（Plug Uglies）酒吧，FBI紐約辦公室網路犯罪分處則愛待在威士忌小酒館。FBI特別幹員克里斯·塔貝爾和他的小組成員經常光顧這家骯髒的在地廉價酒吧，每週至少報到五天。

一走進店家，雀斑臉酒保梅格（Meg）會說：「哈囉，小伙子。」歡迎大家，接著告訴他們：「後面你們隨便坐。」梅格說的那區總是留給FBI網路犯罪小組成員，要是沒有事先告知，梅格也會趕走那區的任何客人，留給他們坐。

由於今晚比較特殊，塔貝爾點了幾瓶香檳（發音cham-pag-nay，「香檳」指的是美樂奢華啤酒（Miller High Life）——也就是所謂啤酒界的香檳，在這家酒吧每品脫要價四美元）。

酒吧裡的FBI探員大多都穿得一樣，尺寸過大的深色西裝、白色扣領襯衫，簡直就像銀行員或律師，只有克里斯·塔貝爾與眾不同，看起來就像十個街區外來的警察，平頭、娃娃臉和完全不搭的一百一十五公斤結實身材，大搖大擺，渾身充滿自信。

大家坐定準備徹夜狂歡，塔貝爾是這場秀的明星，畢竟，他最近領軍偵破惡名昭彰的駭客集團LulzSec，儘管媒體和專家都斷言這集團永遠不可能被捉住。LulzSec有其特別之處，不像以前的駭客只想著駭進機構勒索贖金，這個邪惡集團過去一整年翻遍網際網路只為了lulz（創新用詞，基本上表示「笑得過癮」）。他們的搞笑駭客攻擊包含，攻擊中情局（CIA）網站導致離線、駭進索尼影業伺服器、惡搞英國《泰晤士報》（*the Times*）和《太陽報》（*the Sun*）網站，張貼媒體大亨魯柏．梅鐸（Rupert Murdoch）過世的假新聞，全都只求好玩。

歷經幾個月的臥底，克里斯．塔貝爾和他的FBI小隊按部就班逮補了LulzSec集團分散在世界各地的成員——芝加哥、愛爾蘭、紐約市，這也是為何今晚大家要在威士忌小酒館慶祝。

酒吧後方，梅格再次出現，端著一個髒兮兮的黑色托盤，上頭擠了二十個一口杯，一半裝滿廉價威士忌，一半則是綠色醃黃瓜汁，她把這個名為「大後方醃黃瓜（Pickle Back）」的酒吧特調放在桌上。

「該誰喝下這盤啦？」塔貝爾朝身旁圍一圈的男子大喊，大家又是一陣擠眉弄眼。

早在幾年前，塔貝爾發明這項儀式——又叫「喝光托盤」——有一人得喝光稠稠的醃黃瓜汁、威士忌和已經灑在托盤上的任何液體，如果沒有人敢喝，塔貝爾總是樂於接下這噁心的挑戰。

才三十一歲，塔貝爾就成為FBI頂尖網路犯罪探員（如果不算世界頂尖的話）。當然，拿下LulzSec一案全憑機運，有人打熱線提供線索，塔貝爾就這麼幸運地接起那通電話。但還是處理該資訊的方式，才使得他與其他探員截然不同——塔貝爾吸收一名LulzSec駭客高手，人稱薩布（Sabu）的男子，利用他一舉拿下整個組織。由於塔貝爾擁有在網路上尋人的能力，媒體立刻以美國禁酒期知名探員命名，封他為「網路世界的艾略特．內斯（Eliot Ness）」。

塔貝爾能躋身層層FBI階級達到如今的地位，並非偶然。他本來就做此打算，就像他事事都規劃一般，塔貝爾努力用功獲得電腦科學碩士學位，然後成為警察。十年多來，每天工作十八個小時，才在FBI往上爬，成為特別幹員，但塔貝爾不會就此停下腳步。沒有要陪妻小的時候，塔貝爾持續學習各式各樣科技平臺的電腦鑑識技術。

塔貝爾之所以能夠承受這一切，是因為比起其他任何事，他最渴望的是只要有心，不管哪個領域，就要成為絕對優秀的人才。如果健身房的兄弟可以臥推四百磅，塔貝爾會花上生命中的好幾個月練舉重，直到可以臥推四百五十磅（他還真的可以）。

隨著時間流逝，塔貝爾學到，要贏所有人就得未雨綢繆，做好萬全準備。塔貝爾為任何大小事做足準備，在高中參加SAT考試前一晚，他開車到考試地點，事先演練，確保準時抵達考場，FBI體適能測驗前一晚，他也這麼做了。在局裡的頭幾週，塔貝爾繪製了詳盡的辦公室全區地圖，標出每位職員的所在位置和應知事項。

計劃成癮症也跟著他回到家裡，塔貝爾告訴太太莎賓娜（Sabrina）他們倆需要一個代號，萬一苗頭不對就可以使用。他說：「『流沙（Quick-sand）』就是我們的代號，如果身陷麻煩就說『流沙』。」網路犯罪小伙子出發到小酒館喝一杯時，塔貝爾會事先傳簡訊給雀斑梅格說有多少人，完全不像在廉價酒吧會規劃的派對。

特別是今晚，多達五十名公務員都在威士忌小酒館慶祝破獲LulzSec集團。塔貝爾坐在那裡，舔掉唇上的醃黃瓜和威士忌，紐約南區助理聯邦檢察官湯姆．布朗（Tom Brown）走了過來（布朗最後會起訴LulzSec駭客集團）。

「所以，塔貝爾，」湯姆說，準備要問困擾他整天的問題，「接下來呢？我們接下來要辦誰？」

塔貝爾回頭看，一臉厭煩。他才花了好幾個月的生命，每天工作二十四小時，試圖拿下LulzSec，而湯姆竟然現在就來煩他，已經開始問下一個目標是什麼了。

「拜託！」塔貝爾說，「才他媽的結掉一個案子，難道不能先慶祝一下？」

「當然可以。」湯姆冷冷回道，喝一口自己的酒，「但我只是想要知道，接下來要做什麼。」

湯姆顯然在釣塔貝爾，而且心中早已經有了答案，說道：「有個目標沒人能破。」解釋「沒人」包括緝毒局、國土安全調查署，以及世界各地少數幾家政府單位。

FBI網路犯罪探員一邊喝著奢華啤酒，一邊聽著湯姆的發言，湯姆說：「我覺得我們接下來應該要開始調查絲路。」

第三十三章　羅斯抵達舊金山

舊金山阿拉莫廣場（Alamo Square）那區，長久以來都被視為該市數一數二的美麗地方。少少幾個街區組成這一小區，與市中心相毗鄰，昔日風光與未來展望框起整個區域。廣場有成排十九世紀末建造的鮮豔明亮「彩繪女士」維多利亞式建築，多虧了淘金熱賺到的錢。東邊，穿越滿是灰塵的市場街（Market Street），幾乎每天都有現代玻璃帷幕摩天大樓拔地而起，容納新淘金熱創造的財富——新一波資金豐厚的私人公司，多數價值都高於十億美元，又被叫獨角獸企業。幾年前泡沫破滅之後，另一波新創復活，重回舊金山市，幾十億美元資金已備齊要來協助這些新創公司。

二〇一二年晴朗涼爽的夏日午後，阿拉莫廣場正中間那座公園，一群孩子笑著在遊樂場上跳來跳去，解開牽繩的狗狗吠叫著在小丘頂追逐彼此。一片幸福之中，羅斯・烏布利希躺在草地上，吸收著這座新城市的一切。

羅斯幾乎從雙腳踏上舊金山那一刻起就愛上了灣區，一切看起來都那麼神奇、那麼新穎。平坦、草原般的德州街道被連綿起伏的街道取而代之，看起來就像沒有終點的雲霄飛車。大型廣告看板沿著高速公路豎立，廣告的不是全美房車賽（NASCAR）、耶穌或鎮上最佳勒眼牛排，而是神祕莫測的搜尋引擎、社群網路，甚至是新興數位貨幣。

他來到這個美好宇宙已經過了幾週，驚奇不已、活力滿滿。身上的所有物只有一小袋的衣服和筆電，羅斯感受到前所未有的自由：全世界成長最迅速的毒品帝國老大，流浪街頭。

至於決定要待在哪裡，很簡單。他的奧斯汀友人勒內．皮奈爾現在住在舊金山，女友莎莉娜（Selena）願意分出他們小巧溫馨公寓的空房。等到羅斯整理完少少的行李，三位朋友有了新的日常慣例，傍晚探索城市、煮晚餐、聊生命的意義（可是有件事羅斯從來沒有講過：絲路。他可不會重蹈覆轍）。他們也會一起玩牌、扭扭樂（Twister）、拼字遊戲（Scrabble，羅斯常常贏），然後擁抱彼此，互道晚安。

每天吃完早餐，勒內和莎莉娜悠閒出門去工作時，新室友羅斯會揮手說再見，然後漫步走下街，到附近的咖啡廳監督他的毒品帝國。

最安全的工作地點是拉古納街（Laguna Street）一間小咖啡廳莫米托比（Momi Toby's），交通方便，離希科里街（Hickory Street）上勒內的公寓僅一個街區之遙。莫米托比像間法式餐酒館，戶外有小桌子和椅子，室內有免費Wi-Fi，很多後背靠牆的座位任羅斯挑選，這樣才沒人能看見他的電腦螢幕，也才不會發現絲路。

日子一週一週過去，羅斯在這座城市交了新朋友，但也感到些許壓力。雖然他無法談論自己的工作，但可以聊聊啟發他工作的人事物，畢竟在舊金山，認為使用科技試圖推翻敗壞的體系並非奇怪的想法，倒不如說是常態。各方各面，羅斯遇到的程式設計師和創業家就像他自己。

他們看著身旁的世界，發現政府就是糾結成一團繁文縟節，浪費時間；計程車業把客人當垃圾；飯店漫天開價、超收服務費；醫療簡直就是騙局，迎合保險公司的需求，而不是為病患著想；燃油車合理化中東無止盡的戰爭；毒品會違法只是因為政府想要控制人民。這所有問題都是前幾個世代犯錯的後果，父母已經無可挽回地搞砸了我們現在居住的世界，而這群住在舊金山的人——就和羅斯一樣的那些人——打算要使用科技解決所有問題。

幹他媽的不用客氣啦！

羅斯也受到鼓舞，周遭都是新創公司在實踐自由放任派理念。現在羅斯也來了，做著一模一樣的事，但不是計程車、飯店、醫療或燃油車產業，而是企圖打敗美國政府及其可悲、無益的反毒戰爭。

其他新創公司的執行長和羅斯沒有什麼不同，同樣都讀了作家安．蘭德（Ayn Rand）的書籍，在Facebook上引用同樣的句子：「要問的不是誰會允許我，而是誰會阻止我。」這些公司老闆全都宣揚同樣的廢話，就如同恐怖海盜羅勃茲，在各自的部落格、新聞稿寫道：「讓市場來決定，不是政府。」「讓人民定奪贏家，不是政客。」「我們正在改變世界，把世界打造成更好的地方。」

最重要的是，新友誼正好是羅斯現在面臨各種絲路問題的完美解藥。哀傷的是，他最親近的心腹開始無意間冒犯他，百變瓊斯不只反對販賣H（這與羅斯成立絲路的整體自由放任派哲學相抵觸），還宣告自己當然會從旁協助DPR解放人民脫離政府魔爪，但說到底兩人依舊只是賣毒品的。

羅斯強烈反對，DPR寫給百變瓊斯道：「只要我們在追求過程中，不越過某條界線，那我們就是在做好事。」

VJ回道：「哈！老兄，我們是罪犯，是藥頭。哪些線我們不該越過？」

這個問題很討厭，但DPR答道：「謀殺、盜竊、詐騙、說謊、傷人那條線。我想你也可以說我們正在畫一條新的線，根據這條線，我們不是罪犯。」

這次討論呼應了VJ的另一項提議，羅斯應該找名犀利的律師。

瓊斯寫道：「你需要挑個頂尖人才，精通他的領域，擁有厲害的人脈。他的領域該是跨州際毒品走私、洗錢、RICO法[8]、毒梟法規。」

8 即美國聯邦法典之敲詐勒索及腐敗組織法，旨在打擊有組織的犯罪，特別針對洗錢、販毒等犯罪集團進行調查和起訴。

但在羅斯心中，他根本不會被抓到，既然如此，又何必要請「頂尖」律師？請了，就認輸了。

這兩位朋友兼同事最大的新進展是：看來ＶＪ也想要更多所有權，或許這也說明了為何他對羅斯一直這麼好？說不定當初他提出那絕妙的計畫，重新命名網站創辦人為恐怖海盜羅勃茲，其實早就希望自己有一天可以成為下一位海盜，為這艘船掌舵。

他們最近的爭吵亟需有個了斷，關鍵在ＶＪ寫道：「我覺得我們需要正式的……建立正式的夥伴關係……只是為了避免未來發生衝突。」

羅斯被問得措手不及，於是又開始另一番辯論。

「是這樣的，」ＶＪ寫道：「我只接受兩種方式。」

選項一：對半分，選項二：我全拿。

操他媽的百變瓊斯到底在講什麼？羅斯可沒有要交出自己網站的控制權。現在羅斯在線上世界唯一能信任的人類，給予無數建議的人類，居然發出了最後通牒。

「是說，你現在也沒辦法全拿，不是嗎？」ＤＰＲ寫道。「你可以和我爭，說不定你會贏，但是……」

ＶＪ看得出來對話即將要變成爭論，於是壓下爭吵，說道：「好了、好了，我們不要朝那個方向發展。我從來沒有想要那樣做，真的，我保證。但是，我明白自己帶來的價值，根本高到爆。」

「我知道。」

「老兄，我想要平等對待。」瓊斯寫道：「我當副手時都表現不佳。」

不過，羅斯對於平等沒有興趣。目前的網站版本是羅斯的世界，羅斯全權決定哪些該留、哪些該走；他決定誰可以加薪，誰不加。辛勤工作的人會獲得回報，正如他最近對幾名重點員工做的，表現異常優異時，多給幾百美元的比特幣。羅斯想要獎勵首席程式設計師Smedley時，完全照自己的意思來：「你真的每次都為了絲路挺身而出。當然啦，底薪依然是九百美元，但我會另外給獎金。」另一名上尉Inigo，需要人幫忙完成房子翻修，DPR額外給了五百美元，好讓他分給臨時工。這些決定都是取決於老闆羅斯的意願，不是VJ。

如果必須經過VJ同意，事情會變成怎樣呢？不了，謝謝。再說，羅斯要如何在網站上行使權力和控制場面呢？現在光是要人準時上班，或在值班結束後填寫他想要看到的正確報告，就已經很難了。羅斯其實很喜歡管教員工，在員工需要好好罵一頓時告訴員工（依然使用羅斯牌做作逗趣用詞）：「看他媽的搞砸了。」

羅斯已經辛勤耕耘，付出太多，無法就這麼簡單地交給任何人。那次VJ對話後沒多久，有好幾天羅斯完全不和VJ說話，倒是遁入真實世界，隱身舊金山。

羅斯從阿拉莫廣場的綠油油小丘起身，伸手拿咖啡色筆電包準備回公寓，此時心裡毫無疑問地認為，這裡就是他該待的地方。就是在這座城市，羅斯會讓絲路成為全世界前所未聞的最強新創公司。只不過，當他沿著沙加緬度街（Sacramento Street）走回家，經過那幾幢美麗的彩繪女士維多利亞式房屋和當代玻璃帷幕摩天大樓時，羅斯不知道自己即將面臨這座城市其他新創公司都不曾面對過的挑戰。

再過幾個月，羅斯為了保護蒸蒸日上的新創生意，發現自己非得和貪汙警察、犯規員工交手不可，而羅斯・烏布利希必須決定是否要凌虐並殺人滅口。

第三十四章　克里斯在坑區

自從ＦＢＩ拿下LulzSec駭客集團已經過了好幾個月，接連幾場在威士忌小酒館慶祝之後的宿醉也消退了，但該案的其中一點，克里斯．塔貝爾無時無刻不再三思索。

他坐在紐約ＦＢＩ辦公室的「坑區（the Pit）」，和其他ＦＢＩ探員談話——日煥．廉（Ilhwan Yum）和托姆．基爾南（Thom Kiernan）——權衡ＦＢＩ網路犯罪分處是否要插一腳絲路案子，還是直接去追查其他目標。

他們坐的坑區，看起來像下沉式客廳，大小足以容納幾把桌椅。這個區域在ＦＢＩ已經存在了數十年，人人視為紐約總部的首位，幾年前塔貝爾和書呆子電腦探員還沒占據這裡的座位，坑區是組織犯罪探員的地盤。那時，組織犯罪探員追緝的歹徒千方百計要遠離科技，害怕像公共電話這樣看似沒什麼的東西，會被用來追查行蹤。現在，坑區男子追查的歹徒則是擅用科技隱藏行蹤。

但舊一代和新一代的ＦＢＩ探員有一個共通點：他們都愛惡作劇。有時候塔貝爾和同事會把吃剩的冷肉抹在另一位探員的電話耳機上，然後從別間辦公室打電話，看接起電話的探員耳朵沾上烤牛肉和美乃滋。塔貝爾有次惡搞某位探員的車，把汽車喇叭接到煞車踏板上，探員開車回家的路上，每次減速，就會朝前方的車輛鳴按喇叭。除此之外，塔貝爾隨時都會問「終極二選一」問題。

塔貝爾的桌面布滿前幾次案子的文件、裝備，這團混亂的中央是三臺電腦：兩臺保密級電腦，僅供內部作業用；一臺未列入保密級的電腦，即便使用也無法循線追蹤FBI，現在螢幕上是絲路網站與探員相看。

探員正在談論絲路，塔貝爾在一旁想的是，如果真的開始追查絲路，他肯定會盡全力避免重蹈最近調查局辦LulzSec一案的愚蠢失誤。

LulzSec逮補要成功，聯邦幹員必須完成兩件事，才能確實拿下整個集團。首先，必須在同一時間逮捕每位嫌犯，即便分布在不同州、不同國家，幹員必須確保沒有駭客可以通風報信，否則行動就毀了，這一點FBI順利達成。

但同樣重要的第二點卻徹底失敗：逮補時，每位嫌犯的電腦都必須開著，這點至關重要，因為只要駭客關起電腦，而且要是電腦有加密，那麼資料就會永遠鎖在電腦裡。就算最快速、最先進的FBI電腦，也要花一千多年才能破解加密電腦的密碼。

FBI打算逮補的其中一名LulzSec首要目標，據說也是集團中最危險的份子傑瑞米．哈蒙德（Jeremy Hammond），既是政治社運人士，也是電腦駭客，警方逮捕過不下

六、七次，罪名包括抗議納粹與共和黨、闖入世界各地的私人伺服器、洩露資料給維基解密[9]（WikiLeaks）。

快轉到圍捕LulzSec當晚，原計畫是：塔貝爾會飛到冰島監督LulzSec集團活力滿滿、十九歲最年輕駭客的逮捕行動。在芝加哥，一組FBI小隊就定位，準備好突襲哈蒙德；在紐約，資深探員會觀看其他逮捕行動的直播影像。

不過因為哈蒙德參與政治倡議團體，之前還數次被逮，很可能藏匿地點也擠滿其他社運人士，其中也會有暴力罪犯。於是最後一刻，一名FBI高層決定派出全副武裝的特警隊逮捕正在使用電腦的哈蒙德。FBI出動特警隊逮捕使用筆電的嫌犯，這還是第一次。

傍晚時分，FBI貨車駛進芝加哥橋港區（Bridgeport area），十數名身著防彈背心的人帶著機關槍衝向哈蒙德藏匿的一層樓磚房，木頭大門被踢飛，探員闖進屋內，丟擲閃光彈到左側廚房，匆匆進入其他房間，手持武器，大喊：「FBI！FBI！FBI！」但在特警隊抵達房屋後側的這短短幾秒間，頂著雷鬼頭坐在那裡的哈蒙德，早已不慌不忙蓋上筆電，特警隊只看到哈蒙德坐在桌前，高舉雙手，前面是一臺加密上

9　營利組織，專門公開政府、組織、企業內部知情人士提供的機密文件或媒體資料。

鎖的電腦。這就像大陣仗突襲掃毒，嫌犯已經早一步把毒品沖下馬桶，警方卻還沒到浴室。

當所有探員為筆電事件感到難受，塔貝爾則是特別煎熬。他一向不犯錯的，從來也沒有。

然而，現在他失誤了。

幸好哈蒙德事件還有轉圜的餘地，或許是意外，也可能是懶散，但不知為何哈蒙德並沒有妥善加密處理筆電，FBI鑑識實驗室使用特別的暴力破解科技——也就是嘗試每一種密碼組合直到猜對為止，最終成功進入筆電。政府的超級電腦花了六個月才解開哈蒙德的密碼：chewy12345，但塔貝爾很清楚，這次能破解密碼純粹就是運氣好，正因為如此，經驗老道的駭客和暗網使用者幾乎都會為筆電設安全層級更強的密碼來加密。

現在，塔貝爾坐在坑區告訴同事們該如何偵查絲路，再三保證如果真的開始追捕恐怖海盜羅勃茲，絕對不會重蹈哈蒙德的覆轍，塔貝爾會計畫好，確保逮捕DPR時，他的雙手都還在鍵盤上。

第三十五章　做好萬全準備

恐怖海盜羅勃茲和百變瓊斯也沒爭執太久，兩人都明白他們需要彼此，但這段關係就此轉變了，毫無疑問現在由DPR主導。瓊斯哪兒也沒打算去，和警告的不同，每月絲路網站的薪水上看幾萬美元，管他喜不喜歡，他都需要這筆錢。羅斯也需要VJ。羅斯已經準備好為生意邁出下一步了，是時候團結一心，整肅毒品帝國，明定企業秩序。

「我要提一個之前沒討論過的話題。」DPR寫給百變瓊斯。

羅斯知道這句話會令VJ感到困惑。縱然不知道彼此的模樣，但過去這一年，不管是個人生活還是專業領域，兩個人已經討論了幾乎所有能討論的事。他們分享了希望、夢想、恐懼、欲望，向對方諮詢這些情感世界的方方面面。恐怖海盜羅勃茲甚至對百變瓊斯信賴到足以告訴他羅斯．烏布利希的個人生活，說自己曾經是物理系學生，還為了德州的前女友而心碎。

也因此，當DPR想要聊新話題，VJ有些驚訝道：「想不到有什麼沒討論過。」

但確實有，而且很可能是最重要的話題，「本機安全。」DPR寫道。

啊，對，那個。

羅斯已經努力了好幾個月，想要修正生活中和網站上的安全漏洞。驚險百出（多起駭客攻擊伺服器）之後，還必須不停換咖啡廳和城市來掩飾自己的祕密，羅斯清楚意識到自己需要擬定計畫，保護生活各個面向，不能暴露弱點。

目前他還沒被抓到。羅斯思量著，只要接下來每一步都更加小心，他就永遠不會被抓到。而且現在網站受到高度關注——才一個禮拜，全世界有上百篇新聞報導——追捕他的人只會越來越心切。絲路的商品版圖又擴張了，不只毒品和槍枝，還有來自中國的合成毒品——其中，吩坦尼等新型態合成海洛因比起傳統嗎啡效果強了一百倍——更不要說一堆炸藥和其他高危險物品。是時候強化防禦和安全系統了，他可不想冒任何險。

首先，羅斯讓百變瓊斯負責查看是否有執法人員（law enforcement）潛伏在絲路。接著，羅斯必須加強整體生活面向的安全度，包括他自己的筆電。

最重要的是，要確實為他的三星 700Z 做好加密處理。他之前和ＶＪ講過，新聞報出有人因為洩露消息給維基解密所以被逮捕，那幾則突襲報導都指出，嫌犯用同一組密碼登入電腦和加密軟體，ＦＢＩ不費吹灰之力就破解了。

「真是個蠢貨。」ＶＪ寫道。

「真的蠢。」羅斯同意道。

「如果設定的密碼夠強，他們什麼都拿不到。」VJ說，指的是菲比斯（Feebs，兩人為FBI取的綽號）。VJ又補充道，嫌犯是「白痴」，沒有把資安當一回事。

有鑒於這個不祥的教訓，百變瓊斯建議DPR：你必須為電腦設定自動關機，一段時間沒有使用就會自動關機。更重要的是，你需要設定緊急停止鍵，只要按下就能立即停止電腦運作。這樣一來，即使菲比斯在公開場合殺來，只要按下那個鍵，筆電就會永久上鎖。

DPR回覆自己會照做。

現在羅斯問了VJ另一個問題，是否該把檔案存在雲端，這樣筆電就和絲路就毫無瓜葛了。而且這麼做的話，就算便衣抓到他雙手在鍵盤上，也不會有任何事能證明他和絲路有關係。

DPR寫道：「只要想到我的筆電沒有任何關鍵證物，就覺得不錯。」來來回回討論每個方法的優、缺點（存放所有東西在雲端的缺點是，網站作業會非常緩慢），百變瓊斯建議DPR把所有絲路檔案存在電腦，但是要加密處理，就算菲比斯拿到電腦，也永遠無法破解。

好主意！

「OK，只需要好好再談一下方法。」DPR說道，「謝啦！」

另一個備案——網際網路上的頭號通緝犯永遠不嫌多——羅斯決定把筆電的硬碟分割成兩槽（就像把蚯蚓切成兩段，能夠再生，變成兩隻新蚯蚓）。他的筆電現在基本上變成兩臺筆電，有兩個不同帳號，一槽完全留給恐怖海盜羅勃茲，只能用來處理絲路，另一槽則是羅斯專用，和朋友通信、登入Facebook、上約會網站和正妹調情。

正是此時，羅斯頒布了一條非常嚴厲的規則，或許是所有資安加強新措施中最重要的一項。任何可以連接到線上羅斯．烏布利希的東西（個人電子郵件或社群媒體）永遠不會在電腦的DPR那槽操作；反之亦然，任何會連接到恐怖海盜羅勃茲的動作（登入絲路、和VJ聊天、上傳新程式碼到伺服器）永遠不會在羅斯那槽發生。確保兩個身分不會留下任何蛛絲馬跡，不能讓人有機會追查到另一個身分，非常重要。

備案的備案則是，羅斯在自己的電腦上寫了一系列腳本，當真的有人登入他的筆電時——也是最不可能的情況下——才會被觸發。其中一個陷阱是，只要有人偷窺他的網路瀏覽紀錄超過六次，筆電螢幕就會轉黑。

羅斯的資安操作下一步是，確保所有替他工作的都是真正的正義路人，純粹為了毒品合法化而戮力同心，不是緝毒局或FBI探員。為了確認這一點，羅斯開始請想要支薪的工作人員回傳證件照片——駕照或護照，任何可以顯示真實身分的證件都行。這項要求非常嚴苛，羅斯很清楚，但最重要的是他並不想坐牢。

現在聘僱新人，羅斯會照例走一輪制式談話，向員工說明，他們沒有選擇，必須向恐怖海盜羅勃茲吐露自己的真實身分。

「你需要看我的證件？」新進員工ChronicPain[10]問道，準備要加入網站幫忙管理使用者論壇。

「需要。」DPR回覆（斬釘截鐵）。

「可以只說名字嗎？」

「我需要你的證件，上面要有現在的住址。」DPR寫道。為了讓ChronicPain安心，又寫道，證件「會加密處理再儲存，而且我很可能永遠都不需要解密使用」。

「那麼，」新進員工無奈地說道：「我猜我也只能相信你說的了。」

「對呀。」

羅斯知道大部分的人都會同意，對員工而言，參與他發起的運動比起冒這一絲絲風險來的重要多了。果不其然，才幾個小時，ChronicPain的證件就寄到DPR的收件匣。

要求員工提供身分證還有另一個原因，羅斯逐漸下放更多責任給員工，有些員工甚至有權存取網站上的比特幣。如果有人決定要跟恐怖海盜羅勃茲作對，他必須知道對方

10 譯註：帳號為慢性疼痛的意思。

是誰、住在哪裡。膽敢作對，就得接受懲罰。

資安清查清單的最後一項是建立自己的數位緊急避難包，災難發生時可以照著做。如果警察敲門找人，他需要有計畫，知道該做什麼，該往哪走。

羅斯在電腦上開了一個筆記本文件，建立「緊急」檔案，開始寫下出大事時該做哪些事，也就是張末日清單。

加密處理並備份筆電上的重要資料存入隨身碟
銷毀筆電硬碟再藏匿或丟棄
銷毀手機再藏匿或丟棄
在克雷格列表找尋住處，租金付現
創立新身分（名字、背景故事）

但是他也知道，如果那天真的來臨，羅斯和DPR必須躲起來，只是在克雷格列表找個地方、改變姓名，也不是長久的保護之計。他必須找個安全的藏匿地點，可能得到其他國家——一個歡迎海盜的國家，同時接受羅斯．烏布利希和恐怖海盜羅勃茲還有他們數百萬美元財富，保護他們不受美國政府騷擾。

第三十六章　傑瑞德的死胡同

『這也太挫敗了！』傑瑞德心想。

他握著兒子泰瑞斯的手，繼續在伊利諾伊州林肯郡邦諾書店（Barnes & Noble）的書架間穿梭，辛苦走完一排書架，接著再走另一排，每走幾步，三歲半的泰瑞斯都會抬頭看爸爸，傑瑞德專心尋找架上的書籍。

「哈囉，」詢問櫃檯一名活潑的女性員工終於出聲詢問：「請問要找什麼書呢？」

「呃……」傑瑞德道：「我在找米塞斯研究所（Mises Institute）的書。」他張望了一下四周，確定沒人偷聽。傑瑞德現在最不想發生的事，就是突然和陌生人開始討論這個主題。

「麥薩蘇研究院？」那名員工大聲詢問，低頭看著電腦。

「不是，是米塞斯，M、I、S、E、S。」傑瑞德悄聲道：「是自由放任派智庫，專門研究奧地利學派和……」話沒講完，意識到這或許對面前這名女性而言毫無意義。畢竟，這對傑瑞德而言也毫無意義。

儘管如此，他還是需要這些書才能開始下一階段的調查，現在進度停擺了。

從年初到現在，傑瑞德已經攔截將近兩千件郵寄到美國的毒品包裹，全都因為分析出每個包裹的特徵，這樣一來傑瑞德盡其所能擾亂絲路的營運。傑瑞德同時也逮捕、拘留幾名網站上的藥頭，其中一位是生意特別好的荷蘭賣家，販售搖頭丸和其他毒品。隨後，傑瑞德接手幾位藥頭的絲路帳戶，更加瞭解絲路營運的內部運作方式。

不過，還有好長一段路要走，才能揭開網站創辦人的真面目。於是，發現自己在線上走了太多條死胡同，傑瑞德決定要試著走入恐怖海盜羅勃茲的心靈，這也是為何他這時站在林肯郡的邦諾書店，舉止詭異地詢問米塞斯研究院書籍。

最近幾週，傑瑞德坐在桌前，手上總是轉著一個魔術方塊，讀遍絲路創辦人所有網路貼文，尋找作者用語的相似處。隨著網站成長，DPR的訊息變得越來越囂張。創辦人起初想要讓毒品合法化，漸漸越寫越多美國政府有多麼爛，美國如何成為一個腐敗和濫用權力之地。其中一則貼文，DPR沾沾自喜地寫道：「美國偷竊成性的凶殘雙手沒辦法動『絲路』一根寒毛。」

根據創辦人的所有文字，傑瑞德開始為恐怖海盜羅勃茲可能有的特徵建檔，他應該受過非常良好的教育，年輕、不富有但也不窮，目的雖然是要摧毀美國法律制度，但同時也想要賺錢。

DPR甚至在網站貼文承認道：「賺錢是我的動機……我也享受著我應得的第一世界娛樂，都是我應得的……比起我認識的大多數人，我過得還算相對節省。」傑瑞德讀起來只覺得DPR同時相信自己做的一切是為了讓世界變得更好。DPR在線上寫道：「雖然聽起來老套，但我只想在回顧人生時，知道我做了有價值又助人的事。」

傑瑞德極力想找出沒人注意到的地方，開始分析DPR的用語模式。舉例來說，DPR很常使用epic一詞，代表他可能滿年輕的；DPR行文間也會用笑臉顏文字，但從不使用連字符當作鼻子，總是用 :)，而不是過時的 :-)。傑瑞德注意到另一個明顯的特徵是，DPR在網站論壇上總是使用yea，而不會打yes或yeah。

DPR不停向追隨者推薦書籍——米塞斯研究院的一系列叢書。傑瑞德想要了解DPR的思想，於是也跟著讀了，不過這些書的內容太過於深奧難懂，根本就不明白到底在讀些什麼。對他而言，這些作者的論點都只是一連串藉口，不想為自己在世界上做的事負責，也不想管是否會影響他人。

這些書和研究沒有任何幫助，傑瑞德依然沒有離DPR比較近。

更糟的是，巴爾的摩國土安全部的同仁告訴傑瑞德，有名緝毒局探員卡爾．福斯已經成功接近了恐怖海盜羅勃茲，而且一直用臥底身分和對方談話。

得知消息，傑瑞德雖然不甘心，但還是請國土安全部巴爾的摩小組查看一些卡爾的聊天紀錄，看看是否能找到更多DPR的說話習慣。

收到聊天紀錄的電子郵件時，傑瑞德嚇到了，不敢相信那名緝毒局探員寫這些內容給DPR。卡爾．福斯顯然提供太多消息給本該追捕的人，遠超出應有的範圍，不僅說明毒品走私的路徑如何運作，還解釋該如何大量買賣海洛因。討好壞人，引誘對方現身是一回事，但這怎麼看都太超過了。

傑瑞德坐在芝加哥辦公室桌前，盯著地板上的郵件箱，桌上的米塞斯書籍，還有貼滿牆壁的毒品照片，想到自己一直反覆走進死胡同，相當灰心喪氣。

傑瑞德需要轉變，任何轉變都好，只要有所轉變，小小的徵兆也行，告訴他方向沒錯就好。

第三十七章　多米尼克的海盜

「歡迎您乘坐本班機，感謝您選擇與我們一同翱翔。」機內廣播響起，飛機在舊金山國際機場（San Francisco International Airport）的跑道上緩緩移動。「安全起見，救生衣放置在您的座位底下。」啊，對，這不祥的萬一發生緊急事件該怎麼辦的警告，這個警世寓言完全就說給羅斯聽的。

羅斯坐在機身中段，緊張地想著剛過去的兩小時和接下來的兩個禮拜。

羅斯原本預期一個舒爽的早晨，拖延到最後一刻再打包行李，但事與願違，DPR醒來發現駭客正在攻擊絲路，伺服器停止回應。為了抵禦攻擊，羅斯卯足全力和程式設計師 Smedley 攜手忙碌了一整個早晨。

「我認為，我們應該安裝 waffle 應用程式，才可以看到 mod-sec 防火牆的效果。」Smedley 寫道，一邊想要知道究竟發生了什麼事。「有 .txt 副檔名的檔案都可以歸到 /etc/modsecurity/ 底下。」

「我想想。」DPR回道，隨著登機時間越近就越抓狂。「停止所有功能。」

「OK，需要 mysql，是吧？」

那天早上，就是這樣過了幾個小時，然後羅斯不得不出發，放 Smedley 一人負責抵禦駭客。

對羅斯而言，現在那一切都無關緊要了。可憐的 DPR 接下來至少有六小時無法登入絲路，直到下一次轉機為止。他只需要相信 Smedley 和小組員工可以控制好一切，畢竟他可是每週支付九百到一千五百美元來獲得他們的服務。

睡覺，這才是他要做的事，降落時需要精神飽滿。

飛機在三萬五千英呎高空飛行，羅斯向後躺在座位，閉目養神。

儘管羅斯買得起一架里爾噴射機（Learjet），甚至兩架，搭乘私人飛機移動，但還是選擇低調行事，搭乘一般商務航空。結果是，這趟旅程幾乎要花兩天，從舊金山飛行六千四百多公里，首先停在喬治亞州（Georgia）亞特蘭大（Atlanta）轉機到波多黎各（Puerto Rico）聖胡安（San Juan），隔天頭昏腦脹又疲憊，要搭小型螺旋槳飛機越過十幾座熱帶島嶼，才能抵達多米尼克（Commonwealth of Dominica）——位在中美洲加勒比地區正中間的島國。

這不是渡假地點，而是暗門——他的逃生出口。這是他幾個月前開始進行資安大檢修時，就已經開始制定的逃跑計畫最後一步——是萬一發生緊急事件該怎麼辦的計畫。

耗時幾個月的搜尋，並且詢問百變瓊斯的意見，多米尼克成了羅斯藏匿恐怖海盜羅勃茲不讓菲比斯找到的最佳地點，而要獲得國籍，只需要「投資」七萬五千美元。這裡也是羅斯存放數百萬免稅美元的理想地，山姆大叔也不會詢問金錢來源。

前往多米尼克的旅程，從頭到尾都令人筋疲力盡。羅斯下了飛機，在機場找個隱密角落，開啟筆電，DPR才能登入絲路，攻擊駭客，再衝去搭下一班飛機。就這樣重複了好幾次，羅斯終於降落在多米尼克。

走出班機，只見小小的機場，藍色屋頂，四周環繞著觸鬚般的棕櫚樹，計程車從機場開了將近一小時才抵達羅斯要下榻的地方——維多利亞街（Victoria Street）的楊堡飯店（Fort Young Hotel）。

抵達飯店，辦理入住，登入絲路，立刻鬆了一口氣。Smedley早已成功平定絲路遭受的攻擊，一切都恢復常軌——目前暫時是這樣。

羅斯闔上筆電，鑽到床上柔軟潔白的被子裡，睡了十四個小時之久。

羅斯醒來，加勒比海的聲音就在窗外等著他，鳥——海鷗、鵜鶘、斑斕的鸚鵡——吱吱喳喳對話，同時傳來水沖刷過下方岩石，涓涓流入飯店的聲音。羅斯走到陽臺，朝右看了看，郵輪碼頭空蕩蕩的，左邊可以看到香檳海灘（Champagne Beach）和米歇爾角（Pointe Michel）的頂端。

這應該是地上樂園的完美早晨，但ＤＰＲ一上網，就發現自己回到人間煉獄。羅斯睡覺的時候，駭客回來復仇，絲路完全癱瘓。一名暱稱ＪＥ的駭客寄信給ＤＰＲ，要求一萬美元比特幣贖金。ＤＰＲ傳訊息給百變瓊斯，詢問該怎麼辦。

「付錢。」ＶＪ建議。

畢竟一萬美元對現在的ＤＰＲ而言根本九牛一毛。考量絲路現在平均每天處理二十五萬美元的交易，一小時的攻擊，ＤＰＲ的損失就會超過那名駭客要求的小量贖金（一萬美元的費用立刻追加成兩萬五千美元的酬勞）。心不甘、情不願，羅斯寄了錢。

比特幣匯給攻擊者之後，ＤＰＲ寫給瓊斯：「那情況必須放下自尊。」不過換來網站重獲生機——當然，這也只是暫時。下回攻擊再次來襲之前，絲路這艘船有許多漏洞要補，ＶＪ說他要和 Smedley 一起努力，讓事情回歸正軌，為新一輪的攻擊備戰。

「冥想吧。」百變瓊斯跟ＤＰＲ說，「去給我放鬆自己。」

羅斯充滿感激，兩人的關係現在又回到高峰，再次開始打情罵俏，尤其是晚上要離線時，「愛你 :)」ＤＰＲ寫道，ＶＪ回覆：「老兄，你知道我也愛你呀。」其他時候，一人掰掰時會說：「親親抱抱喔」，另一人會回：「親親寶貝」。

所以百變瓊斯叫ＤＰＲ去冥想時，羅斯就真的照做了。他闔上筆電，動身尋找飯店的按摩浴缸。這家飯店座落在島嶼的邊上，已經有三百年的歷史，非常驚人，頂樓有無邊際游泳池，還有熱騰騰冒煙的浴池。羅斯滑入滿是氣泡的水中，身體變得輕盈了許多——就算肩上壓著兩個世界的重量。

羅斯看著壯觀的加勒比海，深深吸了一口氣，平靜包覆了他的心。這類型的混亂，例如駭客、贖金等等，都不會困擾羅斯太久。就各種層面看來，羅斯開始享受這些問題。

「何其幸運啊，能遇到這些問題。」他寫給VJ，「我總是想要解決重大問題；只是從來不知道是否真的有天能做到。」羅斯說這些問題讓他想到自己的遺產，哪天離開人間，他能留下什麼。

「打贏毒品戰爭很容易。」瓊斯說。

「我以為那差不多是定論了。」羅斯回道。

DPR不是第一位造訪多米尼克的海盜。好幾百年來，這座島嶼一直都聚集真正四處劫掠的海盜，把戰利品藏在群島的洞穴中。現在，DPR這樣的海盜，可以把數位財富藏在島上各個銀行帳戶中，不用擔心美國政府會伸出手搶走一分一毫。

「我現在的首要任務是取得新國籍。」羅斯說，百變瓊斯建議：「確保你的計畫中至少要有兩個備選地點。」羅斯到了多米尼克，也開始研究其他國家，義大利、蒙地卡羅（Monte Carlo）、安道爾（Andorra）、哥斯大黎加，甚至泰國，當作要逃亡的替代居住地。不過，消聲匿跡有其後果。羅斯擔心那些最親近的人，也不知道是否可以再和他們見上一面。

「我在這裡長大。」他告訴VJ自己打算離開美國，「我家人在這裡。」更重要的是，他承認，有一天會想要擁有自己的家庭。「最糟的是，我沒有人可以聊。」羅斯寫道，「這念頭就在我腦內亂竄。」

瓊斯比任何人都懂那種感覺，盡力堅定地給予朋友最佳建議。VJ寫道：「現在我可以給的最佳建議是，規劃好接下來幾年不要談任何感情，前情人會讓你終身監禁。」

「我不是在抱怨。」DPR回覆道，特別指出這是「操他媽的好問題」。

過去這兩週，羅斯有條不紊地達成任務。取得國籍的過程不像放一袋百元鈔票或比特幣隨身碟在別人家門口那般簡單，羅斯必須跟德州的長年朋友拿推薦信，告訴朋友他在試著申請多米尼克的國籍，因為該國提供非美國公民一些有趣的稅金選項。還有官方表格要填、文件要遞交、背景待查核，甚至有醫療檢查要做。一切都非常煩人，但羅斯為了DPR和他的未來又一定得走官僚程序，這樣才能按照他的緊急計畫來執行。

沒有處理國籍申請時，羅斯在多米尼克交朋友，璐（Lou），三十幾歲左右、身材結實的島上女子，帶他去看小海灣、違建區，倒很多、很多可口可樂調酒（多明尼克獨有飲料）給他喝。羅斯花很多時間在海灘和另一名當地人凱瑪（Kema）踢足球；日落時分在潟湖河（Lagoon River）游泳，接著傍晚在紫龜海灘（Purple Turtle Beach）的涼亭下吃烤肉、大蕉、米飯，參加派對直到深夜，遠處傳來海浪鑽入岸上的聲音。

這裡真的是樂園。

新朋友詢問羅斯他在多米尼克做什麼，羅斯簡單答道：「我來做生意。」很悲哀，對羅斯而言這沒有偏離真實景況太多。

羅斯雖然不喜歡，但被迫在旅程中多花時間處理網站的麻煩事，必須監督看似沒有盡頭的客戶支援事件單，有人抱怨毒品沒有準時送達、網站太慢、論壇騷擾等等。更多要求更高贖金的駭客需要擊退，還有聯邦探員需要躲避，就連員工也需要他來激勵。

羅斯靠，工作也太辛苦，但羅斯的銀行帳戶滿缽滿盆都是佣金。只要覺得太艱難，羅斯就會看一眼試算表的數字，這些數字就會給予他激勵，這是最終極的打氣方式，讓他得以繼續前進。

值得DPR慶幸的是，這段特別混亂的時期還是有慰藉——絲路電影夜！

受到賓州州立大學社團的影響，也為了療癒個人孤寂，羅斯在絲路開辦了電影夜和恐怖海盜羅勃茲讀書會。

今晚的電影，DPR在網站上告知大家「十六日禮拜五北美東部標準時間晚上八點」同時按下「播放」鍵，觀看電影《V怪客》（*V for Vendetta*），還附上電影下載連結。DPR告訴同船夥伴，這部電影講述有個國家被另一個警察國家占領，而一名人稱V的正義之士，這名蒙面強盜起身反抗政府。

不出所料，東部晚上八點，美洲、泰國、澳洲等世界各地的人按下筆電上的「播放」鍵，電影開始。在多米尼克島國，羅斯坐在飯店房間看電影，沉迷於電影的訊息，似乎有幾句臺詞出自DPR之手。電影裡V說：「人民不應該害怕自己的政府，政府才應該害怕自己的人民。」

接下來幾週，DPR一邊處理網站事務，一邊受到電影訊息的鼓舞。但不像電影裡的V，羅斯心中有不同的目標：他想要賺錢，賺很多錢。

要是絲路被視為一間矽谷新創的話，現在隨隨便便就躋身傳奇獨角獸圈，市值十億美元或更高。創投家會垂涎三尺，等不及想和網站的執行長碰面，投資不止數百萬美元到這家公司。儘管多數新創公司頭幾年都是赤字，絲路成長的速度夠快，市值已經比現在造訪的多米尼克全國價值還要高。但是，目前絲路還不是一家公司，只是違法實體，沒有執行長，有的是海盜頭領。這名海盜正在楊堡飯店打包行李，準備離開樂園。

在島上待了兩週，國籍申請正在系統上跑，是時候回家了。

回程也花了將近兩天，飛了六千四百多公里之後，羅斯終於抵達舊金山國際機場。表面上，這趟旅程似乎沒有驚動任何人，恐怖海盜羅勃茲溜走又偷偷回來美國，沒有偵查——這倒沒錯，但羅斯沒那麼幸運。

一名美國海關官員在數位掃描機上刷了羅斯的護照，羅斯・威廉・烏布利希並不知道他的名字和剛才的旅遊地，都立刻轉換成數百萬個壹與零，也不知道這則資訊現在離開海關官員的電腦越過整座國家，只花了幾毫秒，透過同樣幾條讓人可以在絲路買賣毒品的纜線，抵達美國國土安全部擁有的資料庫。

第三十八章　卡爾喜歡DPR

表面上來看，馬可波羅專案小組人才濟濟，除了巴爾的摩當地緝毒局卡爾・福斯，還有其他聯邦政府地方部門招來的探員，例如郵政人員協助扣押、特勤局追查金錢動向（卡爾，當然啦，負責毒品）。專案小組成立才幾個月，就已經宣稱會搶先全美，第一個偵破絲路案。

然而，幾乎從一開始，馬可波羅小組就鬧不合。

首先浮現的問題是，嚴重的地盤爭奪。如果你拿下了網站，就會獲得表彰，永遠都是英雄，這起案子會成為職涯轉捩點。也是因為這樣，有些專案小組成員暗中捅刀資深探員，想要試圖搶下（成功機率極高）並掌控這個熱門新案件的主導權。

這片混亂的極致是卡爾，不聽任何人命令，就算是自己老闆也不理。多數時候，只要小組其他成員提出要求，卡爾一律忽視。這也不是第一次，卡爾工作以來一向如此。最後一次真實世界的臥底行動，也就是幾年前他還沒開始扮演絲路走私毒品的挪伯，他在某起案子擅自行動，立刻發現自己、緝毒局、太太都深陷麻煩。

那時，卡爾在一群毒販之中臥底，越來越深入毒販的祕密世界，希望毒販對他更加信任，才有可能促成一起大攻堅。但是卡爾過於擅長臥底工作了，雖然在操弄那些要逮捕的人，卻也開始模糊了警察與朋友之間的界線。在夜店，他會和應該要監視的人喝到斷片，女人靠近他和他的新朋友時，卡爾不會要她們離開，讓自己專心跟監目標，反而張開醉醺醺的雙臂擁抱這些壞女孩。沒多久，「假扮毒販」和「虔誠上教會兼緝毒局探員老爸」的界線早已模糊不清，卡爾必須辭掉臥底工作，去戒癮中心，最後神智清醒地回到巴的摩爾坐辦公桌。

多年後，卡爾決定變身挪伯，認為這是和往常不同的臥底工作，有電腦保護在前，可避開地下世界的誘惑。可是，就跟以前和販毒集團在一起的舊日子一樣，卡爾發現自己在恐怖海盜羅勃茲的世界越陷越深。下班回到巴爾的摩殖民風老房子的家，卡爾會直接走進空房，開啟電腦，和本該追捕的男人聊天。

卡爾坐著打字的房間沒有什麼東西，一張單人床、一個書櫃（祖父留下來的），卡爾會坐在一張棕白雙色的老舊單人椅，雙腿伸長擺在同一組椅凳上，用線上身分挪伯和DPR聊天，天南地北、大聊特聊。家裡那隻精神錯亂、討厭被摸的貓帕博羅（Pablo）就在床上看著。

有時候聊家庭，卡爾會為DPR及其親人禱告，有時候討論健康狀況。

「跟我說說你的飲食習慣。」卡爾問道。

「澱粉盡可能少吃。」DPR回答：「沒有麵包、沒有義大利麵、沒有麥片、沒有氣泡飲料。我吃很多全熟水煮蛋。」

卡爾能夠和DPR聊這麼多是因為DPR顯然很孤單，所有待在面具後的時日想必影響了絲路頭領的心理，而且DPR分明就在向線上有聯繫的人尋求慰藉。卡爾精明地分析自己可以好好利用這情形，哄騙網站頭領分享更多，騙他來當挪伯的朋友。左邊一些操弄，右邊一些欺瞞，要不了多久，恐怖海盜羅勃茲就會任憑卡爾擺布了。

可是，適得其反，不是卡爾沒有和DPR變得更親近，而是太過親近了，兩人會聊好幾個小時，聊感情、聊音樂，還會聊毒品交易的未來。

卡爾打反毒戰爭已經超過十年了，卻看不到成效，對卡爾來說，逮捕一名藥頭只會換來另一名接替者，消耗卡爾人生在世的意義。現在恐怖海盜羅勃茲對反毒戰爭的論辯確實開始有些道理了，或許解決這一切暴力和政府資源浪費，解救成千上萬在監獄等死的人，就是毒品合法化。或許，卡爾站錯邊了。

或許、或許、或許。

就在這或許之間，卡爾逐漸迷上DPR，開始親暱地問好。例如寫道：「哈囉，好朋友，都好嗎？」有時候會寫：「平安喔。」兩人每晚聊天，他會祝DPR「一覺到天明」還有稱讚：「你是世界上最有趣的人，一直求知若渴下去，朋友！」卡爾有一次甚至開玩笑道：「我愛你。」DPR回道：「哎呦，臉都紅了:)」示愛之後，卡爾開始在寫給DPR的信上親暱地署名「愛你，挪伯」。

當然因為還在當臥底，但也不單純只是因為臥底。

隨著關係的進展，除了試圖引誘惡名昭彰毒品暨武器網站的頭領之外，卡爾開始唱反調，給予DPR建議加強偽裝能力，寫道：「有兩種方法，搬到另一個國家，不會受到母國法律管制的地方，或著手處理總是有可能會被抓到的現實。」

他建議DPR要準備多本護照，可能的話找個後備住處。卡爾也教DPR跨國毒品走私路徑如何透過「死亡投遞」運作，也就是藥頭會把毒品或槍枝留在火車終點站寄物櫃之類的地方，再告知買家寄物櫃的密碼，就能拿走貨並留下款項，雙方從頭到尾都不必碰面，根本是絲路避開郵政系統的完美解方。

最後，卡爾還建議DPR找個律師。

卡爾也沒有老是模糊處理緝毒局探員和偽裝藥頭的界線，有時候卡爾完全按照規矩做事，例如幫忙國土安全調查署巴爾的摩同案探員麥可．麥克法蘭（Mike McFarland），命令低階藥頭從網站下架毒品，然後逮捕那些藥頭。整個夏天，他們拘留了幾人，接手帳號，目標是圍困其他藥頭。

有一次，他們在巴爾的摩逮捕一名嫌犯，該嫌在絲路販售安非他命；另一次前往內布拉斯加州（Nebraska）林肯（Lincoln）市突襲，該名嫌犯販售煩寧[11]（phenazeph-am）、溴基毒郵票（bromo blotters，類似LSD），還有贊安諾（Xanax）等處方藥，槍枝只是賺外快。

即便在卡爾做著警察工作的時刻，偶爾也會耍一下流氓。舉例來說，他和另一位探員肖恩．布里吉斯（Shaun Bridges）合作，布里吉斯任職特勤局，加入馬可波羅專案小組協助追蹤金錢流向，兩人打算招募國家安全局（NSA）的人來協助追捕。布里吉斯面目猙獰，細狹的瞇瞇眼、黑色山羊鬍、超短平頭顯得耳朵特別突出，身上似乎飄散著當心此人的氣息，但卡爾就是沒注意到。

國家安全局，又稱「沒這個局（No Such Agency）」，當然只是大家私下這麼說，據說可以破解這星球上任何有安全防護的電腦，卡爾推想國家安全局可以幫忙破解洋蔥路由，找到恐怖海盜羅勃茲。儘管馬可波羅專案小組的其他所有成員都知道國家安全局不碰毒品案件，可是卡爾和肖恩心意已決，就是要國家安全局參與。於是某天，在其他專案小組成員都不知情的情況下，這兩人和肖恩認識國家安全局窗口舉行祕密會議——

11　譯者註：即抗焦慮症藥物。

不想要留下任何文件紀錄，每件事都當面討論。

會面的國家安全局分析師，雖然同情他們麻木追捕恐怖海盜羅勃茲的困境，但還是告知他們國家安全局的授權任務範圍就是只能追捕會傷害美國安全的目標。分析師說：「抱歉，不能幫忙。」噢、對了，這段對話從來沒發生過。

但這兩名探員不打算這麼快放棄，肖恩向卡爾提出替代方案：「我們在網站上買炸藥看看！」他說，這樣一來就可以證明絲路和其他暗網網站確實會有危害美國的危險。

「贊成！」卡爾歡欣鼓舞地回道。卡爾告訴老闆尼克，當然被警告不要這麼做，還指出「炸彈」不是緝毒局的授權任務範圍，同樣道理，毒品不是國家安全局的範圍。

但現在是卡爾主導，至少他自己是這麼認為，沒有人可以對他發號施令。他和肖恩探索了一下，上網買管狀炸彈，要求寄到某個政府臥底的郵政信箱，這樣就能讓那名分析師發現，絲路可以用來攻擊美國。沒多久，兩人明白隨機在郵件中發現幾個管狀炸彈很可能會造成郵政服務的一些波瀾，也因此計畫在最後一刻中止。

繞路行不通，卡爾回到原路，也就是和DPR交朋友，這樣一來，他對網站首領是想說什麼就說什麼。

毫不意外，幾乎所有人看了挪伯和DPR的聊天紀錄，都會開始質疑為什麼細節這麼多。不止一次，尼克——卡爾的緝毒局老闆——看了兩人的對話，面色鐵青，把下屬叫進辦公室，甩上門，在重金屬音樂的喧囂中，暴跳如雷，火冒三丈（卡爾發現惹老闆很好玩，無所畏懼地坐在那裡）。

「我這麼做只是想要更靠近他。」卡爾理直氣壯地告訴尼克，但也只是一半真話。「我需要和DPR建立信任。」

很難斷言這方法有沒有用，有人放出風聲說卡爾會率先拿下絲路，但很明顯美國政府裡也有很多人想要那分殊榮，包括（卡爾聽說）芝加哥的傑瑞德．德－耶吉亞。似乎對卡爾和DPR的特殊互動睜一隻眼、閉一隻眼也完全沒關係，只要這代表馬可波羅全員獲勝就好。這也是為什麼卡爾向小組成員討論要做控制買毒（從旁協助的不是別人正是DPR本人），也沒有人質疑這是否是個爛主意。

卡爾想的計畫是讓線上人設挪伯，販賣一大筆古柯鹼或海洛因訂單，如他所料，恐怖海盜羅勃茲樂意協助促成這筆買賣。

「賣十公斤可以賺多少？」DPR某天傍晚問。

海洛因？

對，海洛因。

挪伯，扮演好自己的角色，解釋他只有「墨西哥棕，沒有中國白」海洛因，不過頭一批十公斤會是每公斤五萬七千美元，十公斤總價大概是五十萬美元多一點。如果賣得好，挪伯會降到每公斤五萬五千美元，甚至再降到五萬三千美元，但要他價錢出更低，挪伯跟DPR說明那可要用一公斤古柯鹼來交換。

「沒問題。」DPR寫道，他會找到可以買一公斤古柯鹼的買家。

於是，在DPR加速促成這筆交易的同時，大家開始不太清楚究竟另一頭的買家是誰了。會是上教會的緝毒局老爸探員，終於如願逮捕恐怖海盜羅勃茲，拿下職涯最邪惡的藥頭獲得榮耀？還是天不怕、地不怕的毒藥走私客挪伯，只想協助DPR在絲路上找到安全通道？

第三十九章　腎臟上市！

羅斯站在自己的房間，白襯衫皺皺地在床上，扣起粉紅搭青綠的棋盤格襯衫，再朝另一起舊金山冒險前進。

過去短短幾個月來，羅斯已經探索過灣區的每個縫隙。有時候，他會南下冒險，到柏納爾（Bernal）爬上山丘登頂，也會在碼頭散步很長一段時間，旁邊都有曬日光浴的海獅。他也和室友兼摯友勒內北上，越過金門大橋（Golden Gate Bridge）到馬林（Marin）登山健行，走在紅木森林小徑，攀爬過有鹹濕氣味的霧，每幾步就停下來讚嘆千年樹木幾乎高聳入雲。每趟探險之間，羅斯會和朋友搭船旅行，航過灣區洶湧的水面，行經惡魔島（Alcatraz）——臭名昭彰的監獄，關過美國黑幫老大艾爾．卡彭（Al Capone），他在禁酒時期反抗美國政府。

但數一數二記憶深刻的舊金山經驗發生在十二月初某週四傍晚，羅斯和勒內剛好到了舊金山市場南區（South of Market area）的當代猶太博物館（Contemporary Jewish Museum）。

街友（大多都是時運不濟的毒蟲）沿著街道，推著裝了全部人生的購物車，從一家慈善廚房或戒治中心到另一家，路過大型玻璃帷幕的建築，裡面都是那些獨角獸新創公司，每小時都越長越大、越來越強。那天寒冷，微微飄著小雨，兩位朋友走進博物館，逛著明亮、挑高的展間，看到一個跟小棚屋一樣大的金屬廂，側邊有泡泡紅色字體寫著sTORYcORPS。

羅斯和朋友拉開門，坐在兩支麥克風前。紅燈立刻亮起，表示接下來的談話都會被錄下來。

羅斯先開始，自我介紹，特別說道：「我二十八歲。」聲音冷靜，略顯沙啞。即將要錄音的是全國公共廣播電臺（National Public Radio）的實驗，他們坐的這個錄音廂會巡迴全國，吸引美國後代子孫訴說自己的故事，試圖捕捉那時期美國經歷的轉變。在美國其他地方已經有些錄音，都很悲傷，例如一對家長說自己的兒子年紀輕輕就過世了，兒子罹患致命疾病卻沒辦法獲得骨髓移植。有位男人說了自己在阿富汗服役被路邊炸彈炸到的事。其他故事比較開心，例如卡崔娜颶風期間陷入戀愛的情侶。

對於羅斯來說，做出這樣惹人注意的事情可能並不是最明智的選擇，但是如果在絲路上，恐怖海盜羅勃茲都能一直說出社會的真相，為什麼羅斯不能在這個世界做同樣的事呢？沒人能聰明到猜出即將對著麥克風發言的男人其實是兩個人。

羅斯和勒內依照指示，聽眾是兩百年後可能會聽他們對話的人。兩人開始討論為什麼現在都在舊金山，勒內說來這裡是為了「創新公司和錢」，接著輪到羅斯訴說自己為何現在會在這個金屬廂的故事。

「我之前都住在德州奧斯汀。」羅斯說道，然後話音漸弱，好似在心裡重遊舊地，「後來，嗯……」繼續道，微微結巴，望向遠方，再說一次：「後來，嗯……」

勒內回望，等著朋友把話講完，看起來顯然沒察覺到羅斯剛才心不在焉。

即便羅斯和勒內如此親近，還是信守一年多前對自己的承諾，再也不會告訴任何一位真實世界的人他創建了線上世界，他已經從茱莉亞身上學到苦澀的一課。

隱藏真相很痛苦，真實世界的朋友會說一些類似「為什麼你不試試這個生意或做看看那個應用程式？」對這些，羅斯都簡單說：「好主意，兄弟。我會想想看。」但是，就像他在網站上告訴自己的員工，他只想要「朝那些人尖叫大喊『因為我現在他媽的就在經營數百萬美元的犯罪企業！！！』」

說謊要付出代價。為了分清楚兩個世界，也為了合理化各個世界的一舉一動——在一個世界告訴家人、朋友故事，在另一個世界做一些影響重大的果斷決定——穿著粉紅配青綠棋盤格襯衫的男人已經可以輕易切換角色，切分羅斯．烏布利希和恐怖海盜羅勃茲的人生，易如反掌。

就像羅斯會和朋友（或獨自一人）四處走走，每天要做的最大抉擇在於去哪裡冒險和午餐吃什麼，不過一進入恐怖海盜羅勃茲的角色，就會把羅斯藏起來，ＤＰＲ陶醉在制定世界規則所帶來的權力之中，那個世界有數十萬人行走其間。他就是那位決定他的島上誰去誰留，而留在島上的可以做什麼、不能做什麼的主宰。ＤＰＲ雖然看起來就像媽媽拉拔長大的貼心羅斯，卻可以做出艱困的決定，都是年輕羅斯自己不敢碰的議題。

兩週前才發生，ＤＰＲ需要回覆網站上的一個提問，之前在賓州州立大學辯論社從來沒人問過這個問題。

「有個問題，」其中一名員工同時問道：「網站上可以賣腎臟和肝臟嗎？」

很好，羅斯從來沒想過有人可能想要在絲路上兜售的內臟，回道：「上架了？還是有人想要賣？」

於是員工轉寄一封寄到絲路網站的電子郵件，寄件人說想要賣腎臟、肝臟，以及其他身體部位，按照匿名寄件人的說法，這些內臟的販售都會經過買賣「雙方同意」。

在黑市，腎臟可以賣到二十六萬美元以上（雖然中國人的腎臟只值六萬美元），健康的肝則要價十五萬美元。幾乎每個人體部位都能販售，大賺一筆，舉例來說，骨髓每克最高可賣兩萬三千美元（相較之下，古柯鹼每克才六十美元）。無法為垂死的兒子在破碎的美國醫療體系找到骨髓的家庭，十分樂意在暗網上付費購買。

「可以，只要賣器官者本人同意，那就沒問題。」DPR寫道，再提醒員工：「只要明白互不侵犯原則，道德就容易判斷了。」引用同樣的自由放任派論點，就像以前在賓州州立大學辯論時引用了那麼多次一樣，原則是自由市場可以交易任何東西，只要沒有侵犯任何人（DPR說明，如果有人想要傷害你，那麼你就有權防衛自己和自己的動產，以眼還眼是自由放任派世界的法則）。羅斯特別指出，在網站上賣肝或賣脾完全合乎道德正義。

除了同意網站上買賣器官，最近恐怖海盜羅勃茲還同意在絲路上販售毒物。另一名DPR員工寫道：「那麼，呃，我們有人在賣氰化物。不確定我們的立場是？他沒有列為毒物，但這畢竟是市面上最知名的暗殺、自殺毒物。」員工接著留了個大笑的符號「lol」。

DPR要了販售網頁的連結，商品列表指出，氰化物雖然可以用來自殺（約七到九秒見效）——賣家還特別註明，每一筆訂單都會贈送《最後出路》[12]（*The Final Exit*）電子書，是一本自殺手冊；但其實氰化物也有合法正當用途，例如清潔黃金、白銀，還是「治療瘋瘋病的絕佳藥物」。

12 譯註：《最後出路：垂死者自我解脫與他助自殺手冊》德瑞克．韓福瑞（Derek Humphry）著；自立早報編譯組譯。

認真思索了幾分鐘，DPR告訴該員工：「我覺得我們允許販售。」接著再次重申網站的真言：「這也是一種物質，而我們寧可放行也不要有任何限制。」絲路到頭來也就只是平臺——和Facebook、Twitter、eBay沒有差別——在這個絲路平臺上，使用者溝通意見、交流貨幣。所以，DPR算什麼東西，當然只能同意吧？這不像Twitter決定使用者可以在螢幕上方的小框框寫哪些意見。

如果想要用一百四十個字符大展文彩還是大吐蠢話，那就做吧，都行。想在網際網路上愛說什麼、就說什麼，是你的天賦人權，同樣的道理，想要買賣什麼、選擇要對身體用哪些買來的東西，也是你的天賦人權。

羅斯對武器也抱持同樣信念，那也是他啟用軍械庫的目標，但是最近被迫關閉武器網站，因為實在是太難使用美國郵政系統來寄送了。結果，願意在軍械庫買武器的使用者太少，於是他重新在絲路上開放武器販售（這只是臨時替代方案），另外尋找新方法協助匿名運送武器。對恐怖海盜羅勃茲而言，不論商品是槍枝、毒品、毒物還是身體部位，人民都有權買賣。

「當然。」該員工同意道：「畢竟這裡是黑市呀:)」

「沒錯。」羅斯回覆：「我們則為黑市帶來秩序和禮節。」

這些決定對羅斯而言還是很難做到，羅斯和DPR之間的界線開始變得模糊。就像其他舊金山雄心萬丈的新創執行長一樣，羅斯也不明白，他的一個坐在電腦前就能下的決定，會層層滲透、影響無數活生生的人。

我覺得我們允許販售。

回到當代猶太博物館金屬錄音廂，勒內再次開口，看著朋友羅斯，說在舊金山「感覺就像陷入某個時刻」。

羅斯從另一個白日夢回神，贊同勒內，說道：「我也這麼覺得，我覺得世界不停在變化。」世界確實如此，而且就各個層面來說，身旁的人也造成了所有變動。

接著三十分鐘，羅斯和勒內的談話從家庭、朋友，跳到毒品（以及羅斯十幾歲時有多愛毒品）。羅斯聊到差點成為未婚妻的德州女友，對方偷吃又是如何重創他的心靈。

「你厭世嗎？」勒內問。

「噢，當然。」羅斯回：「超級。」

勒內接著說最近有所頓悟，大家辛勤工作，為了什麼？「沒有任何成功會讓我永遠快樂。」勒內反思道：「那些小小的成就都只是稍縱即逝。」

羅斯抓抓鬍鬚，似乎不太認同勒內的看法。

「我認為，總是有一線希望……只要逼自己到極限。」羅斯說：「我工作上也有同樣的經驗，工作時這態度就是一切，比任何事都來得重要。」

兩人開始作結，但在說再見之前，勒內問好友二十年後想成為什麼樣子。

「那時候，我想對未來世代有實質的正面影響。」羅斯答道。

勒內接著問：「你覺得你會長生不死嗎？」

「我覺得不無可能。」羅斯朝麥克風說：「我真的這麼覺得，我想我可能會以某種形式長生不死。」

第四十章　猶他州的白房子

那幢猶他州西班牙福克（Spanish Fork）市北街東六〇〇的小房子，曾經有過輝煌的日子。屋側的白色遮雨板斑駁脫落，多年來無人看照，此房產邊界的木籬笆同樣破舊。四面八方，小小的白色教堂尖塔在猶他州的天空下矗立，提供居民無數的祈禱之地，畢竟這裡可是摩門教國度，後期聖徒教會（the Latter-day Saints）的發源地。

二〇一三年一月中某週四早晨，每隔幾分鐘就有一臺車開過附近街口，打破寧靜，遠方街道兩側，風吹動十幾面破爛的美國國旗傳來迴響。

那天，這條街道不大尋常，路上停了太多車輛，其中一臺沒有窗戶的白色廂型車就停在白色小房子對街，如果路人可以看到車廂內，會看到一群人正在檢查半自動機關槍的彈匣，另一群人戴上面具、調整防彈背心。

剛過早上十一點，白色小房子對街的胡哈特蒙古烤肉餐廳（HuHot Mongolian Grill）正好開門販售每日八．九九美元吃到飽自助餐，一名男子下了白色廂型車，身穿藍色牛仔褲、運動鞋，深藍色夾克袖子上別著美國郵政標誌，走向白色小房子，手上拿著一個小包裹，大力敲門，喊道：「哈囉！」拳頭砸在紗門上，「有人在嗎？」沒人應門，但很顯然地，屋內有人。郵局夾克男子把包裹放在大門臺階破舊的格紋地墊上，走回白色廂型車。

附近，緝毒局特別幹員卡爾．福斯坐在無標示警車上看著這一幕。

「他不會上當。」卡爾跟坐在旁邊年紀大得多的探員說。

「再等一下。」年長探員回道：「他會出來。」

卡爾等著，一邊品嘗著此刻的寧靜。晴空萬里、旗幟飄揚，白雪皚皚的瓦沙契山脈（Wasatch Mountains）環繞四周，其外是一望無垠的荒蕪。卡爾會坐在那裡，和其他所有人一起，都是因為他的線上角色挪伯想了個妙計，要恐怖海盜羅勃茲找名買家購入一公斤的古柯鹼，不一會兒DPR就幫挪伯接洽網站上一名藥頭，雙方同意每公斤兩萬七千美元交易，卡爾拿到名叫柯第斯．格林（Curtis Green）男人的地址，男人在DPR手下工作，答應當中間人替買家暫時保管這批古柯鹼。

交易一成，馬可波羅專案小組必須趕緊安排好人力，所幸卡爾在猶他州重案組有熟人，答應從證物庫房拿出一公斤古柯鹼借專案小組來執行誘捕行動。

幾天後，卡爾拿了一公斤古柯鹼和一個國際快捷信封袋，包裝毒品前，卡爾開著貨卡輾過信封袋好幾次，看起來才像真的是郵寄來的。小組探員決定要「控制下交付」這包毒品，一人扮演郵差到格林家投遞包裹，然後，希望可以逮捕他。

因為是馬可波羅專案小組負責，行動從大家抵達猶他州那刻起就亂成一團。特別是那名扮成郵差的探員，竟然決定不要打扮得像真的郵差，懶散地套上郵局夾克，裡面穿的還是私服，就這樣來送信。

「這傢伙看起來根本不像郵差。」卡爾向身旁冷漠的探員抱怨，兩人看著假郵差溜回白色廂型車。

又過了幾分鐘，破舊房子的門終於開了，身材魁梧、黑色短髮的男人現身，從門口探頭張望，像隻膽小迷途的動物。這人就是柯第斯．格林，看起來像是四十出頭，整張臉顯而易見地寫滿了擔心。卡爾知道，格林是恐怖海盜羅勃茲廣大毒網的其中一名重要上尉，幾乎每天都窩在房子裡，協助買家、賣家間的交易，交易出錯時幫忙解決紛爭。

格林直直看向白色廂型車，再往下看包裹，小心翼翼走到門廊上，拄著粉紅色拐杖一跛一跛走向包裹，彎腰撿起來，觀察一番。這包裹是國際快捷紙盒，跟一塊磚頭差不多大，沒有寄件人地址。格林腰上戴了個腰包，隨著他走過門廊輕輕晃動，他看起來一點都不想扯上關係，把包裹丟進草地上的垃圾桶，就一跛一跛回到屋內。

「幹，搞屁啊？」卡爾驚呼。廂型車上的人也都不敢置信，現在怎麼辦？大家都知道不能逮捕把古柯鹼丟進垃圾桶的人。大家還在想該怎麼辦，格林又出現了，就像幾分鐘前一樣從門廊慢慢張望，這次他拿起垃圾桶裡的包裹，帶回屋內。

格林反鎖大門，攻堅時刻來了！

才幾秒鐘，白色廂型車的後車廂門猛然打開，接著一連串「磅磅磅」開門聲從停在轉角的車傳來。這些車輛不停冒出當地特警隊和緝毒局，總共數十名，手持黑色長槍，踏過草坪上乾枯的草，拿出黑色破門錘，大力撞擊白色小房子的門。

馬可波羅專案小組的探員衝進屋內，「趴下！」其中一人喊道，格林站在開箱的盒子前，握著剪刀，古柯鹼粉狀煙霧遮住他的臉。

格林結結巴巴地聽命行事，用最快的速度趴在地上。他大喊兩隻吉娃娃的名字：麥克斯（Max）和薩米（Sammy），兩隻狗狗對著持槍男人汪汪叫。

「手留在我們看得到的地方！」一名探員大吼。

麥克斯（比較老的狗狗）沒辦法面對這團混亂，失禁了，在客廳地板亂大便，而薩米（比較小隻的幼犬）想要咬另一名探員的鞋帶。包圍這團混亂的牆壁上，掛著格林妻小的照片，還有一塊方型裝飾磁磚寫著歡迎字句：「如果我知道你要來，我一定會打掃乾淨！」

格林被搜身——警察找到塞在腰包裡的兩萬三千美元現鈔——警方也宣讀了他的權利。格林顯然已經嚇傻了，告訴警察他會配合調查；警方想知道的他就說；不僅給警方看比特幣的使用方法，還有用來登入絲路的電腦。

警察在房子後方翻遍格林的抽屜，拉出太太的黑色大陽具（衍伸出許多笑話），其他官員走到地下室，找到多臺連結在一起的電腦，格林說這是比特幣礦場。這幾臺電腦跑著格林下載的軟體，持續不斷計算數字，挖出線上比特幣，再換成真正的實體現金。

警方翻找東西時，一名國土安全調查署巴爾的摩探員拉著膽小的格林到一旁開始訊問。這下只剩卡爾和肖恩．布里吉斯（那名幫忙安排和國家安全局開會的特勤局探員）兩人檢查格林的電腦，立刻發現這名絲路員工擁有絲路網站特別帳號，這代表他有特別權限，可以變更使用者密碼，甚至可以代替使用者登出帳號。格林告訴他們，這個行政權限是恐怖海盜羅勃茲本人賦予他的。

卡爾和肖恩搜尋格林帳號想要找到可以更進一步、確實逮捕DPR的證據，卻注意到格林的行政權限似乎有另一項特殊功能。看來，格林除了是版主，還可以隨意進出絲路上其他人的比特幣帳戶——精準一點來說，是總價數十萬美元的比特幣。

如果他想的話，格林簡簡單單就能偷走那些錢，畢竟大家都相信，比特幣就像現金一樣不會被追蹤，但格林永遠不會幹出這檔事，他害怕恐怖海盜羅勃茲的狠毒報復。同樣地，大家認為宣誓保護市民、口說「上帝保佑[13]（so help me God）」的馬可波羅小組

13 譯註：美國公務員就職宣誓時會以這句話作結。

聯邦探員也不可能做出這檔事。

但接下來幾天，特勤局的肖恩．布里吉斯瞞著那天在猶他州西班牙福克北街東六〇〇小房子裡其他人，以及美國政府在內的所有人，打算去做這檔不可能的事。肖恩開始摸索格林的電腦，偷偷摸摸拿走別人絲路帳戶的三十五萬美元，每次都是使用柯第斯．格林的帳密來登入。既沒有上繳給美國政府作為證據，肖恩還偷偷把這筆錢匯到自己的個人線上帳戶。

事情並沒有就此打住。

沒多久，做善事、上教會的老爸卡爾．福斯——和肖恩．布里吉斯各自行動——也開始偷絲路的錢。差別在於，比起偷錢（肖恩幹的好事），卡爾選擇透露資訊給恐怖海盜羅勃茲，交換數十萬美元比特幣。這些資訊協助羅斯．烏布利希占得先機，執法單位打算追捕絲路頭領時，可以早一步準備。

就如同之前，卡爾又要越界了，從包庇罪犯，直接變成罪犯。

上帝保佑。

第四十一章　柯第斯慘遭酷刑

鹽湖城（Salt Lake City）萬豪飯店（Marriott Hotel）大廳就像其他間大廳一樣，毫無人氣，安靜無聲，地毯硬得像水泥，一股不新鮮的咖啡味瀰漫在空氣中，角落的電視開著，新聞播報員朗讀最新頭條，下方有跑馬燈文字，說美國新屋銷售上個月下跌了百分之七．八，經濟又再次走下坡。

飯店樓上一間套房內，一根粉紅色拐杖倒在地板，幾步外的浴室，拐杖所有者——柯第斯．格林——快要被淹死，動手的是馬可波羅專案小組郵差。格林頭被壓在水中，雙手驚慌揮舞，對面站著卡爾，手持索尼數位相機，拍攝凌虐過程。

緝毒局用破門錘攻堅格林家以來，已經過了一週，當時撞壞了前門，還嚇得他可憐的吉娃娃當場拉屎。登記在案，走完程序，就被當地警局放走，格林回到家，癱在沙發上哭泣。他思索接下來要請律師，然後得知出庭日期，可能會和緝毒局達成協議，藉此換得較輕的判刑，但事情發展方向完全不同。

警方逮捕格林之後，馬可波羅專案小組返回巴爾的摩，摩門教男孩格林被告知不得張揚。卡爾和其餘小組成員以為之後會有時間訊問格林，還能仔細查看他的電腦找出更多證據。不過，卡爾（扮成挪伯）得知恐怖海盜羅勃茲發現員工被逮捕了。

一陣混淆迷惑之中，肖恩．布里吉斯、卡爾．福斯、專案小組郵差回到鹽湖城萬豪飯店訊問格林，想要趁他還能存取絲路檔案時盡可能搜集資訊。

格林和律師一同來到萬豪飯店，立刻劈里啪拉開始說殘忍的恐怖海盜羅勃茲肯定會立刻派出手下殺他滅口。格林說這實在太可怕了，根本睡不著，一直在西班牙福克家中偷偷從窗戶往外瞧，害怕有人來敲門，害怕那時就是柯第斯．格林和吉娃娃們的結局。格林說個不停，像嚇壞的青少年告訴校長有同學在放學後霸凌他。

格林一直都這樣喋喋不休，也一直都是弱雞（卡爾沒多久就如此認定）。格林中學時期，同學都叫他谷史（the Gooch），那時年紀輕輕又嬰兒肥的格林不明白這個詞的意義，於是其他男同學這麼叫他的時候，也跟著一起笑。過了好幾年，才發現原來這指的是陰囊和肛門之間的部位[14]。

卡爾輕易就明白為何格林擺脫不了這個綽號。格林喋喋不休幾分鐘，卡爾就想賞他耳光或叫他閉上他媽的嘴，又或者都想做（Gooch！）。格林看起來就像他那一公斤多

14 譯註：也就是會陰。

的吉娃娃一樣緊張，有時候會哼哼唧唧告訴馬可波羅專案小組，自己在網站的角色和恐怖海盜羅勃茲有多可怕，有時候則會苦苦哀求：「我只是個善良的摩門教男孩。」

歷經幾小時問訊，格林的律師（顯然是猶他州最爛的律師）終於覺得無聊透頂，決定離開，告訴客戶應該直接向警方坦白一切，知無不言。律師一走，谷史就開始哭，卡爾想著這男人多麼可悲，還是卡爾世上所有討厭事物的綜合體：不夠強，沒辦法起身面對自己的選擇。

中午時分，全員筋疲力竭，訊問都過了數小時，決定下樓去萬豪飯店的餐廳吃飯。大家吃著午餐，卡爾登入筆電變身挪伯和DPR聊天，看DPR是否知道坐在對面那男人更多消息。就在那時，格林坐著吃薯條盡量不要惹怒緝毒局探員，DPR告訴挪伯發生了什麼事：有名員工偷了比特幣，他不是很開心。兩人開始打字談話，DPR說：「不是一大筆錢，但我不爽到了極點。」

「誰幹的？人在哪？」挪伯寫道，從筆電抬起頭看向谷史，谷史緊張地回望。

「我會寄給你他的證件。」DPR回道。

挪伯立刻問DPR怎麼會有員工證件。

「我聘僱時要他寄來的。」DPR寫道：「就是為了應付這種情況。」

卡爾一邊和DPR聊天，一邊裝傻，不知道一公斤古柯鹼的下落，但同時也驚訝格林竟然有膽在逮捕後沒多久，偷走三十五萬美元的比特幣。

「你偷DPR的錢？」卡爾問格林，還在震驚谷史做得出這等事。

肖恩（偷了那筆錢的真凶）只是靜靜看著，默不作聲。

「沒有！」格林回道，驚慌不已：「你別開我玩笑了，我連要怎麼偷都不知道。」

「就承認吧！」卡爾喊道。

肖恩也跟著加入，細狹凶惡的眼睛目光懾人，說道：「就承認是你偷的錢吧！」

「我沒有！」

「為什麼你要保護他？」卡爾問。

「就說了我沒有偷錢！」格林抽噎道。

問答之間，卡爾電腦螢幕跳出恐怖海盜羅勃茲的請求，詢問是否認識人可以痛毆格林一頓，逼他把錢吐出來。由於卡爾扮演的毒品走私客叱吒風雲，告訴DPR當然有人會負責這種事。

「你覺得多快可以派人過去？」DPR問：「要花你多少錢？」

卡爾從筆電抬頭，告訴格林今日行程有所變更——微微改動。格林依然喋喋不休，聽完接下來要做什麼就嚇到停格。戲必須做足，毆打要夠逼真，卡爾告訴格林，DPR想要證據。

回到飯店套房，卡爾叫格林去浴室，浴缸放滿了水，按下攝影按鈕，假郵差推倒格林，格林雙臂亂揮想要呼吸到空氣，尖叫聲在水底聽起來是一陣隆隆聲，沒辦法呼吸。好幾秒後，郵差抓著格林的頭髮拉起頭，鏡頭照到谷史喘不過氣的臉，想要好好呼吸，努力克制不要再哭出來。

「應該要再來一次。」卡爾說道，看著鏡頭前方格林可悲的臉，郵差同意，再次抓住格林的頭壓回水中。純粹就是混亂，過程就像《蒼蠅王》（*Lord of the Flies*），只是書裡是小孩要殺可憐的小肥豬，這裡是美國政府特別幹員要淹死谷史。

格林懇求他們停手，但他們一次又一次地折磨他。

「我們必須做得跟真的一樣。」卡爾冷笑道。

「我發誓。」格林說，臉又被壓回水下，「我沒有偷錢！」

「就承認吧！」卡爾吼回去：「別在那邊保護DPR！」

這片混亂之中，有一人不在浴室。特勤局肖恩告訴專案小組其他人，他要拿走格林的筆電，交到附近的局裡做證據。但實際上，他打算用那臺筆電神不知、鬼不覺地偷走絲路更多錢。肖恩關上門，谷史哭嚎的聲音迴盪在飯店套房內，卡爾繼續大吼：「就承認吧，你這爛貨！」

「我發誓。」格林哭道：「我一分錢都沒偷！」

第四十二章　第一次謀殺

羅斯早就料到，有一天得面對這種無情的決定——必須「叫我的打手來」，他告訴員工。那天若來，他想像過，或許必須結束某位失控藥頭的性命，或者了斷威脅到絲路行動的人，但不會是自己人，也肯定不會是猶他州西班牙福克的柯第斯．格林。

雖然這決定讓DPR心生畏懼，至少還有輕鬆的部分：決定誰要來當劊子手。滿手現金，DPR發現很多人樂意且能夠殺人——尤其是在猶他州荒蕪的區域。百變瓊斯聯絡上一名叫「愛爾蘭人」的男人，可以從愛爾蘭出發，前往猶他州，找到柯第斯，讓他消失（有個小問題，愛爾蘭人不太懂科技，拿回格林偷走的三十五萬美元比特幣，是非常複雜的挑戰）。

另一名絲路員工Inigo，也是DPR少數徹底信任的員工之一，自願到猶他州處理這個問題，但他對於網站運作是相當重要的存在，不能隨便去當步兵打手。因此，DPR決定找挪伯來下手，最近他和這位南美洲藥頭關係很好。

畢竟，上週緝毒局突襲格林，失去一公斤「哥倫比亞極品」（Colombia's finest）古柯鹼的也是挪伯。會發現突襲這麼重大的事，也是因為格林有一天沒上工，羅斯簡單上Google搜尋柯第斯．格林的名字，搜尋結果帶他到某個網站，上面登記了最近執行的逮捕案件。

網站上，大剌剌顯示他那圓滾滾員工的嫌犯大頭照。

二〇一三年初某個寒冷冬天的早晨，羅斯醒來，完全想不到這會是他要處理的事。首先他發現格林的遭遇，唯一的反應就是噁心想吐，一邊在對話框告訴VJ。幾個小時之後，反胃感迅速變成復仇感。

DPR告訴所有員工該如何應對。就怕格林會一五一十告訴警方絲路的事，將網站的內部架構、運作方式、所有相關人士全部告訴聯邦探員。除此之外，還有那筆三十五萬美元，逼得羅斯只剩下三個選項，決定要怎麼處理這位騙子員工。

第一種可能也是最簡單的方法：只要前往猶他州西班牙福克登門拜訪格林，嚇唬嚇唬他，讓他怕到還錢。第二種稍微難了一點——但絕對更公正——毆打格林，要他為無恥的背叛付出代價。或許其中一位DPR的人會把格林綁到椅子上、賞耳光、折斷幾根手指、打斷鼻子、威脅家人，嚇到他不得不還錢。但這兩種方式都有個問題：如果走漏風聲，向警方告密，偷走幾十萬美元現金也沒什麼，但恐怖海盜羅勃茲就不會成為暗網上最令人恐懼的海盜，只是任人揉捏的軟柿子，絲路也會成為任人撒野的地方，反正也不會有後果。

這麼一來，只剩下第三種對付格林的方法——殺了他。

決定、決定。

生命轉變之快，上一秒是每週才賺三百美元的大學研究生，睡在地下室，所有財產就是兩袋黑色塑膠袋，一袋裝乾淨衣服，另一袋髒衣服，世上最擔心的是那名在非洲鼓社遇到的黑捲髮漂亮女孩會不會打來。接著，點子突然迸出，起初只是個念頭，就像小孩白日夢出現的特大發明，不過一旦在心中扎根，就再也揮之不去。然後，事情像是閃電擊中風箏，又或者黴菌不小心汙染實驗，就這樣發生了，並明白這念頭其實可行。

在電腦上打下好幾行程式碼，結果變出未曾存在的世界，新世界沒有法律，只有你說了算，你決定誰可以握有權力，然後某天早上醒來，就再也不是以前的自己，成了最惡名昭彰的毒販。

而現在，你做的決定會影響一個人的死活，你的法庭，你就是法官。

你是神。

但是，神還沒準備好要了結一個人的性命，至少目前還沒，所以命令挪伯去找格林並痛打一頓。

「我要你狠狠揍他，再逼他交出偷走的比特幣。」DPR寫給挪伯道：「例如叫他坐在電腦前，盯著他還錢。」後來又重複跟挪伯說，如果錢能回來「就太好了。」

挪伯說他會派人去猶他州完成任務。

但挪伯出發找尋格林，代表羅斯也做出了某種程度的赦免，卻依然拿不定主意這種程度的寬恕是否正確。偷了DPR那麼多錢卻只是打一頓就算了，怎麼可能？現實中的困境是，羅斯不愛動用暴力，雖然相信在絕對必要時可以使用。

不久前在賓州州立大學，坐在波洛克路（Pollock Road）的威拉德樓，羅斯辯論過這一題，一起辯論的還有艾力克斯和自由放任派學會社團的朋友。

「沒錯，若是為了保衛自身權利和個人資產，動用暴力完全合理。」年少的羅斯辯論道，那時大家在討論莫瑞．羅斯巴德最新著作。當初只是理想化的假說，一群大學生開開玩笑而已。這討論甚至被社員帶到了學院大道的角間酒吧，周遭的人都在討論運動賽事，頻頻舉起美國波士頓啤酒品脫杯乾杯，社員卻認真討論著羅斯巴德的《戰爭、和平、國家》（*War, Peace, and the State*），作者說明有「個別罪犯」想要人身傷害或偷竊個人財產時，為何可以使用暴力來反擊。

站在恐怖海盜羅勃茲的立場，現在羅斯越想越覺得痛毆格林一頓當懲罰是否足以達到殺雞儆猴的效果，杜絕網站上其他人的背叛之心？他開始思考是否自己沒有選擇，只能用終極形式來測試自由放任派理論。畢竟，柯第斯．格林偷了DPR的「個人資產」，總共三十五萬美元。

羅斯衡量這項決定時，首席顧問提出另一個論點。聽了網站遭竊一事，百變瓊斯反問：「我們什麼時候才會覺得真是受夠了別人的狗屁倒灶，出手結束一切？」ＶＪ不再稱呼他格林，而只叫他「器官捐贈者」。對ＶＪ而言，海洛因害人不淺，完全不想有所牽扯，但是殺人，嗯……那就不一樣了。

因為警方逮捕了格林，百變瓊斯（稍微了解逮捕過程）指出器官捐贈者很可能和菲比斯達成協議，全盤托出他知道的絲路大小事，也警告器官捐贈者很可能潛逃出境，帶著ＤＰＲ的三十五萬美元逍遙法外。

沒多久，其他顧問紛紛提出建議。「地下世界有一定的規則，」有人寫給ＤＰＲ說道：「問題有時候只有一種處理方式。」

ＤＰＲ肩上都是惡魔，唯一的天使只剩羅斯，而羅斯又不能打給真實世界的摯友勒內詢問意見：「嘿，兄弟，有空嗎？我正在想要不要殺了偷走我毒品獲利幾十萬美元的人，你覺得我該這麼做嗎？

聽完所有人的意見，ＤＰＲ開始理解這些論點。這裡不是遊戲場，這裡是他媽的毒品帝國，每個行為都有後果。「如果這裡是蠻荒西部，還的確有點像，」羅斯回覆百變瓊斯：「光是偷一匹馬就會判絞刑。」

說得沒錯！這才像話嘛。VJ趁機煽風點火，質問究竟要到什麼地步，這個蠻荒西部的警長才要懲辦罪人。「何時才會回覆？」瓊斯問。

「真是好問題，我已經整整想了二十四個小時。」

最後，百變瓊斯敲響最後的喪鐘，說道：「那麼你已經思考過了。現在你說了算，必須做出決定。」

羅斯，終於受不了了。

（羅斯，跳下懸崖吧。）

「殺了他，沒問題。」DPR回覆。

六個字就決定了格林的生死，輕敲幾下鍵盤，絲路的創世主第一次下令謀殺，現在只需要找到合適的劊子手。

第四十三章　FBI加入搜查

凌晨四點四十五分，銀色休旅車停在平常停車的地點，曼哈頓下城（Lower Manhattan）雀爾屈街（Church street）、托瑪士街（Thomas street）路口轉角，準時抵達。黑色貼膜車窗掛著政府車牌，紅藍警燈藏在前方水箱罩下。休旅車車門打開，FBI特別幹員克里斯．塔貝爾下車，即便現在紐約市的冬天溫度下探到攝氏負十度左右，他仍是一身運動服飾、薄夾克。

不論天氣好壞，塔貝爾的生活儀式就是，每天到幾個街區外的聯邦中心廣場二十六號FBI辦公室上班前，都會運動健身，但今天的例行事項不大一樣。雖然FBI網路犯罪探員還是對絲路一案深感興趣，但目前還停在喝酒討論的階段，話題還卡在威士忌小酒館的大後方醃黃瓜、奢華啤酒之間，最重要的原因還是塔貝爾無法容忍體制內的官僚屁話。局裡高層——就是Beau（讀作B-you）那幫人——爭論毒品不是他們這個FBI部門負責的範圍。

終於，歷經好幾個月討論究竟該怎麼插手絲路之後，機會降臨了。那天稍晚，紐約市緝毒局一名女性探員要來討論絲路網站，詢問塔貝爾和他的成員能否協助調查。

離開健身房，塔貝爾換上黑西裝、白襯衫，先到附近星巴克買了杯咖啡，再到聯邦大廈的二十三樓。才剛和其他探員一同在坑區坐下，該名緝毒局女性探員和瑟林・特納（Serrin Turner）一同現身。特納是紐約市助理聯邦檢察官，之前與FBI聯手處理LulzSec案子。

緝毒局探員穿牛仔褲、毛衣，毫不掩飾腰上的徽章和配槍，挑了一張空椅坐下，自我介紹隸屬某個紐約專案小組，就在幾公里外的雀兒喜（Chelsea），最近時不時會研究——「好吧，試著要研究」——絲路，研究已經持續一年半了，目標是要展開調查，但毫無進展。早在二〇一一年六月那篇Gawker文章刊登後沒多久，參議員舒默做了多數議員都會做的事，召開臨時記者會，要求政府追查網站，儘管本人完全不知道那意味著什麼。

緝毒局探員說明，因為絲路販售毒品，所以政府要她的單位來研究一下這個網站。結果就是大錯特錯，因為她的辦公室只知道怎麼在真實世界攻堅掃毒，卻不知道要怎麼執行數位攻堅，也拿比特幣、洋蔥路由甚至暗網等天知道是什麼鳥東西的科技沒轍。

「上頭的人很氣我們沒什麼進展。」她嘆道，然後說明網站頭領——「現在自稱恐怖海盜羅勃茲，你知道的就是那部《公主新娘》電影」——越加囂張，販售的違禁品現在還多了槍枝和駭客工具。不只如此，這位恐怖海盜羅勃茲還公開譴責美國政府。紐約緝毒局一籌莫展，現在需要ＦＢＩ的協助。

會議結束，塔貝爾和小組成員說需要先內部討論再答覆，雙方握手，散會。

「那麼，」塔貝爾向坑區的探員說道：「現在有兩個問題。」第一，他的團隊不想只是「從旁協助」紐約緝毒局，ＦＢＩ決定追查絲路的話，只想獨自行動。ＦＢＩ不擅長合作也從來沒有合作過，尤其是緝毒局的混蛋，誰要合作啊。

這又開啟了另一個重要議題：實在是被講了太多次，ＦＢＩ高層總是說毒品不歸他們管，電腦才是。但是這次和緝毒局探員會談，塔貝爾和隊員才知道，原來絲路現在不只是販售毒品，上面也販售數百種駭客工具，鍵盤側錄器、銀行木馬程式、惡意應用程式、間諜軟體，還有其他多種數位產品，正好就落在坑區這群男人的工作範圍內。

當場，ＦＢＩ小組決定要加入這場絲路案件調查，比起幫緝毒局找藥頭，網路犯罪小組會直接圍剿網站。塔貝爾拿起電話，向老闆報告。

好幾週過後，核准終於一路從層層指揮系統傳達下來，說塔貝爾的小組可以開案調查該網站。經歷數月的繁文縟節和官僚作法，塔貝爾和隊員終於開了新的案件檔案，編號 288-3-696。

除了芝加哥國土安全調查署、巴爾的摩專案小組、紐約市另一組地方、聯邦官員，現在還有新單位加入追查恐怖海盜羅勃茲的行列——ＦＢＩ網路犯罪分處，由網路世界的艾略特．奈斯領軍。

第四十四章 露營和畢業舞會

二〇一三年二月

「我不記得是否跟你說過。」DPR寫給Inigo道：「但我人會不在，要到星期天傍晚才回來。」

羅斯慶幸自己可以離開一陣子。過去幾週簡直是場災難，他甚至思考過是否是自己有問題，他的線上世界每件事都脫序，員工到處胡搞瞎搞（就連百變瓊斯也是，竟然遲交新的安全碼）。下線之後，真實生活也沒好到哪裡去，隻身一人，寂寞孤獨，沒辦法向信任的人尋求建議。

心情鬱卒之外，羅斯還發現除了幾週前柯第斯．格林偷了三十五萬美元，另外有人偷了八十萬美元。

八、十、萬、美、元。就這樣消失了。

短短幾天被竊超過一百一十五萬美元，幸虧對羅斯而言，一百萬美元現在只是存款的滄海一粟，但還是會心痛。報復已經展開，理所當然，DPR終於下令追殺格林，金額也不誇張：事前先付四萬美元，人死了再付四萬美元。

決定都不容易，毫無疑問，但羅斯深信這是正確的決定；向世界闡明，比起殺了可能向聯邦幹員告密的男人，合法化毒品更加重要，因為社會才會更加安全。不只如此，格林還破壞了DPR世界的規則，必須付出代價，沒有代價，一切都會亂套。

離開之前，DPR發給Inigo最後一則訊息，請他「為我守城禦敵」。羅斯關上筆電，DPR就藏在電腦安裝的加密軟體之中，接下來幾天要去的地方，沒有DPR出場的機會。

羅斯抓起包包，離開公寓。

當天舊金山溫度維持在攝氏十度左右，羅斯卻穿得像是要去海邊，而不是北上兩天荒野健行。露營夥伴做足準備，莎莉娜（這次要幫他慶生）全身包緊緊，還穿了羊毛襪和厚圍巾，勒內套了三件衣服，像一個準備寄送的珍貴瓷器包裹，莎莉娜姊姊克莉絲朵（Kristal，從波特蘭來找妹妹）看起來像是要去南極洲露營。反觀羅斯，覺得這趟旅程只需要一件愛迪達薄短褲、一雙外觀奇特、全新亮紅色Vibram FiveFinger五趾鞋，看起來像穿了一雙手套在腳上。

但沒隔幾分鐘，羅斯已經感受不到寒冷了；光是看著克莉絲朵，就覺得好溫暖，說白了克莉絲朵太美了，美到羅斯沒心力擔心穿著。

羅斯一見鍾情。

羅斯迷得暈頭轉向，克莉絲朵又長又直的黑髮，編成完美的辮子，露出漂亮的棕色眼睛，完美噘起的粉紅雙唇，看其來就像《風中奇緣》的寶嘉康蒂（Pocahontas）。

放好包包，羅斯跳上車，車子一邊開，四名友人一邊聊天。沿著一〇一公路開，金門大橋進入視野，莎莉娜拿出相機拍下似乎高到沒有盡頭的橘色雙塔。羅斯看到晴朗無雲的藍天，寬廣開闊，就像多米尼克的海。右邊可以看到惡魔島，遠處隱隱閃現著那座監獄。

一行人繼續沿著彎曲的道路前進，經過索薩利托（Sausalito）進入密爾維利（Mill Valley），開了將近一小時，抵達登山步道入口。

步道一開始的碎石路看得出來常有人走，接著立刻變成崎嶇的馬道。沒多久，就進入大自然深處。羅斯和勒內是完美紳士，幫兩位女士背後背包，一人掛前面，一人掛後面，兩人開心擊掌。

同時，世界的另一頭，澳洲伯斯（Perth），十六歲的普雷斯頓．布里奇斯（Preston

Bridges）和好友已經規劃好一陣子他們自己的慶典了。普雷斯頓早就選好高三畢業舞會的服裝了，也一直和邱奇蘭斯高級中學（Churchlands Senior High School）的同學討論要參加的續攤派對。

普雷斯頓很帥氣，眉毛濃密，金髮斜一側遮住半邊臉。普雷斯頓決定要在慶典前先去海邊，和朋友一起泡在柔柔暖暖的海水中討論當晚活動。

傍晚四點，普雷斯頓回到家，爸爸羅德尼（Rodney）開玩笑道：「你看起來好像噴了日曬膚色劑。」普雷斯頓得意地笑了笑，在走廊跳著回房換上舞會燕尾服。

一個多小時後，約傍晚五點半，這將是普雷斯頓最後一次走出房間。

普雷斯頓穿著剪裁合身的黑色燕尾服，非常有型，成套的領結完美地繫住脖子。媽媽薇琪（Vicky）開車來接時，覺得兒子特別帥氣。爸爸幫母子拍了幾張照片，其中一張普雷斯頓轉身把媽媽拉近，不偏不倚地親上臉頰，薇琪一臉燦笑。沒多久，普雷斯頓就出發前往畢業舞會了。

羅斯和另外三位好友終於找到營地，搭起藍白色帳篷，營地那片平坦的草地就在半

山腰，眺望不見盡頭的北加州花旗松林海。花旗松聞起來有松針的氣味，一股平靜朝他們襲來——尤其是羅斯。四人坐在斜坡上，就只是看著世界，什麼都不做，勒內說彷彿置身樂園。羅斯吃了一些橘子、開心果、米餅當點心。沒多久，生起篝火，夜幕降臨，羅斯和克莉絲朵聊天、仰望星空，火堆的煙燻味消散到空中。

接下來的週末時光，對羅斯而言就像一場夢。他在彼得水壩（Peter's Dam）上游的肯特湖（Kent Lake）游泳——儘管水溫冰冷。羅斯滾下亮綠色的山丘，笑得像個孩子。玩牌、登山、擲飛盤、說說笑笑、輕快地小步跳，他們真的在探索野外時小步跳。

但最重要的是，羅斯和克莉絲朵迷戀彼此的程度，就像高中舞會的少年、少女。

澳洲伯斯桑蒙渡假飯店（Sunmoon Resort Hotel），十幾名青少年舉行高三畢業舞會續攤派對的好地方，飯店房價不貴，房間附有陽臺，眺望仕嘉堡海灘（Scarborough Beach）沿岸的海濱大道和波動起伏的綠色海面。氯的味道從樓下的游泳池飄上來，普雷斯頓和朋友走到飯店頂樓，來到大家一起租的套房。

夜漸漸深，朋友熟人來來去去，但就在凌晨四點半左右，這群大男孩打算要散會回家時，有位青年帶著驚喜來到飯店。普雷斯頓跟他不太熟，但是青年想要成為普雷斯頓的好朋友，因此帶了禮物。

「那是什麼？」

「這是核彈[15]（N-bomb）。」該青年向普雷斯頓說明：「就像LSD。」

中國製造，在未監管工廠製造的人工合成毒品，雖然藥效比迷幻藥強了六十倍，但安全無虞。青年說自己買了「派對包」——買十送一。他聽過一個叫絲路的網站，從上面購買，毒品就這麼簡單地郵寄送達。

那晚房內的八名少年，其中五位決定試試看核彈，該名青年給了普雷斯頓兩片。五人中只有一人立即發生藥物不良反應，那人就是普雷斯頓．布里奇斯。

普雷斯頓立刻開始行為失常，周遭世界開始變得不真實。普雷斯頓驚慌不已，**幹到底發生什麼事？**

幻覺吞噬一切，什麼都做不了。**停下來！**他不知道自己在哪裡，又在做什麼。朋友試圖讓他冷靜下來，但毫無效果，大家都陷入驚慌，最驚慌的就是普雷斯頓。

整個房間似乎在旋轉，**救命！救命！**轉了一圈又一圈，普雷斯頓開始奔跑，人其實

15 譯註：又稱為笑臉。

還在房內，還在二樓，但他不顧一切跑了起來，衝出陽臺，跑到半空中，從九公尺高的高處墜落，頭朝地面，重擊停車場。

遠方，警鈴大作。

動態心電圖發出緩慢重複的嗶嗶聲，普雷斯頓躺在醫院急診推床上，濃密的眉毛、斜一側的金髮毫無動靜，管子蜿蜒全身，燕尾服不見了，現在沒有襯衫，感應器黏在胸膛監測生命徵象，黑色領結換成護頸圈。普雷斯頓的招牌微笑也消失了，取而代之，插了根塑膠管到喉嚨確保呼吸。

薇琪看到兒子這一幕時，當場跌坐在地，爸爸羅德尼緊緊抱住普雷斯頓的姊姊放聲痛哭。那天，學校來了數百名學生，每八人為一單位，分批探病，眼前躺著好友，大家只能流淚，曾經踢足球、去海灘玩的青年，現在動也不動。

週一下午，醫生請普雷斯頓的家人到醫院的小房間，淚水和震驚滿布媽媽、爸爸、姊姊的臉龐，醫生通知家屬，下午三點四十八分，十六歲的普雷斯頓．布里奇斯死亡。

就這樣過了週末。羅斯、勒內、莎莉娜、克莉絲朵收拾行囊，開過金門大橋回到舊

金山，回到絲路。

羅斯帶著大大的微笑回家，覺得自己煥然一新，打開筆電，登入他的世界。

「我不在的時候還順利嗎？」羅斯問 Inigo。

「嗯哼，沒什麼特別的事。」

「很——好。」恐怖海盜羅勃茲回道。

「哈，很意外吧？」Inigo 回道：「之前你離開的時候，總是有事發生，現在好像詛咒解除了。」

生活開始好轉了。羅斯和克莉絲朵計畫接下來幾週，羅斯到波特蘭拜訪，兩人要在森林待幾天，在那間舒適的小木屋享受按摩和美食，浪漫地依偎彼此，度過長長週末。

羅斯對新戀情的發展充滿期待，甚至打破自己定的一條安全規則，告訴多名員工和心腹他最近遇到的這名女生，連挪伯都說了（他的毒品走私客兼打手，目前正在尋找柯第斯．格林）。

「你看起來心情很好！」挪伯寫道。

「很好。」DPR 回覆：「因為一位女生:) 我應該說女人啦，是個天使。」

原本爛到不行的週末開頭，結果卻好得不得了。最棒的事情是，絲路那週末盈收異於尋常的好，其中一筆訂單，一袋「派對包」核彈賣給了澳洲伯斯一名十六歲青年。

第四部

第四十五章　國稅局蓋瑞・艾福德

曼哈頓的人行道提醒著紐約人夏天還遠著呢。結冰的骯髒泥塊堆在城市街道上，風掃著垃圾穿過大道就像冰凍的風滾草。二〇一三年二月中某日早晨，百老匯大道二九〇號，杜安街（Duane Street）附近，一列男女若有所思地等著通過安檢，進入一棟龐大的米色高塔。米色高塔光是外觀就夠嚇人的了，東側牆面懸著的金色招牌很可能——不論室外溫度高低——都會讓觀者背脊發涼：國稅局（INTERNAL REVENUE SERVICE）。

這地方是少數職員還在使用電子計算機的政府單位，且手中握有的權力大過配槍人員。其中一名配有計算機的職員是蓋瑞・艾福德（Gary Alford），每天像鐘錶一樣準時抵達米色高塔工作。

身材高大、外表冷峻、寬肩膀、方下巴，蓋瑞站著不動是真的紋絲不動，像鐵砧板墜落地面那般不可動搖。蓋瑞是非裔美國人，深色皮膚襯著白襯衫常常看起來又更黑了，這是蓋瑞一貫的打扮，西裝筆挺、白襯衫、打領帶。

雖然上班打扮起來就像一名普通國稅局職員，但蓋瑞根本稱不上正常，還有為數不少與眾不同的怪僻。其中最奇特的怪僻是每個東西——如字面所說每個東西——蓋瑞都會讀三遍。不論是什麼，紙張上有文字的話，蓋瑞會讀一遍，再一遍，然後再一遍。收到電子郵件，蓋瑞會讀三遍才回覆，新聞報導也會讀三遍，書籍、簡訊、學術文章、納稅申報表都一樣。蓋瑞這麼做，他說，是為了確保自己可以比起旁人記得更多資訊。年輕的時候，蓋瑞聽人說，閱讀的時候大腦只會保留一小部分的文字，因此推論如果每段文字都至少讀三遍的話，就會記得更多內容。

當然，這只是重複，不過蓋瑞多數行為都是重複。每個早晨都是複製前一天早晨。蓋瑞通勤的路徑每天都一模一樣，在同樣的時間抵達國稅局辦公室，一步不差的走過一塵不變的大理石大廳。

蓋瑞所在的辦公樓層沒有接待櫃檯或等待區，只有兩扇緊鎖的門——一扇面北，一扇朝南。走廊牆上貼著一張艾爾．卡彭的海報，美國禁酒時期，這位黑幫老大控制了所有酒精流通，走廊上艾爾．卡彭的罪犯照，提醒著國稅局犯罪執法部門（Criminal Investigation division of the IRS）的職員——蓋瑞也是其中一員，一九三〇年代是靠著最基本的數學才將艾爾．卡彭繩之以法，不是酒瓶，也不是槍枝。逮到這位黑幫老大並關進舊金山外海惡魔島聯邦監獄（Alcatraz Federal Penitentiary）的正是國稅局。

就像多數同事，蓋瑞一口濃濃的紐約腔。在紐約出生長大、讀大學，現在和太太、寶粒（Paulie，全身蓬鬆的馬爾他約克夏混種）一起住在紐約。差別在於，同事老家是公寓大廈或長島郊區，蓋瑞生長的區域是紐約市低收入戶的公共住宅區，雜亂無章、龍蛇混雜。

一九七七年夏天，蓋瑞在格雷夫森（Gravesend）的馬爾伯勒公共房屋出生。蓋瑞出生的那週，一場熱浪席捲紐約，雷暴生成，擊毀一座發電站，整座城市陷入黑暗。蓋瑞誕生沒幾個小時，混亂接踵而來，搶劫、暴動、縱火橫掃紐約各個行政區（蓋瑞以前常開玩笑：「我一出生，整座城市就停電了！」）。除了暴動和停電之外，那年夏天還有綽號山姆之子（the Son of Sam）的連環殺手藏身紐約街頭，虎視眈眈。

蓋瑞沒在公共房屋住多久，一九八〇年代，紐約爆發快克大流行，蓋瑞一家住的斯迪韋爾大道（Stillwell Avenue）附近下水道開始出現五彩繽紛的快克小瓶子，沒多久一家人就搬到東邊的卡納西（Canarsie）。

現在，三十年後，蓋瑞坐在百老匯大道二九〇號褪了色的白綠相間辦公隔板中，查看電子郵件（每封都會讀三遍），寫調查報告（先前調查那些把錢藏在遙遠國度躲避美國政府查帳的人）。

雖然蓋瑞的早晨如常開始，卻即將發生巨變。桌上電話響起，國稅局長官來電，請這名年輕、有抱負的探員到他的辦公室。

蓋瑞走進長官辦公室，坐在難坐的萊姆綠國稅局椅子，長官立刻開門見山道：「希望你能加入專案小組。」（完全沒有閒聊，畢竟這裡可是國稅局。）長官繼續說明，有哪些成員、要做什麼，以及為什麼，告訴蓋瑞這個案子是要調查某個販售毒品和槍枝的網站。「有聽過絲路網站嗎？」（蓋瑞聽都沒聽過，張大眼睛看著長官。）「那洋蔥路由呢？」（沒，沒有。）「比特幣？」（一片空白。）「算了，不重要。」長官說道：「專案小組負責毒品偵查，你要去負責洗錢的部分。」（一絲興奮。）「蓋瑞，大好機會啊。」（靠，真心不假。）

蓋瑞得知專案小組有地方和州警調查員、緝毒局探員、紐約南區美國聯邦檢察官辦公室，光是成員就顯得本案肯定非常重要。最後，長官告訴蓋瑞，之後要去雀兒喜新辦公室工作，往北走幾個街區就到了。

是時候找來配帶計算機的人了。

蓋瑞離開長官辦公室，心懷感激，情緒高漲。一回到小隔間，蓋瑞立刻登入電腦，開始閱讀能找到的所有絲路資料，全都讀了三遍。

第一篇是 Gawker 報導，接著點閱數十則新聞連結，仔細搜尋文字和圖片，直到他向後倒在椅子上，盯著電腦螢幕閃爍著的絲路網站、比特幣、洋蔥路由等等文章。蓋瑞完全明白，正如長官所說，執法單位小組追查絲路創辦人已經快要兩年了，但每條路都沒有結果。蓋瑞也知道必須想出新的調查方向，才可能有機會拿下網站，逮捕網站創辦人。

但要怎麼做呢？蓋瑞心想。

蓋瑞的思緒轉了幾千個方向，想要知道可以用什麼新方式處理案件，腦中突然靈光閃現，想起人生中沒有記憶但聽過非常多次的故事：一九七七年夏天，蓋瑞．艾福德誕生那年，他記得大衛．伯克維茲（David Berkowitz）的故事，這名美國連環殺手同年在紐約殺了六人，傷了七人，山姆之子的綽號更為響亮。蓋瑞認為當年警察逮捕冷酷連環殺手的方式，可以用來揭開絲路頭領的真面目。

第四十六章　旅程的生生死死

「格林死了，處置完畢。」挪伯寫道：「我會拍張照片證明。」

「ＯＫ，謝謝你。」恐怖海盜羅勃茲回覆：「我猜，他們沒辦法讓他把比特幣吐出來。」

「他們還做了一次心肺復甦術，其實凌虐的祕訣有時就在於讓人死不了。」挪伯回覆，說明柯第斯．格林偷走恐怖海盜羅勃茲三十五萬美元比特幣，先經歷凌虐、水刑，最終死於心臟病。「死於窒息同時迸發心破裂。」

ＤＰＲ沒有回應凶殺現場的可怕描述，挪伯問道：「你還好嗎？」

「不大舒服，但還可以。」ＤＰＲ接著承認：「我第一次接觸這種事。」

百變瓊斯向ＤＰＲ再三保證，他們做的不只是正確的決定，還是唯一的路。

「我們不是玩玩而已。」ＶＪ寫道：「這決定，我完全可以接受，今晚會睡得像隻小羊一樣香甜，之後每晚都會同樣香甜。」

「說得好。」ＤＰＲ寫道：「好好享受今夜，老兄。」

「會的，你也是。」VJ回覆：「晚安！」

羅斯打開挪伯寄來的下一封信，斷了氣的格林回瞪，肥厚的面頰垂掛一側，口邊一灘嘔吐物。照片上柯第斯的T恤濕淋淋，應該是因為斷氣前，挪伯打手施以水刑。

羅斯把照片存在電腦上的加密處理資料夾，再次傳訊給挪伯，詢問尾款四萬美元要匯到哪裡。「同樣的帳戶？」

「沒錯。」

羅斯顯然為自己的行為感到糾結。殺人不是簡單的決定，但羅斯也知道這是未來可能得再做的決定，才能預防自己的帝國受到威脅。對羅斯而言，最可怕的不是殺人，而是失去對自己創建帝國的掌控。畢竟，這是他的遺產，是兩百年後人們會記得的事。羅斯極度渴望在世界上留下痕跡，希望世人（最終）知道他是就是那位創辦人。

殺人也是逼不得已，這是留下痕跡得付出的代價。來評斷的人又算什麼？所有歷史偉人都必須做同樣的決定，美國總統每天都面對這些抉擇，按下按鈕發射無人機飛越阿富汗的村莊，射殺村民，保衛共和國。

商業界也是同樣道理，數十名中國 iPhone 工人跳樓自殺，工作環境實在太糟糕，可是賈伯斯也不得不接受這些犧牲，幹，畢竟賈伯斯可是他媽的在改變整個世界，規模龐大。這單純只是想要在宇宙留下些什麼的男男女女都必須面對的困境。

除了這次凶殺，其他問題也接二連三重擊羅斯。最近駭客又開始鎖定絲路，頻繁發動攻擊，每次都攻擊到網站下線好幾個小時，DPR的員工辛勤努力加強防禦，但要讓駭客停止攻擊的唯一方法就是支付贖金五萬美元，而且接下來每一週都得支付。

現在羅斯需要的是休息。幸好，DPR支付尾款給挪伯的那個週末（格林很明顯死了），羅斯要去見新女友克莉絲朵。

自從幾週前的露營之旅以來，兩人戀情甜甜蜜蜜，那晚的星空營火之後，兩人回到市區，決定盡可能常常碰面。透過電子郵件和簡訊，說著彼此過往的故事，分享對未來的希望——雖然羅斯只是輕輕地擦到那些夢想的邊邊。

去年羅斯非常孤獨，只忙著經營絲路，網站如此成功，卻沒人分享，所以他一頭栽入與克莉絲朵的戀情。原本一個週末的相遇，變成好幾個週末的陪伴。有次羅斯飛到波特蘭找克莉絲朵，兩人整天都在女方公寓棉被底下恩愛摟抱。另一次旅行，他們前往附近的營地探險，整個週末都窩在林間小木屋，羅斯幾乎什麼都沒穿，身上一件藍袍子和五趾鞋，克莉絲朵也只穿一件綠色晨袍。

羅斯覺得活過來了！為克莉絲朵畫了多張素描。那次出遊之後，克莉絲朵傳訊息給羅斯都會附上飛吻，羅斯回傳充滿愛意的訊息，但絕不透露半點網站的事，他不會說，也不能說，更永遠不會說。

這之間，羅斯持續掌舵，開著絲路之船偷溜去變身超級英雄，忙著把毒品合法化，把世界變成更安全的地方。要度過的苦難是擁有他現階段權力的人必須妥協的，權力正是此刻羅斯最需要保護的事物。

現在有人死了，而且和絲路及其創辦人關係緊密，不難想像警方要不了多久就會找到柯第斯．格林的屍體。沒多久，警方就能推論出發生什麼事，這次凶殺、絲路網站、這起古柯鹼攻堅，全都指向恐怖海盜羅勃茲。羅斯現在需要鞠躬盡瘁的爪牙，可以真正抵禦攻擊，協助絲路成長，成為這顆星球上最大的企業。

羅斯向一名員工說明：「我是來贏的。」重申風險在哪，羅斯說：「趁還活著，我想要這世界發生劇烈轉變，變化之大，就算我講述自己的故事，也不會有後果。」

羅斯清楚自己需要更多士兵加入行列才能達成目標。

「我正在考慮擴編。」羅斯告訴ＶＪ，兩人討論著要不要推進營運到下一階段，他們殺了人，現在營運的網站走私好幾億美元毒品和其他違禁品，這麼多重罪，隨便一項都能把他們打入大牢關一輩子。

羅斯並不擔心坐牢；深信沒人能阻止恐怖海盜羅勃茲——沒人能夠阻止一個信念！但羅斯也知道，警方很可能會找上門，領先警方的最佳方法，就是永遠比警方再早一步知道。

與克莉絲朵共度了小木屋週末，羅斯下定決心要找來更多同伴，幫忙保護他現在統治的世界，但不想要只是找駭客或藥頭。羅斯需要提升水準，需要一大群打手和堅強的實力，以防有人被逮又或著有人向菲比斯告密。但最重要的是，羅斯需要找一名政府部門內應，幫忙掌握聯邦幹員目前得知的情報。可以是地方警察，也可以是ＦＢＩ或緝毒局探員，甚至可以是司法部職員，不管對方想要什麼，羅斯都樂意支付。純粹就是風險太高，沒道理不支付，羅斯可不想再發生更多狗屁倒灶的爛事，是時候開戰了。

第四十七章 蓋瑞的大轉變

到紐約市緝毒局打擊部隊報到的時候，蓋瑞對各方面都感到格格不入。不像國稅局市中心米色辦公大樓，周遭林立聯邦大樓、地方法院，新的辦公地點在第十四街（Fourteenth Street）以北，四周環繞文青酒吧、杯子蛋糕店以及雀兒喜－艾略特（Chelsea-Elliot）公共住宅。

國稅局的每間隔板都與人齊高，給予探員及其試算表一些隱私；但是新辦公室的隔板並不高，十分開放。蓋瑞只要坐在桌前，不管朝哪個方向看，都會直接對到同事的眼（這是刻意為之，蓋瑞聽說這樣設計是為了讓不同政府單位的職員——緝毒局、紐約警察局、國稅局、地方警察、州警——來到這個專案小組，可以彼此討論各自的案子），毫無隱私。新辦公室的人穿著也不一樣，大家穿「休閒」街頭風服飾，例如運動鞋和T恤。蓋瑞沒有任何休閒街頭風服飾，還得和太太一起出門選購靴子和牛仔褲，他覺得自己好像穿著別人的衣服。認真嚴肅的蓋瑞覺得自己根本格格不入。

新專案小組最不一樣的是公開政策。大家彼此分享調查過程收集到的資訊，人人為了共同目標互相協助，不像國稅局一小群西裝人士獨自數著硬幣。

蓋瑞事先做了功課，查詢新聞文章、恐怖海盜羅勃茲的論壇貼文，搜尋暗網，都是為了熟悉即將要參與的案件。閱讀這些資料時，蓋瑞剛好讀到第一份比特幣白皮書，作者是比特幣的創造者，沒人知道真實姓名，只知其化名：中本聰（Satoshi Nakamoto）。

蓋瑞讀了一次白皮書，覺得沒有什麼特別之處，讀了第二次，依然沒發現什麼特別之處，但讀到第三次，蓋瑞注意到白皮書有一部分引用「賭徒破產問題（Gambler's Ruin problem）」，這個理論在講，不管下注時賭了多少錢，賭場（或莊家）的錢沒有上限，因此如果一直下注，最終贏的永遠是莊家。蓋瑞推測這理論也可以套用到DPR和絲路上，美國政府是莊家，DPR是賭徒。蓋瑞相信，最終恐怖海盜羅勃茲會輸得一塌糊塗，因為DPR不會收手。

若說，蓋瑞很興奮能參與本案，那是對他的職涯過於輕描淡寫了。蓋瑞簡直是欣喜若狂！安頓好辦公座位（或者說算是盡可能安頓好），新的小組成員向蓋瑞簡短介紹了一下，這時他立刻發現沒人像他一樣對絲路充滿熱情──至少，不再那麼熱情了。

調查員全都累壞了，也受夠了，因為所有調查都毫無斬獲。對他們而言，蓋瑞滿懷熱情來辦案，就像八月中小孩子一覺醒來，以為今天早上是聖誕節。

共同辦案的探員也立即注意到蓋瑞不大一樣。蓋瑞說話時，經常打斷自己，然後反問「你知道嗎？」或說「沒——錯！」，幾乎就像同時快速地說「沒」和「錯」兩字。蓋瑞總是如此，用全速聊天時，話才說到一半，突然從丹田深處用力，好似要模仿一頭大熊，吶喊「沒——錯！」，接著說：「你知道嗎？你知道嗎？」然後再繼續聊天，彷彿什麼都沒發生。

儘管如此，先不談「你知道嗎？」和「沒——錯」，絲路專案小組探員說明現在調查的進度。那時是二〇一三年五月，那篇知名Gawker文章刊登剛好滿兩年，數十名政府探員、世界各地的專案小組，打算弄明白該如何攻陷絲路。

巴爾的摩有一支小組（卡爾）、芝加哥有一名單獨調查的探員（傑瑞德），還有十幾名探員四散世界各地，全都打算找出恐怖海盜羅勃茲的身分——但絲路一案到目前為止，看來無人能破。

介紹到一半，蓋瑞被告知因為其他方法都行不通，所以專案小組想要嘗試新方法。他們指示蓋瑞要跟著錢走，不要去追毒品。他們想要蓋瑞著手調查的是某位使用者，這名使用者一直幫藥頭和網站創辦人買賣比特幣，就像數位貨幣的自助洗錢店。他們叫蓋瑞去想想這名人類比特幣變現ＡＴＭ究竟是誰，這樣才能追蹤看看絲路上交易的一小部分比特幣。

蓋瑞願意全心投入任務，找出洗錢的人，但蓋瑞也有個點子，若能照此法調查，說不定就能找到恐怖海盜羅勃茲。

「怎麼做？」其中一名警察疑問。

「山姆之子。」蓋瑞答道。

蓋瑞小時候聽過紐約市連環殺手山姆之子的故事太多次了，根本不可能忘記。蓋瑞向提問的人說明，故事有一點特別鮮明，那就是有關當局逮捕殺手的方法。

事情發生在一九七六年到一九七七年之間，事發地點就在蓋瑞成長的區域。那時，山姆之子已經在紐約大開殺戒好一陣子，把紐約警察局當白痴耍，紐約市人心惶惶。不論紐約市政府投了多少警力調查，案子還是破不了，成立專案小組追查殺手，也沒有任何成果。但是，一九七七年大停電後沒多久，有位警官決定從全新的角度切入調查，不去案發現場找尋凶器或蛛絲馬跡，反而是查詢案發時間在案發現場附近收到違規停車罰單的車輛。該名警官認為，照理來說即便最囂張的殺手，應該也沒有閒情逸致暫停手上的事，走去停車收費器付費，山姆之子很可能在攻擊期間收到一、兩張停車罰單。

辛苦萬分搜尋了上萬筆違停紀錄，警方發現了特定模式。一輛一九七〇年福特銀河（Galaxie）黃色大型房車，車主住在揚克斯（Yonkers），在每起案發現場附近的街區都收到好幾張停車罰單。警方前往車主家，出來應門的就是大衛．伯克維茲，二十四歲的叛逆小伙子爽快承認自己就是山姆之子，當下還給警方最後一擊，嘲諷道：「很好，你們抓到我了。為什麼拖了這麼久？」

蓋瑞告訴新工作夥伴，兩案相似之處太多了。一九七七年，傳統警察辦案手法無法解決山姆之子凶殺案，同樣的情況也發生在二〇一三年，現代逮捕藥頭的執法手段無法抓到DPR。兩人都嘲笑警方，兩人都隨著每次犯罪逃過法網而越加囂張，以前和現在的專案小組都沒辦法找到人。

「我一定會破案的。」蓋瑞告訴在場聽他說話的組員們：「我真的覺得，我會抓到DPR。」

就像一九七七年夏天停車罰單幫助警方逮捕山姆之子，蓋瑞深信絲路創辦人肯定犯了什麼錯，網際網路的陰暗角落會有等同停車罰單的數位證據，幫忙揭開恐怖海盜羅勃茲的面具。

蓋瑞．艾福德打定主意要找出那個證據。

第四十八章　羅斯遁逃

是時候躲起來了。

這一次，不是恐怖海盜羅勃茲，輪到羅斯．烏布利希要消聲匿跡。

自從殺了格林以來，發生許多可怕的事，有人打算找出DPR嚴加懲罰。追查也開始燒到他本人，FBI、緝毒局、國土安全調查署，以及其他單位都急忙深入絲路網站——現在他媽的沒空胡搞瞎搞。是時候開始緊急降落了。

二〇一三年六月初，羅斯別無選擇，只能看一遍幾個月前搜集來的分類廣告。當初列的那份「緊急情況」清單，寫給自己「在克雷格列表找到可以租金付現的地方、創造新身分（姓名、背景故事）」。

瀏覽克雷格列表的出租公告，發現心目中的絕佳住處：三房分租雅房，他可以有自己的房間，位在舊金山外日落區（Outer Sunset）第十五大道（Fifteenth Avenue），每月房租一千兩百美元，且可以付現。

羅斯匿名寄電子郵件給出租人，並按照緊急清單的下一步——「創造新身分（姓名、背景故事）」——沒有使用羅斯．烏布利希，而是用了完全虛構的假名約書亞．特瑞（Joshua Terrey）。他覺得用了這個名字，絕對沒人能追蹤到。

不過，創造新身分實在棘手。畢竟，已經有兩個身分了：羅斯和DPR。假如他必須記得第三個身分的詳細資料，謊言會立刻變得複雜難記。羅斯為了確保不會忘記太多約書亞的人設，寄信給未來房東時，只說自己知道的事。他說他自己叫小約（Josh），二十九歲，德州人，最近剛去澳洲雪梨玩。

「現在從事貨幣交易，也自由接一些IT案。」羅斯扮成小約寫給出租公寓的那對房東伴侶：「我不大和人講話，多數時間都在工作。」

羅斯不需要擔心勒內或莎莉娜等現實世界的朋友會發現這個新的身分——小約，已經計畫好要把每個身分都分開處理，老朋友永遠不會來到新地方，新室友也不會見到老朋友。

克莉絲朵從波特蘭南下找他，那個……兩人內爆戀情結束的速度跟開始的乾柴烈火一樣快。關係一開始深入，羅斯就失去興趣。只付出一半的自己要怎麼維持一段關係？羅斯向好夥伴吐露祕密，真實世界和絲路上兩邊都講了，有天他想擁有自己的家庭，只是時間還沒到，只是那個人不是克莉絲朵。

但那都不重要了，因為羅斯準備隱姓埋名的時候，另一位特別的人正慢慢地且確實地重回羅斯的生活，那人就是羅斯發誓此生絕不會再聯繫的茱莉亞。

這可沒列在他的清單上。

決定要藏匿之前，羅斯一直在讀某本生產力書籍，內容和他自己大學採取的方法沒什麼差別，大學時期非必要的生活瑣事都不會做，一個月不洗澡、一週只吃一袋米等。書中建議讀者重啟線上行事曆，羅斯重啟了，沒想到電腦取消了一筆與茱莉亞的過期約會，還自動傳送訊息通知茱莉亞。

「最近好嗎？」茱莉亞回覆：「我還是覺得你很了不起。」

兩人又開始聯繫，偶爾寫寫電子郵件。雖然現在只是調情，但或許未來又會修成正果了。就算什麼都不是，寫寫信也好，偶爾可以分心，至少這對他來說是個逃離混亂現實的好方法。

羅斯扮演小約，到第十五大道的房子參觀，和其他房客打照面，付現金給房東安德魯．福特（Andrew Ford），就立刻搬進去了。

新室友不知道這名二十九歲德州人的真名叫羅斯．烏布利希，而小約現在正在整理行李，就只有一臺筆電和一小袋衣服——大概就是七天六夜旅行的量。新室友肯定不會懷疑小約是恐怖海盜羅勃茲，更遑論筆電和口袋的隨身碟裝著數千萬美元比特幣。對新室友而言，小約看起來安靜有禮，就是名全職交易員，不是過去幾個月來在絲路上下令殺了好幾人的男子。

沒錯，不止一人死在恐怖海盜羅勃茲的手上。

繼柯第斯．格林經歷水刑又被殺死之後，還有人打算從DPR手中騙走五十萬美元比特幣。但和上次不同，上次只是錢遭竊，需要處理罷了，但這個騙徒威脅要揭露上百位絲路使用者的真實姓名和地址（不知為何，但騙徒成功竊取這些資料）。騙徒告訴DPR，避免事情發生的唯一方法就是支付五十萬美元。

羅斯這次可不會再失敗了，雇用一群新的打手地獄天使幫（Hells Angels，也是絲路使用者）找出騙徒，殺人滅口。「這種行為不可原諒。」DPR在聊天室裡向地獄天使幫解釋：「尤其在絲路上，匿名制度神聖不可侵犯。」

地獄天使幫這次報價十五萬美元，保證一樁乾淨利落的謀殺。DPR不大滿意這個金額，跟對方說上次的價格才一半而已。

說是這樣說，但和一群冷酷無情的惡棍議價確實不簡單，而且十五萬美元對現在的DPR而言，根本不算什麼，DPR還是同意付費了。過了幾天，死人照片和一封電子郵件寄到DPR的收信匣：「你的問題已經完全解決了……安心吧，他再也無法勒索人了，永遠無法。」

不幸的是，這並沒有真正解決羅斯的問題。就在地獄天使幫殺了目標前不久，那位騙徒承認自己把祕密告訴了其他四名同事，其中一位在絲路的暱稱是tony76。

二話不說，DPR直接付了五十萬美元，全部滅口，一個不留。

羅斯在電腦打的日記，記錄他做了什麼：「付款給地獄天使幫，請他們殺了tony76和另外三名同事。」後來還補上新消息，同一天，他也為絲路的伺服器完成複雜的調整：「負載過高（300/16）導致網站下線，重構主頁和分類網頁，提高效率。」

似乎，殺人就像寫程式，多加練習就會變簡單。

已經一團混亂了，又發生更糟的事，DPR收到某位DeathFromAbove發的死亡威脅。DeathFromAbove宣稱自己知道DPR插手柯第斯．格林的凶殺。羅斯也有另一件害怕的事，那就是網站編碼又出錯，洩漏了伺服器的IP位址。要是FBI或其他單位派人盯梢，他們立刻就能找到絲路網站的伺服器——羅斯可是好好藏了兩年多。

多起謀殺、死亡威脅、地獄天使幫以及隨之而來的關注，羅斯非得躲起來不可。百變瓊斯也隱姓埋名了，搬到泰國避風頭，希望事情就算一發不可收拾，到時也不會被抓。VJ說自己已經花錢買通那裡的警察，可以知道是否有人要來追捕他，輕易就能早菲比斯一步溜之大吉。

雖是屋漏偏逢連夜雨，還是有好進展，不止VJ花錢買通警察，DPR也買通了一、兩位警察。

ＤＰＲ也在絲路網站上開始各種試探，這裡給點激勵，那裡多給些誘因，看起來好像有一位在政府機關工作的線人，會提供恐怖海盜羅勃茲的追捕情報，當然要收費，線人說每一則情報金額僅僅只要五萬美元。目前還不清楚究竟事情會如何發展，也不知道這些情報能否幫他逃過聯邦探員的追查，但試試看也不會吃虧。

ＤＰＲ很慶幸網站生意興隆，到了七月底，絲路即將迎來第一百萬名註冊使用者，前後才花了兩年多而已。羅斯做夢也沒想到最初賣出一小袋迷幻蘑菇的絲路，會成長到可以讓百萬人買賣毒品和其他限制商品的帝國。就算現在所有壓力朝他齊發，但知道自己成功獲得百萬使用者的支持，實在太美好了。

因此，支付線人五萬美元也好，付給地獄天使幫五十萬美元也罷，這些都只是營業成本。這些支出對網站收益的影響微乎其微。

羅斯很慶幸自己變成一位熟練又自信滿滿的絲路執行長。毫無疑問，現在主導的是羅斯，其他人只是支援，ＤＰＲ負責做出所有決裁，不再尋求前導師百變瓊斯的同意。

羅斯老闆時常提醒員工：「我們是來轉變人類文明的。」也會長篇大論鼓舞員工，羅斯還學到在情勢緊繃時激勵手下人馬。網站承受來自駭客和執法單位的所有壓力，而激勵正是某些員工現在最需要的。

「我要跟你說個小寓言。」ＤＰＲ寫給一名員工：「中世紀歐洲……」ＤＰＲ繼續講故事：有個男人走到一處工地，看見一群工人為建築物雕刻石塊。多數工人拉長著臉，動作都慢吞吞，一點都不開心。「你們在做什麼？」那名男人問工人，他們回答：「看不出來在做什麼嗎？我們在雕刻石塊。」但後來那男人看到另一名工人，雙眼有神，面帶微笑，這名工人似乎工作速度是他人兩倍快，石雕完美無瑕，於是那男人走上前問道：「你在做什麼？」這名勞工回頭看，答道：「我在建造榮耀神的大教堂。」

「如果有人詢問你在做什麼。」DPR繼續向員工說：「你會回答『處理人的問題』還是『努力解放人類』？」

這正是羅斯為何必須躲起來：因為可以失去的太多了。再也無法待在勒內家的空房間工作了，也沒辦法慢慢晃到拉古納街的莫米托比咖啡廳，窩在最愛的咖啡廳處理絲路的事務了。除了這麼多政府機關搜查DPR，還有DeathFromAbove追殺在後，羅斯有必要更加謹慎行事。

外日落區附近第十五大道的房門關上，外面客廳的室友以為這名新室友「小約」在房內買賣股票，或自由接案做一些IT支援工作。

但是房內的羅斯、小約、DPR知道，他們全都團結努力打造著「榮耀神的大教堂」，如此一來，才能解放人類，不受美國政府的暴政所箝制。

第四十九章　卡爾換邊站

咖啡香瀰漫在空氣中，卡爾坐在巴爾的摩緝毒局辦公室的隔板內，打開筆電努力工作著。一片安靜中，手機鈴響，又來了，不用接也知道是誰打來的，手機顯示猶他州西班牙福克的區碼。又是柯第斯．格林，那個谷史！這已經是格林今天第八次來電了，真的變得讓人煩到爆炸。

「不敢相信你竟然認為我偷了DPR的錢。」格林用他特有的高亢嗓音在電話上嘟嘟囔囔道，「我發誓沒有偷任何東西。」

卡爾不同意：「你這個騙子。」聽完格林哼哼唧唧，卡爾叫他冷靜，繼續藏好，因為DPR還相信他已經死了，然後讓他心生一些恐懼。卡爾警告如果絲路頭領發現格林其實還活著，那麼肯定活不了多久。

「我還要躲多久？」格林哀求道：「好幾個月沒出門了。」然後嗚嗚咽咽說自己和那筆失竊的錢八竿子打不著。卡爾受夠了廢話，掛他電話。

萬豪飯店半假半真的凌虐之後，DPR要求挪伯叫手下「惡棍」殺了格林。卡爾完全不想再飛到猶他州西班牙福克一趟，於是叫格林想辦法假死。指示簡單：先把頭浸入水中，就像有人把你溺死一樣。然後，打開一罐金寶湯（Campbell's）蕃茄湯倒在嘴邊，彷彿你被壓在水下太久而死，嘴巴噴出黏液之類的東西。最後，要有證據可以證明，叫你太太用手機拍一張屍體照。

挪伯把有點糊的「屍體」照片寄給恐怖海盜羅勃茲，證明格林這個手腳不乾淨的兔崽子死了。「死於窒息同時迸發心破裂。」卡爾寫給DPR。

事情本該就此結束，但沒隔多久，卡爾注意到DPR有所轉變。似乎取走人命這行為或DPR相信真的殺了人，讓DPR嘗到從未體驗過的權力與控制。絲路頭領開始要求更加嚴格，也比以前更有自信。卡爾——友善的「我挺你」角色——打算警告DPR經營絲路的潛在後果，但DPR完全聽不進去，語氣充滿反抗，卡爾從沒見他如此。

「我又不是被逼的，我是自己選的。」DPR說話很衝，「這是我自己選擇，而且完全明白可能會有什麼後果。」提出他對絲路未來發展不容妥協的樣貌，規模之大，最終「絲路會迫使政府合法化」毒品。別質疑恐怖海盜羅勃茲，他願意無所不用其極，就為了實踐腦中的願景。

DPR也越來越堅持某些小細節。挪伯某次遲了一些參加排定好的會議，要談生意，就被ＤＰＲ大罵一頓，還聽他講大道理，說明忠誠和「守信」有多重要。

（噢，船長！我的船長！）

沒過多久，ＤＰＲ原本因柯第斯．格林的死而灰心喪志，卻開始相信這都是格林自作自受。「我很生氣，他竟然偷到我頭上。」ＤＰＲ寫給挪伯道，「我很生氣，我必須殺了他。我只是希望更多人能再更正直一點。」

卡爾全心全意認同，寫道：「正直可能是最難找到的『人類』特質。」指出忠誠、恐懼、貪心、權力等特質多數人都有，「但正直很稀罕。」

看起來，「正直」也是卡爾缺乏的特質。

過去幾個月，就像同案探員偷了絲路三十五萬美元一樣，為了個人利益，卡爾想盡方法要從絲路賺錢。卡爾認為，這機遇人生難得，永遠不會有人發現，這可是比特幣，無人能追蹤，就像數位現金。

於是，他想了一個計畫——其實是好幾個計畫才對。

二〇一二年夏天某日午後，挪伯寫信告訴恐怖海盜羅勃茲，機緣巧合之下認識了一名貪腐的政府官員。嗯哼，你知道什麼？那名官員剛好就在辦絲路案子。很有趣。挪伯說官員叫凱文（Kevin），很樂意告訴恐怖海盜羅勃茲案件進展，但需要小小的回報。

ＤＰＲ想要知道挪伯怎麼會認識這名壞警察。

「他自己找上門來。」挪伯說明，「跟我說警察在調查我。」

「為什麼他要那麼做？」DPR問道。

「為了錢:)」挪伯說：「凱文非常聰明，人又狡猾。」

如同運用自己的南美毒品走私知識創造虛構角色「挪伯」，卡爾依樣畫葫蘆，現在運用自己的邪惡創造「凱文」——一名毫無節操的政府官員，從破壞規矩中獲得刺激、興奮，即將踰越執法單位最神聖不可侵犯的那條線，打算販售機密給正在追查的對象。

在此之前，卡爾的長官都能看到卡爾與DPR的所有對話紀錄，聊天內容全部都會記錄在緝毒局的「調查報告」文件中作為證據，有鑒於此，卡爾建議挪伯和DPR移動某些話（尤其是凱文提供的那些資訊）到高度安全的加密聊天系統PGP，每一則訊息都會加密處理。如果卡爾要犯重罪（正打算這麼做），想要確保政府就算讀了這些對話也永遠無法發現。

按照計畫執行後，新關係開花結果。

披著凱文的皮，卡爾分享極機密的最新調查資訊，幫DPR早一步回應聯邦政府的動作。每提供一則珍貴消息，這名壞警察要求五萬美元的「捐獻」，DPR則是巴不得多捐獻一點。這計畫萬無一失：聊天訊息全都加密處理，除了卡爾和DPR，沒人能夠看到，付款是用比特幣，也沒人能追蹤。卡爾會提供調查消息給恐怖海盜羅勃茲，偷偷分享案件嫌疑犯的姓名，或告知被逮捕且可能轉成線人的網站藥頭姓名——都是可以幫DPR早聯邦探員一步動作的關鍵資訊。

作為交換，卡爾本該追捕的男人反倒一下子付卡爾五萬美元，一下子又付十萬美元。最終，卡爾收到的總金額高達七十五萬七千美元。

對恐怖海盜羅勃茲而言，這些錢花得很值得，要是執法單位有人發現他究竟是誰的話，羅斯得確保自己可以趁政府單位還沒找上門前趕緊逃跑。

第五十章　線上停車罰單

好幾個月來，蓋瑞・艾福德讀遍所有能找到的絲路資料，每則資訊，至少讀三遍。蓋瑞認為自己一定會找到恐怖海盜羅勃茲，且沉溺在這個念頭裡無法自拔。

二〇一三年五月最後一個禮拜五，蓋瑞躺在床上用筆電，努力終於看到一絲回報。這是紐約專案小組搜查DPR，辛勤工作一整週後常見的小週末。那晚蓋瑞回家，和太太愉快地共進晚餐，夫妻倆上樓倒床，艾福德太太幾乎立馬入睡，狗狗寶粒蜷在床邊輕輕打呼。

艾福德家主臥室許多裝飾——棉被、枕套、牆壁——都是紅色，看起來像噴了深紅色的漆。在這個紅色房間，蓋瑞敲打著筆電鍵盤，還在讀絲路的資料。

過去幾個月，蓋瑞已經整理出幾項假設，推測DPR可能的身分。DPR對美國政治制度瞭如指掌，代表他可能住在美國，此外他肯定有良好的電腦教育背景，才能架設絲路網站。

其中，有條最大的線索。

蓋瑞讀了絲路創辦人早期的貼文（每則都讀三遍），說在街頭買毒品會被其他人搶劫或毆打，太危險了，但在絲路上買毒品，安全多了。蓋瑞是黑人，在公共住宅長大，立刻覺得受到冒犯。

「他用『其他人』是什麼意思？」蓋瑞和太太討論案件時問道。「顯然，」蓋瑞思考道，「他不是和這些『其他人』一起長大，如果他是的話——就像我一樣——他不會叫我們『其他人』。」

儘管這發言激怒了蓋瑞，但卻提供最後一條也是最重要的線索：DPR是白人，很可能在郊區長大。就算找到這些線索，蓋瑞也只是縮小搜尋範圍到……噢，大概兩千萬人吧！儘管如此，這也是條線索。

如同其他所有正在調查本案的執法人員，蓋瑞也有一張嫌疑人清單，列出所有可能的恐怖海盜羅勃茲。其中，一名程式設計師，觀點非常偏向自由放任派，一名比特幣相關工作者，還有另一名線上網路論壇管理員。只是，DPR是這些人的機率微乎其微。

那晚夜深，躺在紅色床上，頭倒在紅色枕頭上，蓋瑞有了主意。

蓋瑞想起第一位在網際網路上撰寫絲路報導的人，就是大家知道的Gawker部落客陳力宇，刊登惡名昭彰第一篇報導文章的人。蓋瑞心想，或許陳力宇其實就是恐怖海盜羅勃茲。如果是這樣，那麼或許陳力宇在那篇Gawker報導之前，早就在其他地方寫了絲路的故事。

蓋瑞在筆電上使用 Google，回去重讀那篇 Gawker 報導，三遍。讀到第三遍，發現某個之前都沒注意到的有趣細節：絲路網址的結尾是 .onion，而不是常見的 .com，.onion 是洋蔥路由網路瀏覽器的域名。

有了新發現，蓋瑞回到 Google 在搜尋框輸入「Silk Road.onion」，自訂搜尋結果的日期範圍，只查詢二〇一一年六月一日之前的結果，也就是那篇 Gawker 文章發表以前的時間。

這次畫面上只顯示幾條藍色連結。點擊、點擊、再次點擊，突然看到一則貼文，張貼在迷幻菇場論壇，貼文時間是二〇一一年一月二十七日下午四點二十分整——正好是傳說中絲路開張那週。蓋瑞點擊連結，開始閱讀。

「我碰巧發現有個叫絲路的網站。」二〇一一年那時有人在迷幻菇場論壇上寫道。蓋瑞繼續瀏覽迷幻菇場網站（說明種植迷幻蘑菇方法的網站），直到發現那則絲路評論的作者叫自己 Altoid。蓋瑞從床上坐起。

蓋瑞起身，太太半睡半醒問道：「你要去哪裡？」

「樓下。」蓋瑞悄聲道。筆電的藍光離開房間，隨著腳步穿越走廊，寶粒跳下床，跟在後面跑。

蓋瑞坐在客廳沙發繼續深入查詢，他到Google，這次輸入Silk Road.onion和Altoid，跳出更多藍色連結。點擊、點擊、點擊。另一個論壇有另一則貼文，談到要創造「海洛因店鋪」，允許人民在網際網路上使用洋蔥路由和比特幣購買H。另一個網站上有另一篇貼文，作者也是Altoid。

差不多就在二〇一一年一月相同時段，Altoid寫道：「這串討論也太讚了！你們的點子都好棒。有人看過絲路了嗎？就像匿名的亞馬遜。」

接下來幾天，蓋瑞聯絡這些論壇，使用政府身分拿到Altoid帳號的姓名和電子郵件地址。看起來都是同一人用frosty@frosty.com註冊來的，假電子郵件帳號什麼都查不到。隨著蓋瑞越挖越深，發現Altoid使用者名稱竟然還有另外一個電子郵件地址，雖然早就被刪除了，但依然存在該論壇的資料庫。

蓋瑞發現該帳號屬於RossUlbricht@gmail.com。

繼續搜尋，蓋瑞發現羅斯．烏布利希是白人男性，來自德州郊區，快要三十歲。但這名新嫌犯的個人資料有件事對不上：羅斯．烏布利希沒有任何電腦科學背景。

當然，第一位在線上張貼絲路文章的人，不見得就是打造毒品亞馬遜的人。蓋瑞只知道，數十人甚至上百人可能已經在討論絲路了，可能在私人聊天室，或網際網路搜不到的區域，早在Altoid在這些論壇貼文之前。但已經足以把羅斯．烏布利希加入蓋瑞目前收集到的幾名嫌犯之中，這些人可能或多或少都和絲路有關。

雖然蓋瑞此時還不知道，但他剛發現如同山姆之子那張停車罰單一樣的證據了，差別只在這筆證據是一則留在網際網路論壇上沒什麼人注意的貼文。

第五十一章　塔貝爾挑錯

克里斯．塔貝爾衝出紐約聖安德魯斯普拉札巷（Saint Andrews Plaza）一號美國聯邦檢察官辦公室，踏著輕快步伐走向對街的ＦＢＩ總部，一手伸進口袋握住一個灰色迷你隨身碟，可以改變世界的隨身碟——至少是克里斯．塔貝爾的世界。

塔貝爾掩藏不了興奮，手上握的隨身碟很可能裝著絲路的伺服器。這個隨身碟那天早上才寄到，寄件者是冰島相關當局。如果裡面的伺服器沒有加密處理，就很有可能協助ＦＢＩ找到恐怖海盜羅勃茲。

幾個月前，ＦＢＩ正式開案調查絲路，塔貝爾和小組成員早就領先所有其他調查絲路的政府團隊好幾千步了。畢竟，這群網路犯罪探員花了好幾年的時間追緝暗網上的人，拿下駭客、戀童癖、身分小偷，甚至恐怖份子，這些罪犯多數都會把科技當作無聲武器來用。

ＦＢＩ的探員也知道，追緝的惡人常常犯錯。有時只是出看似無害的小錯，但錯誤就是錯誤。很多時候破案，探員要做的就是找到一個錯。

塔貝爾最近就這麼做了。

塔貝爾擁有電腦鑑識的背景，可以搜索線上技術論壇，看看大家討論絲路使用的程式碼，不只是看看而已，塔貝爾真的明白大家在討論什麼。開始調查之後沒多久，塔貝爾注意到其他資深程式設計師也在線上看到的事：最近絲路伺服器更新，造成網站登入頁面上微小卻致命的錯誤。該錯誤似乎透露了伺服器的IP位址，一連串號碼就像地址，只不過指出的不是一間房子，而是一臺伺服器，有了IP位址，就算伺服器藏在暗網也找得到。

調查期間，發現該錯誤是條真正有用的線索，放進軟體跑了幾個小時，塔貝爾得以精準定位存放絲路伺服器的IP位址，位置在冰島（發現錯誤後幾個小時，恐怖海盜羅勃茲也看到了，立刻補起漏洞）。

案情大突破，但還不清楚伺服器上有什麼，前提是如果真的有任何東西。情景一，伺服器可以告訴FBI營運絲路的人、事、時、地、物。但如果伺服器經過加密處理，很可能正是如此，又或者到手時內容都被刪除了，一切皆是枉然。

花了好幾週海外出差，處理法律糾紛，與冰島警察喝幾杯啤酒，終於讓冰島交出伺服器上的所有資訊。接著，六月中，備份檔案寄到美國聯邦檢察官辦公室，裝在灰色隨身碟裡（很可能跟一些絲路上買來的毒品一起徜徉郵政系統）。

塔貝爾現在握著隨身碟，快步走過FBI大樓的保全，感應門禁卡，直衝二十三樓找托姆．基爾南（網路犯罪小組的電腦科學家）。

在1A實驗室找到托姆，塔貝爾開心道：「拿到了！」

實驗室的電腦工作站就只有一張長板凳、螢幕、鍵盤、到處堆放的硬碟。這兩個男人拉開椅子，坐在其中一臺機器前，塔貝爾把隨身碟交給托姆，全神貫注、萬分期待地看著托姆把隨身碟插進電腦。托姆的手指開始在鍵盤上迅速起舞，開啟資料夾，鑽入內容。兩人緊張又興奮，不知道隨身碟究竟裝了什麼可能。然後，托姆表情一皺，沮喪地轉向塔貝爾，說出兩人在這世上最不想聽到的三個字：「加密了。」

前方的螢幕顯示一串沒有盡頭的隨機字符、數字、字母，看起來完全就是一團亂碼，數千條無法解讀的垃圾。

塔貝爾灰心喪志，拿起電話打給美國聯邦檢察官辦公室的瑟林．特納（親手拿給他隨身碟的人），留了一封語音留言：「立刻打給我，出大事了。」

「幹！」塔貝爾大罵，大力摔話筒。「玩完了。」

試了幾次想要解鎖資料夾，但一點意義也沒有（就像帶著一枚迴紋針要去撬開諾克斯堡（Fort Knox）一樣），塔貝爾不情願地走回自己的辦公桌，垂頭喪氣。

下午，瑟林回電。

「現在要做什麼？」瑟林問。

「老實說，沒有想法。」塔貝爾回道：「我不確定我們還能做什麼。」在他們看來，真的就是玩完了。塔貝爾掛電話，一蹶不振。

隔了幾天，塔貝爾又打給瑟林想要討論其他事，通話快結束時，瑟林問起絲路伺服器有什麼進展。

「沒有。」塔貝爾說。

「密碼沒用？」

「什麼密碼？」

「那些冰島人除了隨身碟，密碼也一起寄了。」瑟林說明。

「你沒把密碼給我啊！」塔貝爾回道，太過震驚，這可是他第一次聽到這消息，幾天前的興奮又回來了。

「我有給你啊？我相當確定。等等，我找一下。」瑟林翻找桌上的紙張，然後說：「密碼是 try to crack this NSA，中間沒有空格。」冰島相關當局給國家安全局一擊，幾個月前愛德華．史諾登（Edward Snowden）才洩露了大量極機密資訊給媒體。托姆輸入密碼，灰色隨身碟上的資料夾就像施了魔法一樣打開，塔貝爾眼前是絲路的整臺伺服器——沒有加密——一目瞭然。

「天啊！」塔貝爾大喊。

「沒錯，天啊！」

「打開了，全都打開了。」塔貝爾向電話那頭的瑟林說。

「靠，讚啦！」瑟林尖叫：「幹，太爽啦！」

托姆開始和其他探員一起工作，重建資料庫，架好一臺虛擬電腦存放絲路。塔貝爾走到房間後方，從繪圖印表機拉出一張二．五公尺長的巨大牛皮紙，貼在1A實驗室的牆上，接著拿一支黑色馬克筆在頂部寫下「絲路」，畫了幾個框框，下面寫上數字。

數十年前，坑區的組織犯罪ＦＢＩ探員，在同一面牆上畫出圖表，標記追查的歹徒在犯罪家族中的位置，塔貝爾效法前輩，打算畫出圖表，寫滿數字和IP位址，標記絲路伺服器的藏匿地點。就像昔日，低階歹徒會帶著聯邦探員找到集團老大，現在的希望是其中一臺伺服器會帶著他們直接找到恐怖海盜羅勃茲。

第五十二章 假證件（上）

二〇一三年七月十日，舊金山國際機場風特別大，強勁的風吹得從海灣來的飛機喀喀響，幾臺客機上的行李推來擠去，貨機上包裹和信封也來來回回晃蕩。但當一架加拿大貨機進來準備降落，風勢似乎暫停了一會兒，機輪順順地接觸停機坪，穩穩著陸。

這架貨機停了下來，機身內的紙箱裝滿信封，準備送往機場的海關郵件中心。檢查員一箱一箱下貨，拿出內容物放到不同輸送帶，最後都會送往美國各地的大城小鎮。

那天當班的檢查員開啟其中一個紙箱，伸手要拿一落正方形信封，就算從加拿大來到這裡，還是緊緊靠在一起。個別來看，每個方形信封都不可疑，但放在一起，當作同一群物件，有些地方就不太對勁了。

檢查員覺得最奇怪的是，信封大小相同，形狀相同，字跡還一樣，標籤上是匆忙寫下的潦草文字。但詭異的是，信封上寄件地址和寄件人姓名全都微妙地有些不同。

一封寄件人是住在溫哥華的柯爾．哈里斯（Cole Harris），另一封寄件人是住在溫哥華不同地方的阿諾德．哈里斯（Arnold Harris），第三封寄件人是依然是住在溫哥華的伯特．哈里斯（Burt Harris），只是地點不一樣。三位哈里斯，全都來自溫哥華不同區域，全都有一樣的字跡，還使用大小相同的信封，這不只是奇怪了，簡直啟人疑竇。最詭異的是，這些信全都寄給美國不同人，其中一封信是寄給第十五大道二二六〇的安德魯．福特，就在舊金山這裡。

檢查員抓了張扣押表格，填寫該填的空格，接著劃開信封查看內容物。

羅斯幾乎沒日沒夜處理絲路，想要解決所有不斷冒出來的新問題，有些來自不滿的客戶，其他則是還沒發揮百分百潛能的員工、駭客、聯邦探員逮捕的藥頭、郵寄途中被扣押或失竊的包裹。羅斯同時也向凱文收集反執法單位的情報，凱文說聯邦探員開始逮捕網站上幾位最大的藥頭。

好險，羅斯遠離這回混亂，安全無虞，隱姓埋名，改叫小約，和人分租，住在外日落區附近，可以工作一整天，室友也不會過問。雖然偶爾會休息，看看路易．C．K（Louis C.K.）的喜劇片段、重看《V怪客》、閱讀自由放任派書籍，提醒自己最初的任務。

羅斯現在自信滿滿，對員工越來越嚴格，對其中幾名員工說教，要求其更高的工作效率。最近說教後，一名員工緊張道：「我可以做得更好。」

羅斯回道：「我相信你可以。」

羅斯躲在恐怖海盜羅勃茲難以捉摸又嚇人的面具後，也接受了第一次訪問，和《富比士》（*Forbes*）雜誌的大膽記者安迪・格林伯格（Andy Greenberg）共同主持問答環節，格林伯格會問DPR網站的問題以及網站的使命。羅斯決定問答要走文字聊天形式，這樣百變瓊斯才能事先看過所有問題，兩人還可以一起回答。這是散播羅斯自由放任派訊息的大好機會，更重要的是，這也是執行VJ計畫的好機會，也就是暗示社會大眾，恐怖海盜羅勃茲可能不止一位。

格林伯格問道：「開辦絲路的靈感是什麼呢？」羅斯巧妙答道：「我沒有開辦絲路，開辦的是前輩。」然後繼續說明「萬事俱備，我只是把它拚湊得更完整而已」。

「噢，抱歉，我不知道你有一位前輩。」格林伯格道：「你什麼時候接手絲路呢？在你宣布自己是恐怖海盜羅勃茲之前嗎？」

羅斯繼續編故事，寫道：「沒事沒事，我也是第一次公開。」羅斯告訴格林伯格，絲路的創辦人「獲得相當報酬，滿意我們的安排」，而且「其實是創辦人想要交棒」。訪問持續了四小時，是向大眾呼籲DPR使命的絕佳宣傳。

羅斯沒有窩在家，坐在電腦前朝下屬大喊指令的時候，會到附近公園散很久的步，或者和奧斯汀老朋友、舊金山新夥伴出去玩，讓自己短暫地從絲路世界中解脫。

拉米雷茲（Ramirez）探員任職舊金山國土安全部逾十年，是眾所周知經驗豐富的老將，總是關注細節，總是知道要問壞人哪些問題。

二〇一三年七月，拉米雷茲處理多個案子的時候，收到舊金山國際機場海關暨邊境保護局寄來的電子郵件，說攔截到一疊加拿大來的方形信封，那疊信封全都裝著假證件——又或者至少看起來是假的。

拉米雷茲知道，多數時候舊金山國際機場的海關官員只會銷毀裝有藥品或偽造文件的包裹，單純因為比起交給國土安全部，銷毀簡單多了。但其中一個信封裝了九張——九張！——假證件。大大的警訊。誰需要九張假證件？一張，當然。兩張，探員也還能理解。但九張？這枚特殊信封的收件人是「安德魯．福特」，住在舊金山第十五大道二二六〇。

假證件製作良好，都是不同區域的駕照，紐約、加州、科羅拉多州、英國，照片都是同一人，只是有些許差異：白人男性、淡褐色眼睛、一百八十八公分、生日一九八四年三月二十七日。男人在幾張照片上，修圖多了大鬍子，另外幾張臉龐刮得乾乾淨淨。

拉米雷茲認為這確實不尋常，進一步檢查這些證件之後，決定前往第十五大道找安德魯．福特，直接問問本人。

雖然幾個月前，羅斯發誓不再和茱莉亞碰面、說話，因為她把祕密告訴艾莉卡，但羅斯還是相當喜愛茱莉亞。兩人再次碰面後，羅斯邀請茱莉亞來舊金山——一個週末的浪漫和消遣，藉此稍微從緊繃的生活中喘口氣。距茱莉亞飛來舊金山還有一個月，羅斯有時間考慮細節，但不大可能帶茱莉亞到分租雅房。

第十五大道上羅斯分租的地方實在沒什麼好看，西班牙元素大拼盤，白色外觀，褐色陶瓦屋頂，房子正面則隨便裝了五扇家得寶（Home Depot）當週折扣拍賣的窗戶。正門是玻璃門，前院可悲的小小一塊，種植十五公分高的墨綠色植物。

羅斯就是羅斯，毫不在意事物的外表，重點是房子的隱密程度，位在城市邊緣，沙灘就在附近。

拉米雷茲看著手機地圖，車子滑向舊金山第十五街二二六〇，停車，掃視房子，心想「安德魯．福特」是否在家。

房子位在杜博斯三角區（Duboce Triangle，城市正中央），長方形外觀，藍色灰色油漆，沒有前院，房子的入口是一扇厚實木門。拉米雷茲探員監視了好幾個小時，等看看假證件上的男子是否會走出來檢查信箱，這樣就能上前問話，但都沒有人進出。

於是，拉米雷茲走出巡邏車，一手敲敲亮藍色的門，一手拿著假證件的照片。

包裹好幾天前就該寄到，但遲遲不見蹤影，羅斯每天都步下紅磚階梯檢查信箱，但什麼都沒有。當然，羅斯沒有在等寫著他姓名的郵件，而是寄給安德魯．福特的包裹，安德魯．福特就是房東，包裹則是從溫哥華寄出。加拿大郵政官網也沒什麼用，羅斯輸入假證件包裹的郵件號碼，只能看到該包裹「投遞中」。

拉米雷茲等了幾分鐘，第十五街二二六〇的門被打開了，一名年長的亞洲男性走了出來。

「嗨，我是拉米雷茲探員。」官員說，「安德魯．福特在嗎？」年長亞洲男子看著拉米雷茲，認定他是來推銷東西，試圖趕走他。

亞洲男子生氣大喊：「沒有！沒有！他不住在這裡！」

探員又再問了一次：「安德魯．福特？」這次拿起那張九個假證件的照片，每個證件上都有張羅斯．烏布利希的照片。「安德魯．福特住在這裡嗎？」

「沒有！」亞洲男子喊道：「快走開！」隨即關上門。

羅斯沒有和室友聊天，也不會和鄰居閒話家常，就只是待在房內用筆電工作。要是羅斯多多敦親睦鄰，就會聽到可怕的故事。第十五大道的郵件總是會弄錯地址；也可能會聽到那條大道的可怕歷史：一九〇九年季春，那時的舊金山市長打算重新命名城市的街道與門牌，多年來相似的街道名稱，造成許多困擾。雖然委員始於崇高的目標，卻讓整個街坊陷入鬥爭，居民大肆爭論哪條要改，哪條不改。

最後，還是維持原狀。

結果，要寄到第十五大道的包裹偶爾會跑到第十五街，要寄到第十五街的郵件卻跑到第十五大道的家中。

二〇一三年七月中，一名國土安全部探員也跑錯了地方，意外跑到第十五街二二六〇去找購買假證件的人，而不是到信封上寫的「第十五大道二二六〇」，也就是羅斯住的地方。

第五十三章　協調會議

差不多每年此時，蓋瑞都會請假一天，慶祝一九七七年紐約大停電那週——他出生那天。但今年，生日前幾天，收到命令前往華盛頓特區附近的祕密地點，參加極機密、極重要的會議——可能是他職涯最重要的會議。

他獲知該會議是絲路「協調會議」，由司法部位階最高的長官主持，也就是美國司法體系最高階層。顯然，司法部會召開本次會議是因為，所有調查絲路的政府單位（幾乎涵蓋了所有政府派系）都沒辦法好好合作。探員之間不分享證據，白白浪費政府資源調查，也就是浪費人民的納稅錢。就連同一單位都互不溝通，巴爾的摩緝毒局探員不會與紐約同仁分享新發現，舊金山國土安全調查署的人不和芝加哥或巴爾的摩同仁溝通。此外，探員之間總是吵個不停。任何大型調查都會出現這些爭執，但絲路一案，大家簡直吵到不可開交。每個人都想拿下這條大魚，獲得名聲和榮耀，因此才召開協調會議。

生日那天早上蓋瑞起床，親吻太太說再見，坐進福特探險者（Explorer）休旅車，五小時長征前往華盛頓特區，報告自己目前的進度。

隨著路標一一劃過，烏雲漸漸變多，蓋瑞沒來由的有些開心，高興自己可以出席這場會議，向所有位高權重的大頭簡報，說明他找到了幾名可能從頭參與絲路的嫌疑犯。目前還不確定其中是否有人就是恐怖海盜羅勃茲，但至少能據實以告，一同討論。手上這麼多線索，蓋瑞可以好好談談Altoid，有幾個證據可以證明該化名屬於一名叫羅斯．烏布利希的男人。

克里斯．塔貝爾不打算大老遠南下參加司法部主持的協調會議，他知道自己是在耍大牌，但也知道自己「沒有時間去浪費在這種鳥事上」。

FBI探員最近很忙，忙著篩選本案大家都想獲得的最大獎：絲路伺服器。

「我們要在紐約線上參加會議。」塔貝爾告訴瑟林．特納（那位紐約南區助理聯邦檢察官）：「還有，你會去現場參加。」沒有什麼好討論的，塔貝爾已經決定好了，但為了不要惹怒司法部，會另外派兩名探員一道下去參加。

飯店房門喀拉一聲關上，傑瑞德走在華盛頓特區市中心希爾頓飯店的走廊，朝電梯前進。心中千頭萬緒，想要弄明白等一下司法部主持的協調會議上究竟要說什麼。

巴爾的摩專案小組的探員警告他不該多嘴，原因是據說FBI也會出席，當然「大家都知道FBI那群混帳有多陰險」。如果傑瑞德說出調查中發現的嫌犯，那麼在場的FBI探員肯定有人會開溜，針對那些嫌犯展開調查。巴爾的摩專案小組警告：「他們是全世界最歹毒的蛇，會議裡什麼都別說。」

不過，傑瑞德不大確定警告是否可信，或許接下來最好的辦案方法是合作。巴爾的摩小組什麼忙都沒幫，但會議上或許有其他探員可以齊心協力，雖然一人蠻幹的態度也有許多進展，但他開始懷疑是否能獨自走完全程。

傑瑞德開往華盛頓特區的祕密設施（會議地點），一路上都沒辦法想出來該怎麼做才好。不知道是否該告訴大家最近幾次的逮捕、接手的絲路帳戶，又或者塞滿他辦公室超過三千五百封拘押的信件包裹，一疊一疊，頂天立地。

『幹，該怎麼辦？』他想。

會議室很大間，足以容納三十五人，蓋瑞坐在角落，盯著眼前一片人海，大多數人都是初次見面；另一個角落，傑瑞德看著牆上的螢幕，兩張男人的臉從另一個地方俯視大家。透過螢幕，塔貝爾望著一海票排排坐的政府職員。

『哇，好多人來開會，』塔貝爾心想，『肯定是核銷政府預算的好方法。』

「好的，讓我們開始吧！」一名男人說道，會議室人聲漸緩。「輪流自我介紹，我先開始。我叫盧克．德姆博斯基（Luke Dembosky），任職於司法部。」會議室立刻靜悄悄，彷彿有人按了靜音鍵。盧克．德姆博斯基在美國政府位居高職，高高在上，遙不可及。大家都知道，他是沒人敢插話或亂來的存在。

德姆博斯基說明本次會議的基本規則，每個人都必須開誠布公，告知調查的最新進度，再由司法部決定接下來由誰主導本案。

「開始吧？」德姆博斯基說，直直盯著在場巴爾的摩調查員。

巴爾的摩專案小組的一名女性探員起身，自我介紹，然後報告馬可波羅專案小組過去一年半以來收集的證據，讀了簡報上幾名小組逮捕到的線人，內容其實可有可無，然後和開始一樣草草就結束。

「你們的臥底帳號呢？」盧克．德姆博斯基問道，意指臥底毒品走私客挪伯一角，也就是緝毒局卡爾．福斯（說來也奇怪，這人竟然沒有出席）過去一年努力經營的臥底身分，司法部全體上下都非常清楚。

那名女子回道：「無可奉告。」然後說：「那是6E。」所有人面面相覷，萬分震驚。每個政府職員都知道6E指的是大陪審團還在決議，所以目前調查依然不公開。但在一場司法部主持的會議提出6E，毫無道理可言。

聽了這句發言，德姆博斯基道：「這場會議的目的就是要你們亮出手上所有牌。」「這是6E。」那女的再說了一次，雖然緊張，但語帶挑釁。她不想談論本案，不是為了要保護大陪審團的誰，只是不想要在場其他人偷走巴爾的摩的功。

短短幾分鐘爆發了大聲口角，司法部檢察官要求他們提出巴爾的摩調查資訊，而巴爾的摩專案小組則執拗、任性地一次又一次重申6E。

德姆博斯基失去耐性，說是時候休息一下。

等到每個人都回到會議室，輪到傑瑞德報告。傑瑞德非常緊張，早上走進會議室時決定不要分享太多，擔心FBI會偷走他辛勤勞動的成果，但就在剛剛，傑瑞德改變主意了。適才目擊分崩離析的現場，聽到盧克・德姆博斯基最後斥責巴爾的摩專案小組「行為不當」，傑瑞德決定挺身冒險，知無不言，言無不盡。

傑瑞德起身，說了將近四十多分鐘，解釋自己攔截了近三千五百個毒品包裹，分享自己開發出來的攔截技巧，如何分辨入境包裹是否有蹊蹺，以及如何比對包裹內容物和絲路上的照片和地點，來確認哪些毒品是從絲路購買的。傑瑞德也提到了逮捕或訊問的藥頭，除了荷蘭藥頭，還有全美各地的藥頭。傑瑞德講述自己接手的賣家帳號，說明絲路的內部運作方式，搭配圖表和插畫，清楚標明誰是誰。最後，傑瑞德說到最近徵收的帳號，帳號主人是絲路高階員工，給大家看怎麼透過該帳號參與DPR和下屬的會議，明目張膽觀察一切。

傑瑞德報告到一半，人在紐約的塔貝爾轉頭看向坐在旁邊的首席檢查官說道：「我想和這傢伙工作。」檢察官點點頭，完全認同。

傑瑞德報告完畢，他努力的成果，令在場眾人大為折服。傑瑞德選擇和盤托出，確實帶來了好處，相較之下，巴爾的摩探員看起來比四十分鐘前更加狼狽了。

但是精采大結局現在才要上演。

輪到FBI報告，塔貝爾和小組成員決定由紐約助理聯邦檢察官說明FBI目前的調查進度。助理聯邦檢察官起身開始報告，沒半個人猜得到接下來會聽到什麼。

「我們拿到了伺服器。」瑟林．特納突然宣布。

全場靜默，一點聲音都沒有。

塔貝爾坐在紐約會議室，看著螢幕，露出一臉欠揍的笑容。

隔了幾秒，大家突然明白自己剛才聽到什麼，各個角落的探員開始說話，詢問他們是否也可以存取絲路伺服器。

瑟林說：「我們也不知道伺服器裡有什麼，還得先觀察看看才行。」他說幾週前才拿到伺服器，電腦科學家還在重建，重建好了才可以搜尋內容。

討論完這張重大底牌，盧克．德姆博斯基宣布會議即將結束，後續會個別聯繫，思考下一步該怎麼走。在那之前，德姆博斯基指示在座探員繼續照自己的方式調查。

「還有問題嗎？」德姆博斯基問道，掃視會議室。

沒人發言，就連國稅局的蓋瑞都默不作聲。

「好的，謝謝大家出席。」德姆博斯基說：「後續事宜，我們會再聯絡。」

一開始只是小雨打在蓋瑞的車窗，這裡幾滴，那裡幾滴，雨刷刷一下就不見了。接著越下越大，幾百滴、幾百萬滴，像是鋪天蓋地而來。擋風玻璃上雨刷來來回回，可一點用也沒有，幹他媽一點屁用也沒有。高速公路上，所有車停在原地，才幾公尺前都看不清，蓋瑞把休旅車停到路邊。

『生日快樂個頭。』蓋瑞心想，望向窗外，思索著剛結束的協調會議，大受打擊的一場會議。

當初接到絲路一案，蓋瑞以為自己是政府派出的年輕新星探員，從旁協助，拿下線上毒品帝國。沒想到，司法部的會議才開到一半，就發現還有其他新星，足以湊成整個星座圖的新星。當然，他知道芝加哥和巴爾的摩各有一個專案小組，但沒聽人說過FBI也有參與——就是距離他辦公室幾街區外的那個FBI。看著瑟林．特納起身說：「我們有伺服器。」蓋瑞覺得被人狠狠揍了一下。

沒人跟他說這不是合作，而是競爭。

那為什麼蓋瑞要浪費自己的時間讀網站論壇的討論（每則都讀三遍），研究恐怖海盜羅勃茲的用語（一樣每則三遍），還浪費生日——一年當中，蓋瑞讓整座城市停電的日子！——開車南下華盛頓特區開會？

『就這樣啦，』蓋瑞想著，大雨重擊窗戶，『真是夠了。FBI拿到伺服器，顯然知道所有嫌犯的名字了，還要我做什麼？』

幾分鐘之後，天空放晴，雨也停了，蓋瑞把車開回公路上，一路往北回紐約市。蓋瑞決定了，接下來要把重點放在透過絲路洗錢的人，如同當初指派的任務。

他究竟、到底在想些什麼？出身卑微，光會計算大量數字，任職政府單位最不受尊重的犯罪調查層級，對編碼或毒品都一竅不通的黑人男性，怎麼可能拿下當今世上最惡名昭彰的犯罪毒品企業？

去他媽的啦！在高速公路上加速，蓋瑞決定不再追查恐怖海盜羅勃茲。

雖然，他老早就找到了。

第五十四章　傑瑞德變身希瑞絲

傑瑞德．德－耶吉亞就讀中學一年級時，數學老師每天走進教室，手裡都拿著一個魔術方塊。年紀輕輕的傑瑞德會看著老師把彩色正方體傳給整班同學，要每位同學盡可能打亂魔術方塊。「如果我可以一分鐘內解開這個魔術方塊，大家就要寫回家作業。」老師每天都跟全班這麼說，「如果解不開，就沒有回家作業。」那當然啦，每天放學，學生帶著困難的數學作業跋涉回家。

看著老師勝利那麼多次，傑瑞德超級想知道為什麼老師可以每次都解開魔術方塊。傑瑞德拿著自己的魔術方塊，花好幾週試圖解開方塊之謎。恆心毅力加上老師的一點小協助，傑瑞德終於能夠做到跟老師同樣的事情。多年來，傑瑞德收集了數十個不同的魔術方塊，四散在家裡和辦公室，有的吊在鑰匙圈上，一不小心就會掉出後背包。截至目前為止，傑瑞德從來沒遇過一分鐘內解不開的魔術方塊。

絲路一案別具挑戰，傑瑞德早就明白，光憑一人破不了案，但不知道能和誰合作。好險，華盛頓特區協調會議之後，事情即將有所轉變。傑瑞德的簡報（展示調查本案至今的所有努力）令司法部頂尖律師相當難忘，好到連紐約FBI探員都說想要和他攜手辦案，一同追捕恐怖海盜羅勃茲（這發言本身就是高度讚美，畢竟FBI向來不愛和非FBI的人共事）。

傑瑞德飛回芝加哥，到家看看太太和兒子，一如既往看著《巡迴鑑寶》看到睡著，只是現在昏睡在沙發上時，兒子泰瑞斯會跑來，蜷縮在他身旁。離爸爸這麼遠對泰瑞斯來說太難受了，但傑瑞德已經說過都只是暫時的，這趟出差很重要，因為「爸爸要去抓一位做了很多壞事的海盜」（泰瑞斯聽到這理由，接受爸爸必須出差，畢竟海盜可是故事書裡都會讀到的大壞蛋，一定要抓起來才行），但是泰瑞斯有個條件，傑瑞德每晚睡前都要和兒子用 Skype 視訊。

「沒問題。」傑瑞德答應，兩人一起窩在沙發上睡覺。

隔天早上，傑瑞德起床，再次出門工作，車子開進芝加哥國土安全調查署辦公室的停車場，突然停了下來，手機鈴聲大作，來電顯示紐約的電話號碼。

「我是德－耶吉亞探員。」

「嘿，傑瑞德。」聲音傳來道：「我是瑟林．特納，任職紐約南區美國聯邦檢察官辦公室，旁邊還有克里斯．塔貝爾，FBI絲路案件的主責調查員。」

傑瑞德立刻在駕駛座上坐直，向兩位畢恭畢敬地問好。

「我們真的很欣賞你昨天在會議上那麼誠實。」顯然是克里斯．塔貝爾的聲音對著電話說，接著說明ＦＢＩ手握許多證據——塔貝爾稱絲路伺服器為「聖杯」（the holy grail）——可是才剛剛接觸絲路一案，探員都不太確定從何下手。「我們真的很希望你能來和大家一起工作。」

傑瑞德受寵若驚，開玩笑道：「已經在路上了！」然後語氣一轉，嚴肅道自己的調查有了重大新發展，目前正在收尾，會盡快完成，大概一週內可以飛去紐約市。

寒暄幾句，掛上電話。傑瑞德坐在車上，激動不已。沒有大學文憑的毛頭小子，多年前沒辦法在ＦＢＩ謀得一官半職，現在受邀和許多人都認為是執法單位頂尖的專業人士共事，一同偵查他這代數一數二重要的網路犯罪案件。

不過，在此之前，傑瑞德需要處理電話中向塔貝爾提到的「自己的調查有了重大新發展」，雖然傑瑞德現在還不知道究竟這新發展會有多重要。

那通電話過後幾天，傑瑞德開著變態車到芝加哥歐海爾國際機場，這已經是他無數次來這裡了，但這次不是來拿裝有毒品的郵件，是來接機，要載一位從德州來的訪客。

「不好意思。」傑瑞德一邊說，一邊穿越機場人潮，高舉國土安全部的徽章。他走到空橋時，那裡等著一名年輕、膽小的黑髮女子，幾週前傑瑞德還拿槍指著她。

這名女子在絲路擔任志工版主，過去這幾週傑瑞德成功在絲路上和她交朋友，假借寄送禮物，追查到本人下落。探員持槍敲她德州家門（有幾位是巴爾的摩探員），傑瑞德給她選擇，要麼一起合作，要麼去和另一位政府職員打交道，對方人可不會這麼好。

自從那次見面，兩人講過幾次電話，德州女子答應幫忙，傑瑞德可以拿走她的絲路帳號。差不多同一時間，德州女子告訴傑瑞德，恐怖海盜羅勃茲有聯繫她，問她是否想要打零工，支薪管理網站論壇，順便協助DPR處理雜務，薪水每週一千美元。現在的希望是，傑瑞德使用她的身分，作為德州女子接下工作。

傑瑞德載德州女子到飯店，一路上都在抱歉，說車子有多髒亂，另外提醒明天早上要在國土安全調查署辦公室碰面，開始工作，還開玩笑道：「別忘了帶妳的電腦。」芝加哥國土安全調查署總部的會議室，就像傑瑞德個人辦公室一樣單調無聊，沒有窗戶，地毯又舊又髒，盆栽全都是塑膠植物。

德州女子一到，傑瑞德帶她到會議室，給她一大杯咖啡，兩人坐下，開始工作。

「好的。」傑瑞德一邊說，一邊翻開記事本，拔開原子筆蓋。「我要妳告訴我每一件事：告訴我論壇、告訴我妳每日作息例行事項。什麼時候登入？什麼時候登出？通常一次上線多久？在哪裡貼文？貼文內容是什麼？」

傑瑞德打算變身成為德州女子，透過如此強迫症的方式，想要確保自己知道對方帳號的每個細節，這樣其他絲路使用者就不會察覺到有任何異樣。過去兩天來，傑瑞德學會對方的寫作特色，用大寫表達轉調，重要的事情重複兩次，就連顏文字和笑臉的用法也模仿得唯妙唯肖。

德州女子交給傑瑞德數十張截圖，是和DPR的對話，還有與DPR三名副手Same-SameButDifferent、Libertas、Inigo的對話，還警告傑瑞德，這三人在絲路上權力很大，千萬不能亂來。

傑瑞德買了臺一模一樣的MacBook筆電，隔天兩人花了一整天下載德州女子用來存取絲路的所有應用程式，確保傑瑞德的頭像和德州女子的一樣（德州女子之前選擇一張蜘蛛人吃章魚的圖片當作絲路頭像），並且確保程式版本完全相同。傑瑞德把使用者名稱改成對方的：希瑞絲（Cirrus）。

兩天後，德州女子把自己的絲路登入帳密給了傑瑞德。傑瑞德在自己電腦上輸入使用者名稱和密碼。德州女子很擔心，告訴傑瑞德出了什麼差錯可能會有的後果。

「我真的好擔心DPR會來找我。」德州女子道。畢竟，暗網謠言滿天飛，殘暴無情的恐怖海盜羅勃茲最近殺了人。德州女子最不想要的就是有人找上門，然後……呃啊，光想就嚇壞她了。

傑瑞德保證沒什麼好擔心的，如果出了什麼事，德州女子隨時都可以聯繫他。傑瑞德還說：「絲路上的多數人都是阿宅，不是冷血毒梟。」根據他的調查，絲路看起來不太像《教父》（*The Godfather*），比較像《蒼蠅王》，這群人做得出殘暴行動嗎？絕對做得出來，只是多數人都只待在安全的鍵盤後。傑瑞德告訴德州女子：「我建議妳這陣子先不要上網，不要登入社交媒體，不要去絲路，保持低調。」

絲路的人還是會看到德州女子使用帳號 Cirrus 上網，只有少數幾位聯邦政府職員知道那個帳號使用者其實就是傑瑞德——臥底的傑瑞德。

DPR 說，如果 Cirrus 要來工作，就要提供駕照，因此傑瑞德請國土安全調查署臥底小隊用某位女探員的照片製作一張假駕照，再寄給 DPR。

追了兩年，傑瑞德終於和恐怖海盜羅勃茲互動，第一句話：「嘿，只要你吩咐，我願意幫網站做任何事。我準備好來效勞了。」

DPR 交辦了一堆行政事項，跟 Cirrus 說上工了，這裡可沒有閒話家常。

或許之後謎團就有解了，傑瑞德推想。

載德州女子回歐海爾機場，傑瑞德充滿幹勁，他不再是國土安全部的職員而已，現在還是絲路的臥底員工，老闆不是絲路的一般下屬，而是絲路上最冷酷無情的海盜。

第五十五章　茱莉亞獲救！哈利路亞！

「耶穌對我說，我需要替妳禱告。」西班牙女士說著，把咖啡杯放回桌上，旁邊好多張幾乎裸體的女人照片。「所以我一直都在替妳禱告——正如耶穌指引我的那樣。」

茱莉亞看著西班牙女士，開始哭泣，一道黑色睫毛膏淚水滑下臉頰，臉埋進雙手。

一陣子沒見面的人會覺得茱莉亞消瘦許多，眼神滿是擔憂。過去一年生活不容易，先是憂鬱症，然後喝太多，接著冒出一位有錢老男人說會保護她。老男人喜歡女生骨瘦如柴，茱莉亞越來越瘦，罹患飲食障礙，就為了取悅老男人（新男友）。後來發現其實老男人很明顯有酗酒問題，沒多久某次發酒瘋，還摔茱莉亞去撞牆。

隨後，那名西班牙女士路過茱莉亞的工作室，進來挑幾本書，說明自己來此的真正原因：「耶穌對我說，我需要替妳禱告。」

茱莉亞哭了起來。

她的人生目標沒有那麼不切實際，茱莉亞沒有要改變世界，只是想要有人來改變自己的世界。找個好男人結婚、生一兩個孩子、房子有白圍籬，最重要的是看著孩子用完全不同的方式長大，有這麼難嗎？茱莉亞夢想中那個好男人是羅斯．烏布利希，結局是兩人從此以後過著幸福快樂的日子。

說來哀傷，那則童話故事從來沒有實現。

聽到耶穌話語的西班牙女士光臨工作室，邀請茱莉亞一同上教堂。

後來那天早上，茱莉亞坐在會眾最後方，聽到了天使的聲音，深深迷上集會場所。一束一束光線穿透窗戶，在場所有人似乎都有答案，教會長椅塞滿聖經，讀經的人唱聖歌讚美主。聽著教會牧師講道，茱莉亞覺得這可以是她的白圍籬，耶穌則是她一直尋尋覓覓的好男人。那天下午，茱莉亞取消了所有客戶預約，再次回到教會。

但是這次不一樣，早上茱莉亞到教會既哀傷又沮喪，現在可是容光煥發。那天下午教會長椅坐滿了人，超過一百五十位弟兄姊妹齊聚一堂。茱莉亞站著聽道，會眾舉起雙手在空中揮舞、對天吶喊：「讚美主！」「阿門！耶穌！」

一群人聚到茱莉亞身旁問：「她受洗了嗎？」

『沒有。但我可以嗎？你們願意嗎？耶穌最近對某人說要替我禱告。』

這群弟兄姊妹溫柔地領著茱莉亞到教堂中央的洗禮缸，用黑色的長袍裹住茱莉亞，全體會眾開始齊聲誦念：「祢出死入生！」但接著出了差錯，教堂中間的洗禮缸其實已經壞了，一滴聖水也沒有。眾人站著繼續誦念，心想這下該怎麼辦。其中一人喊道，大家應該帶這位女生到附近的公寓，在浴缸施洗。

會眾魚貫而出寬闊的正門，帶著茱莉亞穿過奧斯汀的街道，身著黑袍的茱莉亞被召喚進附近的公寓，誦念越來越大聲。

弟兄姊妹帶著茱莉亞走過黑暗骯髒的客廳，走進相當狹小的浴室，一路齊聲吶喊：

「奉主耶穌基督的名，妳必得永生！」

浴缸裝滿水，茱莉亞走過二十四名弟兄姊妹，現在全擠進只能容納一人的浴室，把年輕的茱莉亞放入浴缸，水持續高漲就像海潮一般。

「奉主耶穌基督的名……」

弟兄姊妹把茱莉亞向下推，茱莉亞頭沒入水中，液體環繞著臉龐，布道的聲音變得模糊不清。

「……妳必得永生！」

有隻手把她的頭抬起水面，茱莉亞獲救了。茱莉亞感到前所未有的輕鬆，期待的未來和以往不同了。茱莉亞滿心歡喜。

茱莉亞步出公寓，仰望寬闊寧靜的天空，想著不知道是否還有機會見上羅斯一面，如果有的話，說不定羅斯也有機會獲救？

第五十六章 假證件（下）

那臺灰色吉普指揮官（Jeep Commander）休旅車開在舊金山加利福尼亞街（California Street）上，在車陣中穿梭。這臺大型休旅車有一名男人在駕駛，另一人在研究智慧型手機上的地圖，指示著這裡左轉、那裡右轉。

二〇一三年七月二十六日傍晚，吉普車滑近舊金山第十五大道二二六〇，停好車，國土安全部探員迪倫．克里頓（Dylan Critten）伸手拿包包和一張列印出來的加州駕照。

迪倫看起來是天生要當執法人員的料，警察短平頭、寬闊肩膀，以及一張彷彿直接從煤渣磚敲打出來的臉龐。迪倫走出休旅車，望一眼前方的房子，西班牙混合風、白色外觀、褐色陶瓦屋頂。

一天前，迪倫接到國土安全部老友拉米雷茲求助，需要追蹤舊金山國際機場郵件中心海關官員攔截的九張假證件。拉米雷茲幾乎要放棄追蹤了，但發現自己兩個禮拜前只是去錯地址，不是開到第十五大道二二六〇，而是去了第十五街二二六〇要登門聊聊。

現在輪到迪倫去正確的地址拜訪，夥伴跟在一旁，迪倫走上前門階梯，望進玻璃正門，看到一條長長的走廊。迪倫打算敲門，手卻停在半空中，因為他看到一個男人，全身上下只有一條短褲，就剛好經過走廊和他對上眼。

迪倫僵住，拳頭停在門前，還沒碰到那片玻璃。

羅斯．烏布利希也僵住了。

迪倫低頭看手中的影本，抬頭看著眼前站在走廊半裸的男人，毫無疑問，這就是同一人。九張假證件上的男人現在一步步走向正門，轉動門把，拉開門。羅斯站在那裡，沒有上衣，就一條髒兮兮的卡其短褲，看著眼前兩名陌生人，看起來像認為——或甚至希望——他們來錯地方。

「你好，我是克里頓探員。」迪倫說完，轉頭看著夥伴道：「這是泰勒（Taylor）探員。」羅斯的面部表情看起來有點緊張。

迪倫繼續說：「我們在國土安全部工作。」這幾個字懸在空中，停在三人中間，羅斯陷入恐慌。

「可以借一步說話嗎？」迪倫問。

噢，天哪！就這樣了，結束了。

羅斯走到門外，迪倫拿起假證件影本讓羅斯看。「我們來這裡是要和你談談這些原本預定要寄到這裡的假證件。」迪倫說道，看著羅斯的痛苦表情因恐懼而變得死白。

就這樣了，看！

迪倫等待羅斯答覆，但羅斯只是一臉驚恐地回望著他，雙手明顯地可見開始顫抖。兩名探員看得出來羅斯有多麼害怕，所以開始你一言、我一語，都扮起白臉，試圖安撫羅斯——他們最不想要的就是有人不合作。

「我們不是來逮捕你的。」兩人開始道：「我們只是想聊聊這些假證件。」他們再三保證只是來聊聊，羅斯的手不再顫抖，臉也恢復血色。

「你們不是來逮捕我的？」羅斯咕噥，聲音破碎。

「不不不。」探員道：「但我們需要真正的證件，確認你的身分。」

羅斯猶豫了一下，知道自己別無他法，走回房間，帶著真正的德州證件回來，再問一次：「你們不是來逮捕我的？」

「不是。」迪倫說，檢視那張駕照，上面印著羅斯．烏布利希。「我們只是來聊聊這些假證件，確認你的身分不是在逃嫌犯。」迪倫也說明探員的工作是要找出那些製作假證件的人，不是購買的人。

聽了這番話，羅斯明白最糟的恐懼就真的只是恐懼而已，這兩名探員根本不知道面前站的是誰。理解了眼前的情況，羅斯開始感到信心滿滿。

「我明白，你不想要承認這些假證件是你的，因為那樣說很可能會讓你有罪。」迪倫給羅斯一個臺階下，這樣才能繼續提問，說：「假設，如果我需要這種證件，要去哪裡買？告訴我，這都是假設！」

「我們只是在談論假設的事情？」

「沒錯。」迪倫說：「純粹只是假設。」

那天在那臺階上，三人都知道，羅斯是三人中最聰明的那位，他的答案清楚明白展示他也是最狂妄自大的那位。羅斯開始道：「假設，任何人都可以使用洋蔥路由，也都可以瀏覽一個叫絲路的網站，想買什麼，就買什麼。」停了幾秒，總結：「例如槍枝、毒品、假證件等等。」

兩名探員看看彼此，搔搔臉，不太確定什麼是絲路。

羅斯，幾分鐘前才準備好下跪認錯，現在卻開始玩弄這兩名探員，行為舉止都輕浮了起來。探員那時還不知道，只覺得眼前沒穿鞋子、沒穿上衣的男人，在提供資訊協助政府辦案，或許這位德州男子可以當他們的情報來源？

迪倫很早就在工作中學到，要讓人站在你這邊，就得好好培養關係。

「我們之後要怎麼聯繫你？」迪倫問。

「呃……我沒有手機。」羅斯答。

「你有電子郵件嗎？」

「有。」羅斯說。迪倫遞出一支筆和一張紙，羅斯寫下 fractalform@tormail.org，希望對話到此為止，但探員還有最後一個問題。

迪倫說：「離開之前，我想說你很聰明——非常機靈——但一次訂九張假證件還是很奇怪，一般人，就連一般罪犯也不會訂九張假駕照。這真的看起來非常奇怪。」羅斯沒有回應，迪倫說個不停：「我們還得問問你室友和鄰居——」迪倫的搭擋插話，把話說完：「確保沒有死人。」

羅斯的臉又皺了起來，恐懼再現。「呃那麼……」羅斯說：「這可能有點難。」

「為什麼？」

「因為我的室友只知道我叫小約。」羅斯答道，又立刻轉移話題打住懷疑，跟探員說這是他個人隱私，也用肢體語言清楚表達他有多希望探員離開。

羅斯使用「小約」這件事對迪倫而言不是警訊，他在矽谷遇過太多人相信「自由放任」哲學，對自身隱私近乎偏執。但迪倫還是希望羅斯可以是情報來源，畢竟最終目標是拿下假證件的製作人。兩名探員記下羅斯室友的資料。

「保重。」迪倫彬彬有禮道，然後和搭擋轉身走下階梯。等他們走到車道，羅斯關起門。

探員坐上吉普，登入國土安全部資料庫查看羅斯．烏布利希的名字，什麼都沒有。

「他真的很聰明。」迪倫說，搭擋也認同，發動車子開走。「還有這個絲路，我們應該要好好調查一下。」

第十五大道屋內，羅斯衝下走廊，回到房間，知道自己必須儘早做些什麼，趕在那兩名探員發現電子郵件是假的之前，或趕在國土安全部打給安德魯．福特（他的房東）說房客「小約」其實是羅斯，還一直從網站訂購違法文件，收件地址填第十五大道二三六〇，收件人則是安德魯．福特之前。那個網站賣很多東西，毒品、槍枝、駭客工具、假證件等等，事情將變得一發不可收拾。

第五十七章　前往聯邦中心廣場

從飯店房間窗戶看出去，傑瑞德可以看到地面上有兩個巨大的正方形痕跡，也就是世貿雙塔的遺址。現在起重機、卡車、瓦礫碎片環繞在洞口四周，僅僅十年前，兩千六百零六人在此失去性命。

望向外面轉變的地景，百萬個思緒爬上心頭，傑瑞德腦中重播飛機撞上雙塔的那一刻，爆炸、起火、人們沒得選只能跳樓（也是死路一條）。傑瑞德想到那些消防隊員和警察，爬進瓦礫堆拯救任何可以救的人，所有人都化成灰燼，就在正下方，現在傑瑞德思考著這一切的正下方。傑瑞德想著那天失去爸爸、媽媽、兒子、女兒的家庭，眼淚開始積聚在眼眶，拿起手機和兒子泰瑞斯講了視訊電話，告訴泰瑞斯爸爸好愛他，順便報告追查壞海盜的最新狀況。

掛了電話，傑瑞德從紐約飯店的房間送了個飛吻到芝加哥兒子的房間，是時候打開筆電，臥底擔任DPR的員工了。傑瑞德希望可以幫忙阻止對美國的另一次攻擊，有別於狹持波音747以時速九百五十公里飛去撞高樓大廈，這次是慢動作攻擊，透過網站來顛覆美國民主。

傑瑞德幾乎每天都在擔心，卡達組織的人會合法進入美國，不用攜帶任何武器，直接在美國境內購買大批炸彈、槍枝、毒藥——全都可以在絲路購買，只要花一點比特幣並使用洋蔥路由瀏覽器。更為個人的層面，傑瑞德想到兒子，擔心任何一位青少年都可以在絲路上買槍，走進芝加哥任何一間幼稚園亂槍掃射。傑瑞德下定決心，盡己所能，阻止這兩種暴行發生。

幫DPR做事一整晚處理行政事務，隔天早上，傑瑞德走在雀爾屈街，轉上百老匯大道，直到聯邦中心廣場二十六號那棟巨大黑色建築，也就是FBI網路犯罪分處所在地。

二〇一三年八月初，傑瑞德到紐約市和克里斯．塔貝爾共事，潛入伺服器看看是否能借重傑瑞德的知識和臥底帳號Cirrus，拼湊細節，找出DPR的身分。

塔貝爾到大廳和傑瑞德碰頭，幫他協商，好讓他可以帶自己的筆電和手機進FBI辦公室。要是一般情形，FBI警察（負責保護這棟大樓）會擋下任何帶自己裝置的人入內——就算是政府單位的其他探員——害怕病毒或監控軟體偷偷進入FBI網路。但是傑瑞德不是一般的政府探員，塔貝爾堅持，傑瑞德正在擔任臥底，需要隨時隨地存取自己的電腦。FBI警察最終答應了。

過去幾週，傑瑞德必須一直掛在網上，模仿德州女子的言行舉止，被迫在參加生日派對、家庭出遊、甚至去兒子的每週游泳會，都要帶著筆電（其他父母不知道為什麼泰瑞斯來回練泳時，傑瑞德一直在用筆電，對他印象不是很好）。

抵達第二十三樓，塔貝爾帶著傑瑞德簡短認識了一下網路犯罪分處，接著穿越坑區，進到1A實驗室。

「你可以在這裡架設你的電腦。」塔貝爾說，指向房間正中央的桌子，通常是探員吃午餐的地方。「這邊這臺電腦，裝有絲路伺服器。」

傑瑞德從包包一一拿出小裝置，注意到一大張二．五公尺長的牛皮紙貼在牆上，紙張頂部有黑色麥克筆寫下的絲路二字，其他地方寫滿了IP位址，每個下方都說明每組號碼代表什麼，一組是絲路聊天客戶的伺服器，一組是存放上億美元比特幣的伺服器，一組叫「策劃」區是網站管理員專區，塔貝爾解釋這就是從伺服器收集到的所有資料（為了鬧鬧塔貝爾，同案的探員製作了一張搞笑圖表張貼在絲路圖表旁邊，上面貼滿了《公主新娘》的所有角色照片，毛毛公主、韋斯特利、胡姆普丁克王子（Prince Humperdinck），無意義的箭頭符號連在彼此之間）。

傑瑞德研究絲路圖表，看到舊金山一家咖啡廳莫米托比。他問為什麼莫米托比會在圖表上，塔貝爾說其中一臺找到的伺服器被清理了，清得乾乾淨淨，不留一絲證據，就像謀殺現場用漂白水消毒過一樣。但消除硬碟所有資料的人要登出伺服器時，卻意外留下一條線索：執行清掃時登入的IP位址。換句話說，恐怖海盜羅勃茲或許抹去犯案現場所有指紋，但離開現場時在前門留下拇指一角的指紋。

這一角數位指紋，引領ＦＢＩ探員找到舊金山拉古納街一家小酒館風格的咖啡廳，店名是莫米托比。管他恐怖海盜羅勃茲是誰，要不住在舊金山，不然就是待過一陣子。這條微不足道的線索指出恐怖海盜羅勃茲可能的下落，但也就這樣了。

塔貝爾告訴傑瑞德：「其實也不能做什麼，我能做什麼呢？派一名ＦＢＩ探員到舊金山咖啡廳，叫店員找一位使用筆電的客人？」儘管如此，ＦＢＩ還是搜查了莫米托比的網際網路流量，尋找其他線索。

和大家都打過照面，回答了幾題塔貝爾的「終極二選一」玩笑，傑瑞德坐在電腦前（這臺電腦是離線複製版絲路），開始搜尋所有內容，看到ＤＰＲ付錢請地獄天使幫殺人滅口的對話紀錄，也看到ＤＰＲ和卡爾（扮演挪伯）的訊息，對話內容卻可疑地經過加密處理，無法讀取。

傑瑞德對塔貝爾說：「好奇怪，你覺得卡爾．福斯在妨礙我們調查嗎？」

「不知道，但怪怪的。」

縱然可疑，但比起暴躁又疑似擅自行動的巴爾的摩緝毒局探員，他們還有更重大的事要擔心。傑瑞德接下來幾天都和這群FBI探員工作，待在1A實驗室，深入探索伺服器，聽著塔貝爾沒有停歇的笑話，晚上一起到幾街區外的威士忌小酒館，第一次嘗到醃黃瓜汁混廉價威士忌的味道。夜晚終於告一段落，大家回到家人身邊，傑瑞德則走回飯店，待在可以眺望世貿中心神聖地基的房間，變身Cirrus，擔任絲路線上論壇的版主，晚上都在臥底當絲路的管理員。

又過了幾天，塔貝爾告訴傑瑞德：「等等有國稅局的人要來，一個叫蓋瑞．艾福德之類的……他想要看一眼伺服器。」

「太好了。」傑瑞德回答，轉頭又盯著電腦，繼續和恐怖海盜羅勃茲聊天——當然是用Cirrus的身分。

幾個小時後，塔貝爾走進實驗室，後面跟一位非裔美國人。「傑瑞德，這是蓋瑞．艾福德，國稅局職員。」塔貝爾居中介紹：「蓋瑞，這位是德–耶吉亞探員，芝加哥國土安全調查署職員。」

傑瑞德抬頭看蓋瑞——壯碩的身形，正要開口打招呼時，蓋瑞對上傑瑞德的目光，滿臉困惑沮喪。

「為什麼他可以帶自己的裝置上來，我的卻要留在樓下？」蓋瑞問塔貝爾。

塔貝爾一點都不想說明傑瑞德正在用筆電當臥底的事，只回了一句：「不同人，不同規則。」蓋瑞不滿意這樣的回答，看起來似乎比幾秒鐘前又更煩躁了。

傑瑞德看著蓋瑞抬頭看牆上貼的那張頂部寫了「絲路」的牛皮紙。蓋瑞檢視整張紙，注意到角落的《公主新娘》笑話以及散布四處的IP位址，看起來似乎更加煩躁了，彷彿某處在舉辦派對，卻沒人邀請他。

塔貝爾也帶蓋瑞去認識托姆．基爾南（他們的電腦鑑識專家），基爾南說很樂意幫蓋瑞挖掘絲路伺服器。塔貝爾回到房間中央的位置坐下，沒注意到，或根本不在意蓋瑞得知自己沒能一同參與調查而大受打擊。

生著悶氣，蓋瑞開始搜尋絲路上洗錢、洗比特幣的人，但一直偷偷瞄傑瑞德和塔貝爾，然後看向那一大張牛皮紙。終於，蓋瑞再次開口了。他也注意到其中一個IP位址下方寫了舊金山拉古納街「莫米托比咖啡廳」，於是開口詢問。

塔貝爾埋首電腦，說明那是恐怖海盜羅勃茲曾經登入伺服器的地點，唯一可以證明DPR在某個地點出沒的線索。

「噢。」蓋瑞回道：「我手上有個人名，他就住在舊金山。」

「喔，是嗎？」塔貝爾漫不經心回道：「那你要把他的資訊給我們。」蓋瑞似乎也不太滿意這個答覆。傑瑞德眼看著這場互動展開，不知為何替蓋瑞感到難過，蓋瑞心煩意亂，顯而易見。但傑瑞德也知道塔貝爾真正的想法，因為傑瑞德的想法完全相同：舊金山的一個男人，根本不代表什麼。全國探員已經指出超過二十幾名嫌犯，都可能曾經當過恐怖海盜羅勃茲，超過一半都在灣區。

聽到塔貝爾這句話，蓋瑞整個下午都只盯著伺服器，刻意忽視塔貝爾和傑瑞德。幾個小時後，蓋瑞起身離開，那一刻決定這顯然就是塔貝爾的調查，根本沒有自己可以插手的餘地。蓋瑞看了伺服器上堆積如山的證據，牆上寫滿IP位址的牛皮紙，傑瑞德的臥底帳號，自行下結論：顯然沒有理由告訴ＦＢＩ自己那位舊金山「男人」的姓名。

第五十八章 茱莉亞來舊金山

列車門滑開，茱莉亞走到月臺上，進入另一個世界。她不確定是不是在這站下車，直到看到格倫公園（GLEN PARK）站牌才確定沒錯。茱莉亞朝出口走去，拖著附輪子的大行李箱。

步入舊金山陽光，茱莉亞看到他站在街上等待著。他的頭髮還是亂糟糟，就像他們相遇那天一樣，但現在他看起來多少有些不同。是年紀大了一點？還是歷練多了一點？或是更加堅強了？茱莉亞不知道是什麼，不過他變了。可是，茱莉亞沒辦法控制自己，拔腿跑向羅斯，抱住他。

「啊——」大喊出聲。然後向後退上下打量羅斯，脫口而出：「你認真？」一邊瘋狂大笑，一邊道：「你穿的牛仔褲是我五年前買的那條！」

羅斯低頭看，微笑，伸手拿茱莉亞的行李，說道：「我們要趕快回公寓。」兩人快步走在戴亞門街（Diamond Street）上，經過美甲沙龍、咖啡廳。羅斯解釋：「今天要去拿幾件新傢俱，幾天前我才剛搬家——」話還沒說完，茱莉亞突然插話。

「我來猜猜。」茱莉亞道：「你到現在都還是一樣沒有傢俱，對不對？」不給他回答的機會，茱莉亞猛戳了一下羅斯，幾乎沒有其他人能這麼做，笑道：「你好小氣。」

走在路上，茱莉亞看起來隨時要為了這個週末而興奮到爆炸，羅斯則有點緊張，但還是好好聽茱莉亞提出的舊金山疑問，以及她覺得羅斯想必很愛舊金山。「我不確定搬來舊金山是否是最好的主意。」羅斯嘆道，但沒有再進一步多說。

走過幾個街區，看到一棟三層樓鋪設雨淋板的房子，那就是羅斯住的地方，兩人爬到頂樓，羅斯簡單導覽了一下。接下來三十分鐘，茱莉亞坐著看羅斯和新室友搬一座舊五斗櫃、一張書桌、一組床架到羅斯的房間——所有的傢俱都是幾小時前向街上的某人買的。搬完，羅斯謝過室友，關上房門，在新的床上和茱莉亞做愛。

事後躺在床上，羅斯看其來有點疏遠，但茱莉亞以為他只是累了，或這段舊關係的新意令他感到懷念。

「我餓了。」茱莉亞對羅斯說，站起來，穿上衣服。

「壽司？」羅斯問。

「好提議。」

他們走到餐廳——俗氣花俏的地方，裝了許多霓虹燈招牌，一隻亞洲招財貓掛在窗邊——兩人坐在一張小桌，茱莉亞點了一盤壽司捲。享用壽司時，羅斯跟茱莉亞講了一則從來沒說過的故事，說自己小時候常常和家人去釣魚，一整天辛勞拖網捕魚，他會吃下好多好多魚，結果反胃不舒服，但這也無法阻止他，他會繼續吃、吃、吃，因為實在是太美味了。

茱莉亞大笑。然後（一如往常）輪到茱莉亞負責說話，羅斯負責聽。茱莉亞告訴羅斯過去一年的生活大小事，閨房照事業蒸蒸日上，最近還不再喝酒了。

「妳真的長大了。」羅斯說：「妳現在好成熟。」

「也是，」茱莉亞一口吞下壽司道：「因為我獲救了。」

羅斯完全明白茱莉亞在說什麼，他們在學校時已經討論過宗教。那時，羅斯告訴茱莉亞更小的時候他也獲救過，雖然後來就遠離了基督信仰好長一段時間。

兩人坐在壽司餐廳沉默了一會兒，直到茱莉亞說：「可以問你一個問題嗎？」

「當然。」羅斯回覆。

「你願意和我一起上教會嗎？禮拜天？」

「願意。」羅斯說：「我很樂意。」

有了答覆，茱莉亞建議回家好好休息，就像舊日時光，兩人再次做愛，沉睡在彼此的臂彎，羅斯側身懷中躺著茱莉亞，耳邊傳來舊金山的城市聲音。

隔天早上起床，梳洗，開啟一天。兩人經過茱莉亞前天才下車的火車站，走到路口一家小餐館。

茱莉亞望向窗外，等待早餐上桌，看來這是個藍領街區，城市邊邊的一小塊飛地，有一間愛爾蘭酒吧、許多中產階級家庭，但路人之中，不管是在工作路上還是去附近咖啡廳，茱莉亞發現身穿連帽衫或Google T恤的科技人，這區域似乎正在經歷縉紳化。

「我們今天要做什麼？」茱莉亞問，啜了一口小餐館難喝的焦味咖啡。

「嗯哼。」羅斯說：「我有工作要做，妳要不要逛逛街，然後我們晚點再碰頭？」

「好啊，我去逛街買東西。」

吃完早餐，羅斯給茱莉亞一串鑰匙，朝蒙特利大道（Monterey Boulevard）的方向走回公寓，茱莉亞轉身向另一頭朝教會區（Mission District）走。

茱莉亞本來打算逛整個早上，或許挑幾件洋裝或性感睡衣，但穿得太少，無法抵禦舊金山的寒冷。每次離開店面，一陣冷風吞沒她，推她回到剛來的方向。一個小時後，茱莉亞受夠了，轉身離開，放棄購物之旅。

茱莉亞回到公寓已經快中午了，把羅斯給的鑰匙插進門鎖、轉動，門慢慢打開。

茱莉亞什麼也沒想，走上樓梯，搓著雙手取暖，轉彎走進羅斯房間，一進房就看到羅斯站著，背對她，筆電開著放在站立桌上，瞬間回到了以前兩人在奧斯汀的時光，看到：筆電上開啟數十個黑白視窗，有些是聊天視窗，有些是程式碼視窗，其中一個是網站視窗，角落閃爍著綠色小駱駝。不過幾毫秒，茱莉亞瞭然於心。

「嗨。」茱莉亞站在後面打招呼。

嚇了一跳，羅斯迅速按了一鍵，螢幕變黑，轉過身來。

「你在做什麼？」茱莉亞問。

「沒有。」羅斯慌亂緊張答道：「只是工作。」

兩人站著，一陣靜默，可是茱莉亞知道，羅斯也知道。羅斯沒有放棄網站，和之前說的不一樣，其實至今依然經營絲路，茱莉亞當下知道自己有兩個選擇：留下接受真正的羅斯，或轉身離去。

說不定，還有第三條路可以走。

第五十九章 我是神

「好看嗎？」茱莉亞問羅斯，轉圈展示身上的花卉黃洋裝。

「超辣——妳總是這麼辣。」

茱莉亞套上球鞋，叫羅斯動作快一點。「我們要遲到了。」茱莉亞說。

「不會的。」羅斯保證。

那是星期天早上，兩人走到公車站牌，茱莉亞在想是否要向羅斯提絲路的事。茱莉亞原本想的是，到舊金山的時候，羅斯已經金盆洗手——那可是羅斯一直以來的說法。但兩人相處的頭幾個小時，就出現許多蛛絲馬跡，羅斯使用筆電時顯然特別緊張不安；回答工作相關問題的態度；然後上次剛好看到他正在用筆電。沒錯，羅斯依然過得像個窮光蛋，在城市外圍租便宜公寓，傢俱也都是在路邊買，依然穿著大學的衣服，但羅斯本來就是這樣，吝嗇節儉不代表（或不否定）任何事。

坐公車到教會的路上，茱莉亞說這次要參加的集會有個信仰體系，相信每個人都能跟神說話；因此，不是由牧師一人講道，而是每個人輪流，一人讀一段經文或兩分鐘直到琴聲響，再換下一位起立到講壇分享。

茱莉亞說笑道：「有點邪教感，但其實感覺相當美好。」

比起教堂，看起來更像一棟八〇年代的辦公大樓，還隸屬某默默無名情報單位，不像神的地方。那棟建築兩層樓高，漆了奇怪的萊姆綠，數十臺白色監視器從各個地方向下照，唯一指出這是禮拜地點的符號則是上方橫幅書寫的：舊金山召會聚會所（MEETING PLACE OF THE CHURCH IN SAN FRANCISCO）。

兩人衝進去時，禮拜已經開始，茱莉亞推著羅斯坐進後方的一排木製長椅，兩人就座，聽著以亞洲人為主的信徒唱念禱詞。「噢，主！」和「耶穌，讚美主！」穿透偌大的房間，幾乎立刻聽到「會眾請起立」。

「我們要讀生命樹（Tree of Life）。」第一位信徒說，便開始唸聖經蛇欺騙亞當和夏娃的段落。

這故事教會的人都聽過，羅斯小時候也聽過，茱莉亞當然也聽過。經文中，神吩咐亞當、夏娃不可吃園當中那棵樹的果子，吃了必定死。但蛇來了，帶著不同訊息。

「神所造的，唯有蛇比田野一切的活物更狡猾。」該信徒大聲朗讀道：「蛇對女人說：『你們不一定死。』因為神知道，你們吃的日子眼睛就明亮了，你們便如神能知道善惡。』」

琴聲響，下一位信徒站上講壇。

「噢主！」「哈利路亞！」

故事繼續——善惡的故事——茱莉亞忽然懂了，其實不需要和羅斯談論絲路這不愉快的事。茱莉亞相信這次布道，不是講給教會任何已經讚美主的信眾，也不是講給她自己聽，而是神直接向羅斯講話。茱莉亞伸手抓住羅斯的手，一起聽完剩下的故事，神說亞當的行為必有後果。

「現在恐怕他伸手又摘生命樹的果子吃，就永遠活著。」琴聲又響！穿透整室。

「噢主！」

禮拜結束，羅斯和茱莉亞走到外面等公車。「你覺得呢？」茱莉亞問：「你喜歡今天讀的經文嗎？」

「喜歡。」羅斯答道：「我明白今天講的道德，我也知道有人認為這很重要，我真的明白。只是對我而言，那些東西毫無必要。」

「那麼你要怎麼分辨是非？」茱莉亞問。

「我會思考。」羅斯答，停了一會兒，又說：「我會自己思考是非。」

茱莉亞看到遠方公車快進站了，回頭看羅斯，試著再問一次：「如果沒有參考的基準，你要怎麼辨善惡？耶穌和我的關係幫我斷定人生是否行善。」

「我認為每個人都是自己的神，可以自己決定什麼是對是錯。」羅斯說：「身而為人，我自己作主。」

茱莉亞聽了，明白羅斯認為自己就是引路的燈，容不下另一位，在他眼中，他就是自己的神。

公車進站，兩人上車，默默無語。茱莉亞非常難過，羅斯沒有接收到經文訊息，但茱莉亞想要享受那天和剩下的週末時光，決定不要破壞氣氛，拿起相機自拍，捕捉兩人的瞬間——這一刻茱莉亞會永遠記得。他們決定在附近的公園下車，朝金門大橋走去，峭壁邊豎立一個「禁止進入」告示。

「來吧！」羅斯跟茱莉亞說，兩人翻越柵欄奔跑。茱莉亞咯咯笑，非常興奮，把相機交給羅斯。羅斯透過取景器看出去，開始快速連拍，手指按下快門，茱莉亞褪下黃洋裝，從肩膀一路溜到長滿草的岩石地皺成一堆，才幾秒就一絲不掛，羅斯丟下相機，兩人就在峭壁邊上做愛。

當天晚上回家，兩人之間的感受變了。茱莉亞只想聽到羅斯和之前的生活一刀兩斷，準備要和茱莉亞在一起，但顯然羅斯的計畫截然不同。

那夜，床上，茱莉亞放手一搏，想要改變羅斯的心。

「你之後想要結婚嗎？」茱莉亞問。

羅斯大笑道：「我們好久沒見，一年多沒見了。」

「那又怎樣？這之前我們約會了好長一段時間。」

「不，我還沒準備好。」羅斯說：「我還有事情要做。」

做什麼事茱莉亞一清二楚，也知道自己沒辦法阻止，羅斯只會一直吃、吃、吃。

通常羅斯會抱著茱莉亞入睡，但今夜羅斯翻身瞪著牆壁，這次換茱莉亞抱著羅斯，緊緊抱著，無聲落淚。

早上醒來，茱莉亞打包行李，羅斯幫忙提包包，兩人朝火車站走去。站在週末一開始兩人迎接彼此的地方，羅斯親吻茱莉亞，冰冷霧氣掃過。

「我愛你。」茱莉亞說。

「我也愛妳。」

「你會來奧斯汀陪我嗎？」

「下個月吧。」羅斯答道。

兩人再次親吻，然後轉身走上相反方向，茱莉亞匆匆走向火車站入口，回頭看著羅斯開始哭泣，羅斯就在那多站一會兒，看著茱莉亞，最後微微笑，雙手插進口袋躲冷空氣，轉身快步走上戴亞門街，回到絲路。

第六十章　那通電話

蓋瑞靜靜坐在隔間，聽著身旁的對話，越聽越沮喪。一段對話帶他回到剛好十二年又一天前那個災難的早晨，那天，世界變了樣。

那時蓋瑞就讀紐約市立大學柏魯克分校（Baruch College），看到第一批人衝向世貿雙塔，那天早晨後來蓋瑞走過橋，走回布魯克林的家，背後的世貿中心早已坍塌，兩千六百零六人死亡。

攻擊過後好幾天，紐約市究竟經歷了什麼——美國經歷了什麼——逐漸明朗，蓋瑞開始記得幾張臉、幾個名字，記得那些過世的人。每天上學，蓋瑞沿著萊星頓大道（Lexington Avenue）走，總會經過一棟阿莫瑞大樓（The Armory），外牆貼滿尋人傳單，好幾千人消失在塵埃煙霧中。很快，蓋瑞就明白這些人（照片中他們無助地看著他），沒有一位會回到家，沒人能回到家人身邊。

就如同所有紐約人，蓋瑞聽到那天的任何故事，每則都好像觸手可及，但沒有一則像現在面前的對話這麼真切可感，相隔十多年——就在二〇一三年九月十日——專案小組兩名男人坐在旁邊的隔間聊著天。這兩名男人聽起來在災難發生那天衝向雙塔，然後好幾週都在礫石堆中挖找，搜尋生還者，多數時候都只能找到沒了氣的人。

「你明天回診嗎？」蓋瑞聽到前方隔板，紐約警察局警探詢問另一位紐約州克拉克鎮警察局（Clarkstown Police Department）員警。蓋瑞聽著兩人簡單提及各自的呼吸道問題和其他毛病，過了十二年都還沒痊癒。兩人也聊到其他罹患嚴重疾病的第一批救難人員，有些甚至因此過世。蓋瑞聽著聽著，想到恐怖份子二〇〇一年對美國的所作所為，還有現在二〇一三年恐怖海盜羅勃茲打算對美國做出的事，越想越氣憤難耐。

蓋瑞已經讀完DPR的所有文字（三遍），看到恐怖海盜羅勃茲對大批信眾宣稱政府的時代「就要結束了」；宣稱國家是「敵人」；宣稱人民應該發聲唾棄聯邦當局，這包含了那一刻和蓋瑞一同坐在那間辦公室的所有人。同樣的男男女女，曾經在九月十一日衝向世貿中心救人，明天卻必須到醫院回診，為英勇行為付出代價。

所有念頭不停堆疊，蓋瑞終於受夠了，轉了椅子面對另一名絲路專案小組探員，直直盯著對方，聲音帶著惱怒宣布：「我想我是對的，你知道嗎？我覺得就是他。」

「你在說什麼？」

「就是他。羅斯．烏布利希。」蓋瑞說。

「你真的覺得可以用Google搜尋找到他？」同事問蓋瑞。

蓋瑞已經懷疑羅斯・烏布利希可能和絲路有某些關聯，幾個月前也和同事提過，但這條線索沒有下文，不能只因某人在網際網路上貼文提及絲路，就為此提起訴訟。但自從蓋瑞在FBI辦公室看到牆上的舊金山咖啡廳IP位址，顯然羅斯・烏布利希這人物就住在舊金山，蓋瑞確信就算不是恐怖海盜羅勃茲本人，羅斯・烏布利希肯定和絲路脫不了關係。

「沒錯！」蓋瑞說道，雙手停不下來，聲音越來越大。「我是對的。就跟你說，我是對的。」

花了幾分鐘再次陳列所有事實，蓋瑞起身宣布他要重新回顧整個案子，從頭開始。正如他每則電子郵件、部落格貼文、新聞文章、論壇發言都讀三遍一樣，蓋瑞打算重新且從頭到尾回顧案件調查三遍。蓋瑞猜想或許漏了什麼關鍵。

蓋瑞走出隔板，去旁邊轉角找國土安全部女士。蓋瑞在女士身旁的空椅坐下，說：「我需要妳再跑一次羅斯・烏布利希的名字。」幾個月前，蓋瑞也提出同樣的背景查核要求，這次也對新資訊不抱期待，單純想要看看是否錯過任何細節，一丁點DNA、一張停車罰單，任何東西都好。

系統跑了一分鐘，紀錄載入螢幕。國土安全部女士首先檢閱羅斯的旅遊紀錄，注意到羅斯去了多米尼克（蓋瑞知道這筆資料點，認為相當可疑，罪犯經常把錢藏在加勒比地區）。國土安全部女士繼續檢閱羅斯的資料，突然停下說：「你知道這人有一筆搜查紀錄？」

「什麼？」蓋瑞問，困惑不已。

「沒錯，幾個禮拜前這人有一筆搜查紀錄。」

蓋瑞聽到「搜查紀錄」相當震驚，本來只想按照自己一絲不苟的原則走三遍而已。

「你要我讀出來嗎？」國土安全部女士問。

「要！」

國土安全部女士大聲讀出內容，海關暨邊境保護局先「扣押了假證件」，國土安全部一名叫迪倫．克里頓的人前往舊金山第十五大道的住家拜訪羅斯．烏布利希。這份資料還記載羅斯的室友說，他的名字是小約，不是羅斯，而且小約用現金付房租。國土安全部女士暫停，看了一下蓋瑞說：「我要繼續讀嗎？有幫助嗎？」

蓋瑞眉頭深鎖，覺得剛才聽到的十分離奇，大聲道：「要！要！繼續！繼續讀！」

國土安全部女士轉頭看回電腦繼續。除了第十五大道的地址之外，顯然羅斯曾經住在舊金山的希科里街。國土安全部女士接著讀迪倫寫的報告，一字不差：「烏布利希拒絕回答任何有關購買這份或其他假證件的問題。」然後如玩笑一般，讀出下一句：「但是烏布利希自願在假設的情況下說，任何人都可以用『洋蔥路由』到一個叫『絲路』的網站購買任何毒品或證件。」

蓋瑞的心跳重擊耳膜。這不合理呀！只是巧合的話，也太不合理了。蓋瑞立刻衝去長官辦公室，直接闖進去，腎上腺素在血管中奔流。

「是他！」蓋瑞大喊：「是他！」

長官叫蓋瑞冷靜一點，然後聽蓋瑞分析為何是羅斯．烏布利希——這論點現在又更加可信了，只是長官提醒還有許多細節不太合理。儘管如此，長官還是請蓋瑞深呼吸，打給美國聯邦檢察官辦公室好好報告。

瑟林．特納接起電話，沒想到會聽見一名激動的國稅局探員，劈頭就滔滔不絕。

特納說道：「慢一點，你講的是哪位？」

「我認為一直在經營那個網站的人。」蓋瑞說。

「他怎樣？」

蓋瑞開始錯綜復雜的講解，列出所有資訊，從Google搜尋結果到多米尼克旅遊紀錄——幾週前蓋瑞向瑟林報告嫌犯清單時，所有細節都提過了，但這次還多加了國土安全部報告，也就是假證件的調查經過，還有假名「小約」和絲路網站的言論。

瑟林不太相信蓋瑞提出的證據，也燃起了一點好奇心，問：「這傢伙住在舊金山？地址是？」

蓋瑞唸出國土安全部報告上的地址，瑟林一邊在 Google 地圖上輸入，螢幕上的地圖越過整個美國移到鋸齒狀凸出的舊金山，再往下移到希科里街，幾乎就座落在十八平方公里城市的正中央。蓋瑞還在電話另一頭講話，瑟林點擊地圖上的地址，然後輸入另一個連結起絲路網站和某人或某地的唯一證據：舊金山拉古納街莫米托比咖啡廳。

「天啊！」瑟林突然大喊：「就在我們找到 IP 位址的莫米托比他媽的轉角。」

蓋瑞向後靠在椅子上，瑟林則向前靠近螢幕。

對瑟林而言，這一點道理都沒有，沒有任何程式撰寫背景的小伙子，Facebook 幾乎都是和郊區友人露營、風箏衝浪、擁抱媽媽的照片，竟然會創造政府當局現在認為價值數十億的毒品帝國。更沒有道理的是，這小子下了冷血的格殺令，多達六條人命。不可能。這單純就是不合理。但這幾點也毫不合理，這小子住在莫米托比咖啡廳一街區外，是第一個在網際網路上寫下絲路的人，還被抓到購買九張假證件。

「我要寄電子郵件通知傑瑞德和塔貝爾。」瑟林說，「我想要大家一起開個電話會議。」

德克森聯邦大廈，傑瑞德坐的辦公室相當簡陋，沒有電腦，沒有書籍，只有一張實木橡木辦公桌，以及傑瑞德正要伸手拿起話筒的一臺電話。

傑瑞德看著瑟林幾分鐘前寄來的電子郵件，開始撥打號碼參加電話會議，電話鈴鈴響著，傑瑞德坐回椅子，疲憊地癱坐在那，茫然盯著窗外的芝加哥天際線。

塔貝爾回到紐約的家，和太太莎賓娜、孩子打招呼，說自己要立刻打一通簡短的電話會議，走進自己的臥室，開始晚間儀式，踢掉正裝鞋，脫下西裝，換上一雙汗漬斑斑的愛迪達，套上T恤，正面朝下撲上床鋪，「砰」的一聲。塔貝爾好累，那一刻若閉上眼睛，肯定可以睡上一個月，深深嘆了一口疲憊的氣，伸手拿出包包裡的裝置。

就像賭場荷官做圓弧狀緞帶展牌，塔貝爾把筆電、iPad、手機放在面前，然後撥打瑟林電子郵件寫的電話會議號碼，茫然盯著iPad。擺在另外兩臺裝置中間的iPad，展示著瑟林一小時前寄的地圖。

「蓋瑞。」

「瑟林。」

「塔貝爾。」

「傑瑞德。」

「人都到了嗎？」

「到齊了。」

瑟林先開始，告訴傑瑞德和塔貝爾幾分鐘前他和蓋瑞的對話內容，再請蓋瑞告訴大家他發現的事情。

蓋瑞開口，聲音帶著一絲緊急，解釋 Google 搜尋，以及二〇一一年一月底在迷幻菇場論壇第一次出現提及絲路的貼文，發文人的使用者名稱是 Altoid。

塔貝爾和傑瑞德對蓋瑞提出的證據不是很在意，或許 Altoid 只是名絲路網站的早期使用者，這麼大的案子很容易發現各種巧合，天曉得說不定其他人也有數十件巧合。政府單位想過很多次，絲路頭領其實就是某比特幣交易所執行長、一名 Google 工程師，或甚至是一位美國大學教授。其他人則認為是貧民區藥頭，或是墨西哥販毒集團現在和程式設計師合作，有些人推測是俄羅斯駭客或中國網路罪犯。然而現在，蓋瑞．艾福德假設那位冷酷無情、愛取笑人、超級富有的恐怖海盜羅勃茲是來自德州奧斯汀的二十九歲小伙子，既沒有撰寫程式的背景，還住在舊金山每月房租一千兩百美元的公寓。

傑瑞德不相信，塔貝爾也不相信，瑟林知道，如果他們不相信，那他也肯定不會相信的。畢竟，傑瑞德花最多時間和DPR打交道，替他工作了好幾個月（臥底），已經數不清在線上聊天幾次了。此外，傑瑞德有一整間辦公室的假證件，以及承認從絲路購買假證件的人名清單，這些人肯定不是DPR。

但是，蓋瑞繼續講。

「然後我在程式設計問答網站 Stack Overflow 看到一則貼文，使用者名稱是羅斯．烏布利希，詢問是否有人能幫忙編寫洋蔥路由的程式碼。你知道嗎？才貼了一分鐘，他就回去把使用者名稱從羅斯．烏布利希改成 Frosty，然後……」

「你說什麼？」塔貝爾插話，從床上坐起。

蓋瑞沒料到會有人提問，但還是回答了：「Stack Overflow 是個網站，大家可以張貼程式撰寫相關問題——」

「不，不是那個。」塔貝爾說，語氣聽起來很有攻擊性：「那之後你說了什麼？」

蓋瑞說明羅斯．烏布利希在 Stack Overflow 用真正的電子郵件當使用者名稱註冊了一個帳號，但張貼問題後一分鐘，就把使用者名稱改成 Frosty。

傑瑞德和瑟林靜靜聽著，不太明白這兩人在講什麼。

「Frosty？」塔貝爾說，現在聽起來激動又興奮。「你確定？」然後不耐煩地拼出每個字母：「F、R、O、S、T、Y——就是那個 frosty？」

「對！Frosty！」蓋瑞回道，有點生氣塔貝爾這麼沒禮貌。「然後沒多久他就把電子郵件地址改成 frosty@frosty.com。現在是怎樣？為什麼你要一直問？」

「因為……」塔貝爾深吸一口氣，接著說：「我們拿到芬蘭寄來的伺服器，」——又深吸了一口氣——「看到恐怖海盜羅勃茲的伺服器和電腦兩個都叫『Frosty』。」

電話線陷入沉寂，空氣中只剩一片安靜，四個男人坐著思考剛剛到底聽到了什麼。

終於，瑟林打破寂靜：「好的，很有趣。」

疑點都清楚了，傑瑞德上網查詢「羅斯．烏布利希」，看到他的 YouTube 頁面，好幾十部自由放任主義的影片，中間是羅斯自己取的 YouTube 帳號名稱「OhYeaRoss」。就在網頁上，DPR 和 Cirrus 聊天一直用的字就在上面：「yea」。

字尾沒有 h，只有「yea」。

第六十一章　送別派對

那臺白色貨卡停在停車場，海灘又暗又靜，令人發毛。幾點路燈黃光懸在空中，盡全力想穿透舊金山的濃霧，海浪規律地打在沙上。空氣又鹹又濕，羅斯走出貨卡，拉緊黑色厚夾克保暖。

羅斯看向昏暗的海平線，雖然沒辦法看得太清楚，但有海灘，是一片很美的海灘。要是時間可以停留在那一刻，接下來幾個小時就永遠不會結束，但那不可能。時間的法則就像重力，無法討價還價。羅斯現在快要沒有時間了。

儘管如此，舊金山夜晚很樂意為羅斯特別提供最後的慶賀，徹夜狂歡。

後方黑暗中，一名朋友喊道：「來搭建篝火吧！」

大家開始卸貨，羅斯先幫忙用貨卡裝了兩床高的木頭和木屑，都是從羅斯家幾街區外的格倫峽谷公園（Glen Canyon Park）撿來的。

新室友艾力克斯來了，勒內和莎莉娜也來了，其他朋友從奧斯汀來到這裡，總共十二人。篝火才點燃，立刻開始劈里啪啦熊熊燃燒。開香檳、啤酒，一捲大麻煙傳著輪流抽。羅斯抓了自己的金杯鼓，雙手拍打高腳杯形狀鼓的皮製鼓面，響亮的碰碰聲衝擊著空氣。

鼓聲讓羅斯想起學生時光，在賓州州立大學參加了種籽社，要不是那個擊鼓社，可能永遠也無法和茱莉亞在學校莫名的地下室相遇。要不是參加自由放任派社團，可能永遠也不會成為今天的他。

從那時起，羅斯已經航行了百萬里，一路上幫助了百萬人。以前的羅斯很有理想，也是個迷失的靈魂；現在這位羅斯改變了世界。以前的羅斯只值幾百美元，現在這位羅斯身價上看好幾億美元。以前的羅斯讀了羅斯巴德、米塞斯、布拉克[16]等深具影響力的自由放任派學者，但現在的羅斯・烏布利希為最具影響力的自由放任主義者捉刀代筆：那人就是恐怖海盜羅勃茲。

或許可能是羅斯一人獨自寫下那些字，就各方面來說，現在已經分不清誰是誰了。美好羅斯還是存在，最近他看到一個塑膠袋卡在公園樹上，他攀爬樹枝，越爬越高，就為了幫公園清除那個危險的塑膠袋。但善舉帶來不好的後果，幾天後羅斯寫電子郵件告訴茱莉亞：「我起了毒橡樹疹，從頭到腳都是，好希望妳人在這裡安慰我 :(」

16 譯註：瓦特・布拉克（Walter Block），奧地利學派美國經濟學家。

說是這麼說，痧子止痛藥膏很快就會送到了，那時羅斯又可以再見茱莉亞一次了。羅斯訂了機票回奧斯汀，計畫待上兩、三週，舊金山的日子已經結束了。他還有什麼選擇呢？那座城市知道得太多了。他會先回到奧斯汀，再另外找個地方躲起來。說不定是很遠、很遠的地方，可以好好檢視自己願景的地方。或許會是全新的開始。

絲路網站賺的錢多到他不知道該怎麼花。裝著數千萬美元的隨身碟四散公寓各處，問題是雖然錢很多，但羅斯每天都要處理各種麻煩事。日記寫道羅斯放貸五十萬美元給一名藥頭，請百變瓊斯派人去擺平問題，又或者支付駭客或告密者每筆十萬美元，這都只是羅斯的工作日常。謀殺、勒索、報復、攻擊都只是工作。當然，偶有壓力，但在羅斯的平行宇宙，他就是國王。

海灘上，篝火熊熊烈烈，遠方施放多發煙火，魔術一般，下起繽紛燦爛的雨。

碰！碰！碰！鼓聲混著頭上炸開的煙火聲，煙火餘燼飄入大海。

午夜時分，兩名新訪客加入這群人，但不是羅斯想要看到的那種訪客：兩名舊金山員警走來，詢問大家在這裡做什麼。不過，他們不是來逮捕羅斯的。兩名員警禮貌道，是時候撲滅篝火，海灘要清場了。上一秒紅色火花噴射到天空，下一秒大家踢沙子覆蓋餘燼，黑暗重返海灘。

這群朋友收拾東西，朝白色貨卡前進，走回停車場。

派對似乎結束了。

羅斯重新套上黑夾克，望向黑夜，完全沒有察覺，漆黑中，一組臥底FBI探員正盯著他，而且是過去兩週來，無時無刻監視著羅斯的一舉一動。

第五部

第六十二章　粉紅日落

粉紅。

就是那樣。廣袤、粉紅、無邊無際。

壯麗得不像真的粉紅日落籠罩舊金山，傑瑞德沒辦法移開目光，從飛機窗望出去，目不轉睛，瞬間提醒了他偶爾人都會覺得自己有多渺小，努力生活，做著卑微的工作，想著自己真的無足輕重——但從另一個角度，我們都會看到自己其實非常重要。

飛機向左傾斜，準備降落，傑瑞德拿出智慧型手機，拍照保存那一刻。傑瑞德・德－耶吉亞先捕捉粉紅天空的記憶，再幫忙捕捉恐怖海盜羅勃茲，那也要是他們真得能捉到的話。按照塔貝爾所言，出問題了，傑瑞德必須盡快趕到飯店，和現場的FBI小組討論問題。

幾乎在聯合航空（United Airlines）班機輪子一碰觸到機場跑道，傑瑞德就拿出筆電和Wi-Fi分享器，登入絲路。傑瑞德不想冒險，不能讓DPR找不到Cirrus，就算搭飛機也不行，因此傑瑞德請芝加哥國土安全調查署一名探員先假扮成傑瑞德，再假裝自己是德州女子，而真的傑瑞德正飛往舊金山。這相當複雜，但降落之後，傑瑞德很慶幸沒人注意到短暫的換手。

臥底帳號比傑瑞德想像得有用多了，要確認羅斯．烏布利希真的就是DPR時，沒有比這更有用的方法了。有嫌犯是一回事，收集足夠證據來定罪完全是另外一回事。

那通蓋瑞、塔貝爾、傑瑞德、瑟林四人電話以後，FBI派了一組臥底探員尾隨羅斯。整整兩週，臥底探員跟在羅斯後面一起在公園散步、偷窺羅斯在教會區一家餐廳和女生約會，或者偷窺羅斯和朋友出去喝一杯，但只有在羅斯沒有做上列事情時，傑瑞德的帳號才珍貴非凡。

只要看到恐怖海盜羅勃茲登入絲路，傑瑞德就會通知現場FBI臥底小組，臥底探員會確認就在那一刻羅斯是否也開啟筆電，當DPR登出網站，臥底探員也會確認羅斯關上筆電。正因如此，確保傑瑞德一直在線上是這次調查最重要的事。

傑瑞德離開舊金山國際機場，一手筆電，一手包包，朝飯店出發，徹底虛脫。自從三週前那通電話會議，傑瑞德沒有一天睡超過兩、三個小時，目前也還沒有任何可以放鬆休息的跡象。

傑瑞德辦理入住，進到飯店房間，和塔貝爾約好在大廳的牛排餐廳碰面，順一次接下來幾天的安排。塔貝爾介紹傑瑞德認識高大的前陸戰隊布羅非（Brophy），不僅是紐約ＦＢＩ的「狠角色」特別幹員，還出差到舊金山支援實際逮捕。紐約辦公室電腦科學家托姆也來了，傑瑞德之前在紐約市見過面。托姆負責同樣的工作，也就是如果逮捕時羅斯雙手在鍵盤上，要確保羅斯的電腦維持在開機並登入的狀態，但是這部分操作有一個問題。

兩人點了啤酒，塔貝爾說明舊金山當地ＦＢＩ小組要負責逮捕，因為是在他們的轄區（這是ＦＢＩ標準程序），當地探員想要找特警隊闖入羅斯．烏布利希的住處。

「噢，幹。」

「沒錯。」

塔貝爾之前攻堅LulzSec時就犯了同樣的錯，塔貝爾也很清楚他們可以逮捕羅斯．烏布利希一萬次，但除非逮到他雙手在筆電上，否則很可能無法證明逮到的人就是恐怖海盜羅勃茲。只要瞥到一眼聯邦探員或聽到一聲腳步聲響，羅斯就能碰觸鍵盤，加密處理筆電上的所有證據。當然，可以用莫米托比咖啡廳的登入紀錄以及聯邦探員和傑瑞德的共同監視，來證明羅斯和網站有關係，但厲害的律師還是可以說這一切都純屬巧合。

「我們要怎麼辦？」傑瑞德問。

「我明天要去當地ＦＢＩ辦公室一趟，說服他們不要用特警隊。」塔貝爾回覆。

「你覺得會成功嗎？」

「一定得成功。」

但塔貝爾明白他們很難說服，因為ＦＢＩ簡報標註恐怖海盜羅勃茲是危險人物。塔貝爾和隊員整理出來的伺服器資訊顯示，ＤＰＲ曾經下令殺人——好幾人——和地獄天使幫及其他打手都有聯繫。現在只知道，ＤＰＲ會奮戰到底，或許至死方休。如果ＤＰＲ真的有殺人，局裡高層不會冒險失去任何一位ＦＢＩ探員。更糟的是，ＦＢＩ局長還到白宮簡短報告了這次臥底行動，這代表美國總統會知道行動是否成功。

看起來凶巴巴的探員布羅非插話：「我今天本來要抓到他的。」

「你說什麼？」傑瑞德問。

布羅非說明，那天稍早臥底小組尾隨羅斯到附近的咖啡廳，羅斯坐在電腦前兩、三個小時。布羅非走進同一家咖啡廳，在羅斯旁邊坐下，布羅非身材巨大，當下可以直接壓制羅斯，但很可能羅斯那時沒有登入絲路，這樣一來就只是逮到他在收發電子郵件而已。如果傑瑞德沒有在飛機上，或許就能確認ＤＰＲ是否登入絲路，是的話就可以逮捕了，但沒能抓住機會，布羅非只好放他走。

「屁啦！」

「嗯哼。」

「好吧。」傑瑞德嘆道，一邊看著筆電，說：「他現在登入了。」問道：「那我們現在要怎麼辦？」

「我還不知道。要先看看明天我的ASAC怎麼說。」塔貝爾回答，指的是當地的助理特別探員主管。塔貝爾大口吞下啤酒，就像某些人就著殼吞生蠔那般，喝啤酒的時候想起有件事忘了告訴傑瑞德：「你不會相信誰他媽的在我起飛前打來！」

「誰？」傑瑞德問，咬了一口漢堡。

「卡爾．福斯！他堅持要看伺服器，簡直語帶挑釁，像個混帳。我跟他說如果真的想看，要先過我的ASAC那關。」

「這群巴爾的摩真是他媽的不專業。」傑瑞德說道，一邊搖頭。「我敢發誓卡爾肯定有問題，事情不太對勁。」

接下來四十五分鐘，他們講述各種事件，分享卡爾和巴爾的摩小組在調查期間有多麼不專業，布羅非和托姆聽得不可置信，一臉震驚。只是那時他們都還不知道究竟有多麼不專業。

「我要去幫DPR工作了。」傑瑞德說，起身離開酒吧，知道今晚也是長夜漫漫。

塔貝爾也有工作要忙，明天必須前往當地FBI辦公室一趟，想辦法說服他們不要派特警隊闖入羅斯．烏布利希的家。

第六十三章　卡爾菈・索菲亞

卡爾讀著巴爾的摩專案小組長官來信。

內容寫道：「巴爾的摩要停止所有絲路活動整整一週，等待紐約FBI下週出擊的結果。」隨後下達更嚴格的指令：「眼下最重要的是，不要做任何可能會妨礙紐約FBI逮捕DPR的事，也不能作出任何可能干涉逮捕和搜查過程中搜集證據的事。因此，請停下所有調查活動，不能登入絲路及其論壇，也不能使用任何整合通訊產品。」

糟了。太太太糟了。

謠言已經從紐約，經過華盛頓特區，傳到巴爾的摩粉紫色辦公隔間，卡爾的小小辦公桌，FBI和其他探員可能已經找到恐怖海盜羅勃茲了。現在謠言已經證實無誤，這是卡爾想像中能接獲的最糟糕消息。不僅對DPR而言是個問題，對卡爾也是，還有對卡爾的線上祕密身分也是——卡爾用線上祕密身分餵資訊給本該追捕的人。

到目前為止，卡爾的計畫運作順利。白天會用挪伯的身分聊天，內容都會儲存並登錄在緝毒局的調查報告中，再寄給尼克和馬可波羅專案小組其他探員，報告都非常完整詳盡。

做得好。幹得好，卡爾！

不過當黃昏變成黑夜，卡爾會登入他的電腦，假扮成政府探員凱文，出售情報，偷偷摸摸傳訊息給DPR，這些訊息沒有紀錄，也不會出現在報告中。

當這兩條線交疊，同時恐怖海盜羅勃茲（不知道電腦的另一頭發生什麼事）又要討論情報金額，卡爾會斥責DPR，提醒道：「使用PGP！」一款高度安全通訊平臺。少數幾次DPR忘了用，卡爾會在每日紀錄假裝有技術問題：「探員註記：由於絲路網站的問題，特別探員福斯數次無法錄製上方對話。」

一切都運行得十分完美，直到謊言開始越疊越高，卡爾開始搞混角色扮演的時機。卡爾不願放慢腳步，也不想停止踰矩，反而決定幹更多壞事，開始創造更多假帳號和詭計賺更多錢。

那封電子郵件寄來告訴他停下行動之前，卡爾決定創造另一名虛構線上人格，不是毒品走私客挪伯也不是腐敗的司法部職員凱文，而是新角色法國女僕（French Maid）。用這個新身分，卡爾傳給DPR另一則訊息，提到有更多網站調查相關資訊可以販售。

「我收到重要情報，你最好盡快知道。請給我你的PGP公開金鑰。」這一刻正是卡爾的謊言變得太過複雜、難以分清的時候，每件要說的事都在心裡混淆，亂七八糟。

結果，卡爾就要犯下無法挽回的錯誤。

卡爾假扮成法國女僕的時候，不小心在某則傳給ＤＰＲ的訊息裡留下真名——卡爾。隔一會兒，卡爾才發現自己做了什麼，立刻傳另一則訊息給ＤＰＲ：「哎呀！真抱歉。我叫卡爾菈・索菲亞（Carla Sophia）啦！在這市場有很多朋友，ＤＰＲ會想要知道我有什麼情報 ;) xoxoxo」

好險，恐怖海盜羅勃茲根本不在乎卡爾還是卡爾菈是誰；ＤＰＲ只想要販售的情報，開心地支付超過十萬美元給法國女僕購買更多情報，只希望能防堵聯邦探員。

卡爾以為就算這樣削錢還是可以僥倖逃過，但是二〇一三年九月中聽到聯邦探員已經指認ＤＰＲ是誰了，接著又收到長官的電子郵件要大家暫時停止行動，這讓卡爾驚恐萬分。如果ＦＢＩ抓到ＤＰＲ在使用電腦，就會發現這名奸詐緝毒局探員和恐怖海盜羅勃茲的更多對話紀錄。

他用挪伯的身分傳訊息給ＤＰＲ說：「我的線人（凱文）非常肯定你很快就要被抓了。你就像家人，但還是要告訴你，我殺了好幾個關在監獄的人，簡單又便宜。」結尾又再一次威脅：「我相信你已經刪除我們所有訊息和聊天紀錄了。」

但要是ＤＰＲ沒有刪怎麼辦？思前想後，只有一個辦法可以知道ＦＢＩ究竟掌握了什麼，又或者ＦＢＩ是否真的知道ＤＰＲ是誰，那就是去看聯邦探員顯然早就找到的伺服器。卡爾又有了新主意——新謊言——打給FBI克里斯．塔貝爾，兩人根本沒講過話。

「嗨，我是特別幹員卡爾．福斯，巴爾的摩緝毒局。」卡爾朝塔貝爾吼道：「什麼時候可以去看一下伺服器？」

「誰？」塔貝爾回。

「特別幹員卡爾．福斯，就是在——嘿，你知道的，我真的需要看一下伺服器。」

塔貝爾立刻反擊道：「你有拿到ASAC的批准嗎？」

「有有有，有拿到。」卡爾結巴道，顯然是在撒謊。「什麼時候可以去？哪天你最方便？」

「沒時間。如果你想看，就必須先經過ASAC同意。」然後，塔貝爾就掛電話了。

結束這回合，卡爾黔驢技窮，無計可施了，只能祈禱DPR有聽挪伯的話，把訊息都從電腦上清掉，也有可能兩人都走運，恐怖海盜羅勃茲逃過一劫，一併帶走卡爾的祕密。

第六十四章　曲終人散

羅斯身為自由人的最後一天，就和平常沒兩樣地開啟了。在蒙特利大道公寓醒來，穿上藍色牛仔褲、紅長袖T恤，然後開始處理絲路事務，完全沒想到當天下午三點十六分會戴著手銬坐在警車後座。

過去幾天羅斯都很低落，倒楣的事接二連三。首先，政府單位的線人（化名「法國女僕」）通知羅斯，聯邦探員在恐怖海盜羅勃茲嫌犯清單上添了新名字，法國女僕（說自己的真名是卡爾菈．索菲亞）很樂意拿十萬美元交換那個新名字。DPR付了錢，還在等回覆。然後，另一名員工（羅斯借他五十萬美元）消失不見。更糟的是，毒橡樹疹竟然還沒好。

但還是有值得感激的事：羅斯快要去奧斯汀找茱莉亞了。茱莉亞寫電子郵件道，會去接機，羅斯可以住她那裡，就跟以前一樣。他們也經常在Skype上談情說愛，互寄又長又露骨的電子郵件描述見了面會怎麼對待彼此。

羅斯週末也頓悟了。在大洋灘（Ocean Beach）欣賞篝火、煙火之後，羅斯在日記寫下（同一篇還記錄經營絲路的艱辛努力以及解釋為什麼會起毒橡樹疹）自己需要「吃好、睡好、冥想，才能保持樂觀積極。」

——中午十二點十五分——

蒙特利大道上的房子大多是兩、三層樓木構建築，每間油漆顏色都不同，有的白，有的藍，有的綠。羅斯．烏布利希現在住的公寓是三層樓米色建築，位在該街區的正中間。每隔一陣子，一臺大型休旅車，深色車窗，會開過羅斯公寓。這臺休旅車會右轉貝登街（Baden Street），然後右轉再右轉，直到重回米色建築前方蒙特利大道上。

就算那天早上有人注意到這臺休旅車在這街區打轉，也沒人猜得到車上有什麼。

——下午兩點四十二分——

塔貝爾在戴亞門街上的一家咖啡廳前方踱步，低頭瞪著手機，拚命思考接下來該怎麼做。他已經去找了當地ＦＢＩ辦公室，說明這個案子不該使用特警隊，但是主責長官斬釘截鐵丟出「不」。長官說他可不想冒險失去任何一名探員，就為了一臺必須開著的筆電。顯然，長官根本不知道那臺筆電有多麼重要。塔貝爾打給認識的所有政府機關人士，想要說服他們不要用破門錘闖進羅斯住處，也不要拔槍，但只有爭取到當地ＦＢＩ

辦公室同意，延遲一天才發動特警隊攻堅。

傑瑞德、托姆、布羅非站在羅斯家附近的咖啡廳前，聽著塔貝爾說明一切，不太確定接下來該怎麼辦。他們都知道羅斯在家裡用筆電，因為FBI派了一臺臥底休旅車在羅斯的街區繞圈圈，監視Wi-Fi流量。他們使用的系統會檢查羅斯筆電的Wi-Fi訊號強弱，然後利用三角測量計算該數據（使用繞著街區開捕捉到的三個不同點來計算），就可以得到羅斯的確切位置，現在這一刻他在臥室，蒙特利大道公寓的三樓。

探員站在咖啡廳外討論眼前難題，傑瑞德看著筆電檢查電池電量，現在亮著紅燈，很快就會不到18%。同時，傑瑞德注意到恐怖海盜羅勃茲的頭像從聊天視窗消失。

「DPR剛剛登出。」傑瑞德說，「我要去貝洛咖啡（Bello Coffee）充他媽的電，喝杯咖啡。」

托姆跟著傑瑞德，留布羅非和塔貝爾在外面。咖啡廳人聲鼎沸，每個座位都坐著筆電人士，幾位媽媽喝著茶，一手搭在嬰兒車上，其他人則是盯著手機。傑瑞德找到牆上一個沒人使用的插座，插好筆電，點了杯咖啡。

他們經歷兩年艱辛攀爬一座他媽的爛山，終於接近DPR，近到真的可以聽到他的呼吸，但卻迷路了。特警隊就要衝進去。他們沒辦法逮到開著的筆電；他們無法抓到登入絲路的羅斯．烏布利希。

——下午兩點四十六分——

羅斯抓起筆電，塞進側背包，走下樓梯，站在蒙特利大道。空氣比平常更溫暖，只有舊金山微風帶來絲絲涼意。

羅斯整天都待在家裡，需要換一下空間，還想要找一個Wi-Fi快一點的地方才可以下載《絕命毒師》創作人的訪談。《絕命毒師》最後一集《曲終人散》（*FeLiNa*）昨晚播出，主角老白和他的另我海森堡都死了。

羅斯不會出門太久，頂多就幾個小時，在附近咖啡廳使用免費Wi-Fi下載訪談，順便處理一些絲路工作。

——下午兩點五十分——

塔貝爾看著那條街，手機突然震動，監視羅斯的臥底FBI探員傳訊息，寫道：

「他離開房子了。」

塔貝爾立刻走進咖啡廳通報傑瑞德和托姆。

「我們的朋友朝這裡走來了！」塔貝爾激動地告訴傑瑞德，聲音沙啞，只說重點。

傑瑞德看著塔貝爾，既疲憊又困惑，不知道塔貝爾在說什麼。

「哪位朋友？」傑瑞德問，覺得這又是塔貝爾的笑話。

「我們的，朋友。」塔貝爾語氣堅定道：「要、來、了。」塔貝爾不能直接說出「羅斯．烏布利希」或「恐怖海盜羅勃茲」或「你追查了他媽的兩年的犯罪主腦」。

傑瑞德忽然明白。**天啊，靠！我們的朋友！**

傑瑞德抓起咖啡和筆電，和托姆一起衝到外面，跑過馬路坐在對面的長椅，盡力融入四周環境。

——下午兩點五十一分——

塔貝爾離開咖啡廳。「外表和方向？」塔貝爾將文字輸入黑莓機詢問臥底探員。塔貝爾的所有成員分散各處，布羅非直接躲進幾間店面外的圖書館，看到托姆衝過街，坐在披薩店正前方的長椅上，傑瑞德跑在後面不遠處，塔貝爾轉向唯一剩下的方向，開始往南沿著戴亞門街走，直直朝著羅斯．烏布利希的方向前進。

塔貝爾知道FBI臥底探員會跟蹤羅斯，但就是想親自瞧一眼。

人車從不同方向經過，塔貝爾逐步接近斑馬線，世界以在正常不過的步調運轉，但對塔貝爾而言，世界好似變慢了許多，心臟重擊胸腔，他知道快要和恐怖海盜羅勃茲面對面了。

然後，真的面對面了。

塔貝爾走過街道，好像調成慢動作，注意到周遭的每個細節：小鳥拍翅飛過空中、路上車輛的顏色、黃色斑馬線的斑駁油漆，還有現在朝他方向走來的那名男子，一身藍色牛仔褲、紅色長袖T恤，肩上背了個褐色筆電包。塔貝爾往路中央再走了一步，直直望進羅斯的眼睛，羅斯也回看了一眼。

——下午三點零二分——

羅斯繼續沿著斑馬線走，朝貝洛咖啡走去。店內繁忙吵雜，每個座位都有人在用筆電或媽媽推著嬰兒車。羅斯告誡員工在咖啡廳尋找安全座位的重要性，有次還建議Inigo：「帶著筆電，在咖啡廳找個沒有人能看到你螢幕的地方。點大杯拿鐵，坐下，不要隨便起身，除非要拉拉筋。」沒有位子符合上述標準，羅斯轉身走出咖啡廳。

羅斯心裡跟平常一樣在想很多事，羅斯和茱莉亞約好晚上要視訊聊天。

「今晚可以Skype嗎？」茱莉亞寫電子郵件問。

「當然，幾點？」

「我這裡八點方便嗎？」

「當然，到時見。」羅斯在後面還打上「:)」，心知肚明他們視訊聊天要做什麼。

周遭氛圍平穩，羅斯思考接著可以去哪裡，需要Wi-Fi，但現在下午三點，這一區實在沒有太多選項。羅斯看向剛剛走來的方向，知道杯子咖啡吧（Cup Coffee Bar）一小時前就關門了。正前方車輛開過，一位女性和女兒在散步，兩位男性坐在公園木頭長椅上，一位盯著筆電，一位盯著手機。羅斯繼續掃視街道，眼神掃過墨西哥捲餅店、當地酒吧，最後朝右轉，抬頭盯著格倫公園公共圖書館（Glen Park Public Library）。

——下午三點零三分——

傑瑞德和托姆坐在長椅上，直直盯著前方，好似在和咖啡廳進行瞪視大賽。傑瑞德的筆電開著，托姆的智慧型手機在手中。他們可以看到羅斯拿著包包走出咖啡廳。羅斯環顧四周，然後直直盯著傑瑞德和托姆的方向，兩人立刻移開目光，努力不要太顯眼。

「我猜他在找 Wi-Fi。」傑瑞德悄聲向托姆道。他們用眼角餘光偷瞄，看見羅斯轉向右邊，朝公共圖書館走去。

幾乎就在那一刻，塔貝爾出現了，手機在手中，讀著跟蹤羅斯的臥底探員傳來的最新情況。「他要去哪？」塔貝爾問。傑瑞德朝圖書館方向點頭示意。

那一刻，畢生循規蹈矩的塔貝爾必須決定該怎麼辦。生命中每一刻他都認真讀書、努力練習——不管是多小的事。但現在，他不知道自己該遵循還是打破規則。他完全明白當地ＦＢＩ辦公室會暴怒，如果他們知道塔貝爾考慮逮捕羅斯．烏布利希，卻刻意不讓特警隊在場的話。但是沒辦法，這樣才能抓到恐怖海盜羅勃茲，而且正在使用著筆電。塔貝爾低頭看向傑瑞德，再看向托姆，最後看向圖書管，腦中響起——去他的。

「去圖書館就位。」他告訴托姆。不要做任何事，不要說任何話，只管融入環境。

塔貝爾低頭看手機，完全清楚現在站的幾公尺外，在那一刻，數十名特警隊成員正步入當地FBI辦公室會議室，準備演練一遍隔天要怎麼逮捕羅斯．烏布利希，當然會持槍闖入。塔貝爾打另外一封電子郵件，告訴成員接下來的計畫，大家要進到圖書館，逮捕羅斯．烏布利希。這代表在那場特警隊會議的人也會看到訊息，幾分鐘內他們就會跑向巡邏車，大鳴警笛，開警示燈，迅速往北沿著一〇一號公路開，經過舊金山機場，朝寧靜的格倫公園前進，目標是一間小小圖書館。

——下午三點零六分——

圖書館書架右邊，幾位小孩坐在小桌、小椅，安靜地翻著小故事書的頁面。其他幾名讀者在書架間亂逛。這間圖書館不大，羅斯想起了好貨車的倉庫，每區圖書都只有一或兩個書架。

羅斯走向一張米色圓桌——就在科幻小說和言情小說區中間——坐下，從包包拿出筆電，看著電腦開機。

——下午三點零八分——

該區一角，布羅非拿出黑莓機，傳訊息給其他FBI探員：「坐在西北角落。」圖書館前公園長椅旁，塔貝爾正在踱步。DPR還是沒上線，傑瑞德抬頭看了一眼塔貝爾，然後低頭看筆電，電池圖標顯示電量只剩20%。

「讓我和他聊聊看。」傑瑞德說。

塔貝爾打著群組電子郵件，感覺到自己手掌汗濕，寫道：「還沒有登入。」然後說明絲路的臥底探員（傑瑞德）要先誘騙恐怖海盜羅勃茲去網站的市場，確保羅斯被逮捕時雙手沾滿數位毒品和虛擬貨幣。如果沒有在筆電開著、登入網站時逮捕，羅斯就能闔上筆電，或按一鍵加密處理硬碟，整個案件就當場**蒸發**！最後，塔貝爾提醒所有人，他說可以行動時，一定要「先拉走筆電，再逮捕」。

傑瑞德看到DPR出現在聊天視窗，第一個蹦出的念頭是「噢幹！來了來了」。一分鐘前奔流全身的腎上腺素全都消失，傑瑞德全心全意處理眼前的任務，明白每件事都是為了這一刻。一群FBI探員在公路上狂飆；塔貝爾站在旁邊看著；緝毒局、國土安全調查署、海關暨邊境保護局、司法部、國稅局、美國菸酒槍炮及爆裂物管理局、美國聯邦檢察官辦公室、參議員、州長，甚至美國總統都等著聽到這一刻的結果，能夠順利成功。

傑瑞德開始在電腦打字，輸入絲路聊天視窗，寫道：「嘿。」但沒有回覆。一分鐘經過，傑瑞德再打了一次「嘿」，不過這次多加了一句：「可以幫我查看一則有標記的訊息嗎？」

傑瑞德知道提出這項要求，DPR就會登入網站的管理端——如果現在坐在三十幾公尺外圖書館的男人就是恐怖海盜羅勃茲——要是成功拿到筆電，就會發現逮捕的人也是登入絲路管理端。

過了大概永恆般那麼久，傑瑞德的電腦終於發出叮一聲，螢幕跳出回覆。

「當然。」DPR寫道，「我要先登入。」接著問了一個怪問題。

DPR寫道：「你在幫我工作之前從事比特幣交易，對吧？」

基於種種原因，DPR在測試他。傑瑞德開始憂心忡忡，DPR知道事情不對勁嗎？傑瑞德掃瞄腦內，試圖記起正確答案。

——下午三點十三分——

一名年輕亞洲女性在書架間閒晃，穿過圖書館，從架上挑選了幾本書。過一會兒，亞洲女性來到這一角的書架，站在科幻小說和言情小說區前，拉了一張米色圓桌的椅子坐下（羅斯坐的那張米色圓桌）。羅斯的背包在旁邊；筆電發出光芒，羅斯逕自打字。

羅斯偷偷隔著螢幕觀察那名亞洲女性，膚色白皙，正在閱讀面前的一疊書。亞洲女性看起來很安全，羅斯繼續低頭看筆電，手指有條不紊地在鍵盤上移動打字。

——下午三點十四分——

傑瑞德思考了一下，想要記起八月接手帳號時德州女子告訴他的詳情。德州女子有做過比特幣交易嗎？還是沒有？傑瑞德深吸一口氣，決定賭一把，回覆：「是的，但沒做多久。」

「之後再也沒做了。」DPR回道，還是在釣答案，就是測試沒錯。

「對。」傑瑞德回覆道：「我不再交易了，因為要求回報。」

他說的肯定奏效了，DPR立刻問：「OK，哪一則？」DPR現在肯定登入絲路全數三個管理區，傑瑞德抬頭看塔貝爾，手指在空中畫圈圈，就像直升機起飛前一樣快，急忙說道：「快、快、快、快！」

塔貝爾兩隻大拇指全速敲打鍵盤寫道：「他登入了。」接著寫道：「**拉走筆電——快！**」塔貝爾衝過街，跑進圖書館。

傑瑞德跑在塔貝爾後面，現在純粹只靠腎上腺素了。兩人衝上圖書館階梯，塔貝爾突然停下，揮臂擋住傑瑞德，悄聲道：「讓他們做該做的。」

整整十秒鐘，傑瑞德和塔貝爾不發一言，就站在那裡，僵在圖書館的水泥臺階上。

然後，他們聽到了，戴亞門街上寧靜的圖書館爆出叫喊和騷動。

第六十五章　逮捕

——下午三點十五分——

上一分鐘，圖書館還非常安靜，下一分鐘，有一名亞洲女性朝站在身旁的男人大喊道：「去你的！」

圖書館裡的人們被突然爆出的聲音嚇到，每個人都抬頭看。被罵的男人舉起拳頭，看來要揍那女的臉。男人握緊的手伸向空中，嚇了一跳的羅斯轉身看這場騷動。

就在那瞬間，傑瑞德和塔貝爾站在樓梯底端，坐在羅斯對面的那名膚色白皙亞洲女性伸手越過桌面，輕輕移走羅斯的三星筆電。羅斯回頭，好像明白了什麼，想要起身搶走筆電，但沒辦法，有人從後面抓住羅斯雙臂。

「FBI！FBI！」剛才吵架的情侶，現在朝羅斯大喊，把羅斯壓在桌上。布羅非衝過來，上手銬，帶走羅斯。情勢太緊張，托姆全身顫抖著走過來拿筆電——筆電還是大開，而且多虧傑瑞德，羅斯也登入了絲路的三個管理區，包括「策劃」頁面，這區只有恐怖海盜羅勃茲和羅斯·烏布利希可以登入。

塔貝爾和傑瑞德走到圖書館二樓，布羅非出現，抓著一名年輕男子的手臂，年輕男子戴著手銬，滿臉驚慌失措。

「他會成為你們最新的好朋友。」布羅非對塔貝爾和傑瑞德說，一邊把羅斯．烏布利希交給他們。

圖書館內，其他讀者開始朝著布羅非和其他探員大喊：「那孩子做了什麼？」有人叫喊：「放了他！」對這些讀者而言，戴著手銬的年輕人只是在忙自己的事，不過就是用筆電而已。

塔貝爾和傑瑞德帶著羅斯走下水泥階梯，到外面街上。塔貝爾輕輕把羅斯轉身面向牆壁，開始搜身，羅斯的口袋只有兩張一美元鈔票、幾枚零錢、一串房間鑰匙。

「我是FBI特別幹員克里斯．塔貝爾。」一邊說，一邊把上銬的羅斯轉回來，一手放在羅斯胸膛，確認沒有心臟病或其他緊急狀況。「你有任何疾病嗎？需要任何醫療照護嗎？」

「沒有，我很好。」羅斯回答。那一刻的震驚已經消退，羅斯現在泰然自若，彷彿只是路上經過一小塊凹凸不平的地方。「指控罪名是什麼？」羅斯問，完全明白警方抓他的理由百百種，或許是訂購了假證件，也可能是與絲路相關但無關緊要的事。

「我們會走到那邊，坐進車裡。」塔貝爾回覆，「要先帶你離開街道。」

ＦＢＩ的車輛、當地ＦＢＩ小隊的廂型車現在從各個角度殺進戴亞門街，近三十名探員從四面八方湧上。塔貝爾帶羅斯走向停在路中央的臥底廂型車，傑瑞德重新走上樓檢查剛才逮捕時扣押的筆電。

圖書館又重回寧靜，傑瑞德走到托姆旁坐下，托姆正在拍照，之後報告要用。傑瑞德掃視著螢幕，看到了幾分鐘前他和ＤＰＲ聊天視窗的另一側。電腦是登入的，使用洋蔥路由，登入絲路支援網頁、「策劃」管理介面（顯示好幾百萬、好幾百萬美元的比特幣佣金）。右手邊有個聊天視窗，對話到一半，對象是Cirrus——傑瑞德的臥底帳號——上面顯示傑瑞德一直聊天的男人名字：「Dread[17]」。這臺電腦名稱是「Frosty」。

「靠，天啊！」傑瑞德大喊。

樓下，塔貝爾協助羅斯坐進臥底廂型車後座，說道：「你剛剛問，指控的罪名是什麼。」一名身穿ＦＢＩ夾克的女性坐在前座，後方的兒童安全座椅空著沒人坐，安全椅旁邊現在坐著雙手銬在背後的羅斯。

塔貝爾拿起一張紙，遞到羅斯面前要他讀。羅斯看著那張紙，最上頭寫著：

17　譯註：即恐怖海盜羅勃茲的D（Dread）。

美利堅合眾國

訴

羅斯・威廉・烏布利希

a.k.a「恐怖海盜羅勃茲」

a.k.a「DPR」

a.k.a「絲路」

羅斯瞇起眼睛，看著塔貝爾，吐出四個字：「我要找我的律師。」

第六十六章　那臺筆電

南韓工業園區，霧霾瀰漫的一隅，陽光穿越晨露，上千名男男女女醒來，前往多間巨大工廠，人人穿上一樣的制服——紅鶴粉連身衣和成套的玫瑰粉帽子。日日夜夜，工人永不停歇，換位置就像換時鐘的螺絲一樣，時鐘不能停止。好幾小時，一天過一天，工人為三星電子股份有限公司組裝電腦。

一分鐘好幾千次，這些工人組裝一臺三星筆電。LCD螢幕連接到機殼；固態硬碟裝進鋁製外殼；晶片焊接到綠色電路板；機械手臂確保筆電的轉軸開闔順暢。幾分鐘之前，這些東西還只是金屬、矽膠、塑膠碎片，現在有了生命。閃亮亮筆電，載入了軟體，放入盒中，裝到推車上，越過整座建築，進入世界貨運系統的巨大運輸動脈。

二〇一二年四月，有人上網購買了其中一臺三星筆電，要價一千一百四十九美元。那臺筆電旅行了一萬一千二百四十八公里，一路從南韓工業園區的那間工廠出發，抵達德州奧斯汀郊區一幢古色古香的房子。除了羅斯．烏布利希和恐怖海盜羅勃茲之外，再也沒有人碰過那臺三星 700Z，直到二〇一三年十月一日下午。

塔貝爾帶走羅斯，前往附近監獄時，FBI托姆．基爾南小心翼翼帶著那臺銀色三星筆電走下圖書館樓梯，到街上，坐進布羅非無標誌警車的後座。

托姆帶著那臺筆電小心翼翼地走，好似手拿湯匙運送一顆蛋。車上，傑瑞德也一起坐在後座，托姆緊張地敲打鍵盤、移動滑鼠，確保筆電持續運作，他們朝羅斯．烏布利希住處的幾個街區外前進，那裡有電腦鑑識實驗室在等著他們。

鑑識貨卡是一頭大型白色野獸，長度如小遊艇。後方沒有窗戶，車內灰色長桌從車頭延伸到車尾，到處都是電腦裝備。螢幕閃爍，四周都是線路，亂七八糟，一長排電源插座隨時待命，一名當地FBI辦公室電腦鑑識專家等著接收那臺筆電。

托姆和另一名探員開始檢查那臺筆電是否有機關，做各種試探，確保那臺筆電不會在插上外接硬碟時死機，他們打算用外接硬碟儲存所有資料夾檔案。就在那時，托姆看到「劇本」資料夾，裡面是羅斯寫的程式碼，就是為了萬一發生現在這種情況時，可以保護那臺筆電。

幾公尺外，FBI探員湧入羅斯住處，翻找任何證據、線索可以證明羅斯和絲路有關。他們在垃圾桶找到手寫筆記，寫在一張皺巴巴的紙上，畫下正在為網站打造的新檔案系統。羅斯床邊的桌子有兩個隨身碟，聯邦探員還不知道裡面裝了什麼。

接下來十小時，那臺三星筆電用六、七種方式分別複製了一輪——備份的備份以及再次備份。探員進進出出，邊吃麥當勞邊工作。街燈亮了，鑑識廂型車移動到附近的FBI安全屋。塔貝爾來了，放羅斯在看守所，托姆和鑑識同仁試圖深入那臺筆電，希望可以從記憶體挖出羅斯的密碼，或許可以進入筆電的另一端：羅斯．烏布利希那一端。但大約在凌晨兩點，他們打算突破筆電另一端時，那臺筆電死機了。

雖然他們有多個備份，但需要好多天才能從到手的資料中找出確切證據。幾公里外，舊金山第七街（Seventh Street）一座石砌監獄，羅斯坐著直盯一面水泥牆，對於自己身在監獄感到震驚，但毫不擔心會在監獄待多久。羅斯已經演練這齣劇好幾千次了，當然他們抓到他了，還趁他十指放在筆電上，用DPR身分登入絲路的時刻。但是，這不代表他就是營運絲路的DPR，或許不止一名恐怖海盜羅勃茲，就像耳熟能詳的《公主新娘》一樣。

羅斯確信他們也同樣沒辦法破解筆電的密碼。所有最重要的檔案都已加密處理，並且用安全字組「purpleorangebeach」上鎖。沒有人，就連FBI也無法解開這些安全措施。羅斯很肯定他們頂多只能證明，逮捕的時候，羅斯登入了網站，而這根本不代表什麼。最糟的情況，羅斯知道可以承認，沒錯，他確實曾經參與過絲路，但是多年前早就交給別人處理網站了。如果FBI問羅斯把網站交給誰，他只要簡單回答：「我不知道是誰。我只知道，他們稱自己恐怖海盜羅勃茲。」

第六十七章　羅斯入監

逮捕的前兩週，囚犯ULW981號關在加州奧克蘭，單獨監禁。平常的衣服被收走，換上一套紅色監獄連身衣，背上寫著阿拉米達縣監獄（ALAMEDA COUNTY JAIL），鞋子也被收走，換成一雙襪子加夾腳拖，手銬連到腰上的一圈鏈子。每天允許到戶外一小時，目前等待轉送到紐約市，出庭受審。

羅斯遭逮捕的新聞，就像原子彈爆炸一樣在網路上炸開，數千個部落格、報紙、電視媒體都在報導，童軍好青年祕密經營網站的故事，據ＦＢＩ指稱該網站幾年內已經走私市值十二億美元的毒品、武器、毒藥。

認識羅斯的人看著新聞報導，覺得毫不合理。朋友和家人都相信這是天大的錯誤。記者打給羅斯最好的朋友勒內（羅斯在舊金山希科里街與之同住），詢問是否知道羅斯涉入絲路一事，勒內驚愕不已，困惑道：「我不知道他們是怎麼搞混的，我也不知道他們怎麼把羅斯捲入這一切，但我相信不是他。」羅斯的家人也是同樣反應，羅斯不可能和那個網站有任何牽連。親人都相信羅斯肯定遭人陷害了，也確信真相會還給羅斯清白。Facebook國小好朋友、中學好哥兒們、昔日鄰居人人都分享連結，不可置信，讀著內文，萬分震驚。不可能，再過一百萬年也不可能，不會是羅斯。

舊金山，羅斯在第十五大道的一名室友正走路上班，停下來拿起一份《舊金山觀察家報》（*San Francisco Examiner*），頭版上半部登出羅斯微笑的照片，旁邊是絲路網站的截圖，立刻用智慧型手機拍了頭版，傳給第十五大道公寓的另一名室友，訊息寫道：「有趣，看起來像我們的室友小約。」

「不是看起來像。」另一名室友回道：「就是他。」

「哇靠……」

別忘了還有茱莉亞，羅斯遭逮捕那晚，本來預計要和羅斯視訊聊天。茱莉亞脫到只剩性感睡衣，登入Skype，希望看到筆電那頭帥氣的羅斯，但羅斯沒有出現。茱莉亞打了又打，想要聯絡到羅斯，可是沒有人接。那一刻，茱莉亞完全不知道，她想要透過筆電小小鏡頭上調情的男人正戴著手銬坐在監獄，兩名聯邦探員正在FBI鑑識貨車上查看男人的筆電。最後，茱莉亞放棄了，那晚不再打給羅斯，以為羅斯忘記了他們的網路約會，獨自一人上床睡覺。

隔天早上，一名客戶來到辦公室，他們坐下瀏覽照片，茱莉亞的手機響起，打斷了會議，奧斯汀的朋友來電，只說了：「快點Google羅斯．烏布利希。」

「蛤？」茱莉亞問。

「照做就是了。」朋友命令道：「Google羅斯．烏布利希的名字。」

茱莉亞轉向電腦，輸入寫過了上千次的名字，等待結果載入螢幕，一看到新聞幾乎暈厥，驚懼壟罩全身，倒地不起，嚎啕大哭。

兩週後，羅斯登上空中監獄（Con Air，運送囚犯的班機暱稱）飛往紐約市。全國各地左彎右拐，一連串接送其他囚犯後，羅斯抵達紐約市，立刻關進一所布魯克林監獄，和其他一般囚犯關在一起，待到他的審判開始。

身心俱疲的雙親從奧斯汀飛來見羅斯，朋友也來探監支持，羅斯和新律師約書亞．德拉特爾（Joshua Dratel）碰面。他是一名可靠的律師，最出名的便是幫美國土地上最惡名昭彰的罪犯辯護，例如幫兩名涉入肯亞和坦尚尼亞美國大使館兩百二十四名死亡爆炸案的男人辯護。聘雇德拉特爾是因為，羅斯認為這位律師相信，人的信念不能被視為犯罪，而法律體系應該給所有人——即便據稱是恐怖份子的人——公平公正的審判。

FBI想要找到網站謀殺的屍體，DPR付錢請人下手的對象，但是資料庫沒有任何比對相符的犯罪紀錄。看起來要麼是地獄天使幫完美丟棄屍體，又或者，更可能的是根本沒人被殺，恐怖海盜羅勃茲只是白白被騙了好幾十萬美元。

聯邦政府提出協商認罪，刑期從十年到終身不等，但羅斯不願意冒險，不想要法官宣判終身監禁。羅斯依然相信可以為自己開脫，拒絕了協商認罪。有點受挫，美國聯邦檢察官辦公室決定把手上有的東西都提出來，拿羅斯開刀做警惕。

羅斯那時不知道的是，FBI千辛萬苦從他手中拿走的筆電，並沒有如他所想的那麼安全。羅斯設的機關失敗了，密碼（purpleorangebeach）一樣不成功，FBI小組努力找到藏在筆電記憶體的密碼。鑑識小組挖出一堆數位證據，羅斯的日記、絲路財務報表等，還有最糟的是就連羅斯也不知道筆電擅自保留下來的證據，其中一項是DPR、挪伯、Smedley、老朋友百變瓊斯等那幫人好幾百萬字、好幾百萬字的聊天紀錄。

拒絕了協商認罪，羅斯正式遭到起訴，總共七項重罪：一為毒品走私，羅斯被告知這可能獲判十年至無期徒刑不等。二為透過網際網路分銷毒品，這也可能獲判十年至無期徒刑不等。三為串謀毒品走私，十年至無期徒刑不等。四是最嚇人的，就算對羅斯而言也是：經營持續營運的犯罪組織，也就是違反了幕後主使法條（Kingpin Statute），這是專門拿來懲罰組織犯罪企業大老闆的法條。依據此法條起訴的大老闆最少獲判二十年刑期，最高則是終身監禁，如果證明了大老闆殺人滅口，刑罰會加重，甚至獲判死刑。

最後五、六、七項分別是駭入電腦、洗錢、走私假證件和假文件；如果羅斯獲判有罪，刑期還會再增加四十年。真是一連串驚人的起訴。雖然德拉特爾律師再三保證會想出方針來為羅斯辯護，但羅斯開始明白情況的嚴重程度了。

好險，在這些壞消息之間，還有些喘息的空間——茱莉亞要飛到紐約探監。事件爆發以來，第一次見到彼此，兩人都哭了。

「我跟你說過的，羅斯。」茱莉亞說，「我跟你說過了。」

就算沒有每個字都說出來，羅斯也完全明白。茱莉亞問羅斯要不要一起唸主禱文。幾年前在擊鼓社遇見的不修邊幅男孩，現在穿著囚服坐在對面，說著他很樂意一起唸主禱文——羅斯知道自己需要所有可以獲得的協助。

茱莉亞攤平紙，開始唸：「我們在天上的父，願人都尊你的名為聖。」羅斯童年上教會就記得這段經文，接在茱莉亞後背誦出整篇禱文，聲音落後茱莉亞幾個呼吸，接著到了主禱文尾聲，羅斯大聲唸出最後一句：「不叫我們遇見試探．救我們脫離凶惡。」

隨後，茱莉亞交給羅斯幾張美元，之後可以去自動販賣機買汽水，鈔票中間夾了那篇主禱文，放在羅斯手中。看起來茱莉亞還想要拯救羅斯，即使現在已經明白羅斯不可能拯救她了。

第六十八章 美利堅合眾國訴羅斯．烏布利希

「請起立。」庭務員喊道：「本庭開始審理，由凱瑟琳．弗雷斯特法官（Katherine Forrest）擔任主審。」羅斯雙手放在面前的橡木桌上，支撐自己起身；身旁的律師團和後面的兩名法警同時起立。羅斯看著法官，一名纖瘦、嚴肅的女性，再開幾次庭就要滿五十歲。

羅斯正前方，一群美國聯邦檢察官辦公室的律師也起身，隨著本庭開審歡迎法官：「庭上好。」弗雷斯特法官明快不廢話，深知曼哈頓下城區的美國曼哈頓法院大樓第15A法庭能運作都仰賴他人的錢、人民的納稅錢。弗雷斯特法官宣布陪審團選任日期、流程，並點明本庭核准專家證人、同意的行程，以及幾名涉入本案要出庭指證羅斯的探員，包括傑瑞德、蓋瑞、托姆都會出庭作證。

弗雷斯特法官出了名的嚴厲，對毒品犯罪者總是從重判刑，但是以德拉特爾為首的羅斯法律團隊，也準備好打一場硬戰。

羅斯轉到布魯克林監獄也過了好幾個月，但隨著秋天變成冬天，樹葉飄落，羅斯過

橋轉送到曼哈頓大都會懲教中心（Metropolitan Correctional Center，MCC），之後審判期間會成為他的新家。

人人口中的MCC監獄是座冰冷的水泥鋼鐵塔，豎立在世貿中心幾個街區外，離FBI總部和國稅局總部又更近了。這座監獄，隨著資歷越久，也關了出名的囚犯，例如甘比諾（Gambino）犯罪家族的老大約翰．高蒂（John Gotti），以及數名卡達組織恐怖份子。羅斯初抵監獄，囚犯已經越過層層牢房牆壁，私下紛紛討論一名新星加入行列，是位海盜來著。

等待審判開始前，在MCC的生活變得就像布魯克林監獄一般單調無聊，羅斯交了朋友，指導幾名獄友瑜伽，幫其他獄友準備考取高中同等文憑證書（GED），也會時不時向守衛講解物理、哲學、自由放任派理論。

聖誕節後沒多久，審判開始。

每天展開的方式都一樣。黎明時分，守衛前往牢房喚醒羅斯。羅斯還穿著獄服，守衛會上手銬腳鐐，固定在腰部。法警站在兩側，囚犯18870-111號慢步走過水泥長廊前往聯邦法院。門鎖「嗶」一聲，宣告羅斯抵達或離開。羅斯被領到籠裡或牢裡，被告知等待，直到下一個牢籠準備好迎接他。

出庭的日子在枯燥和恐怖之間擺盪，檢方提出羅斯筆電上的所有聊天紀錄和日記內容。對話環繞著古柯鹼、海洛因、槍枝、其他非法產品的銷售，以及DPR從中獲得的利潤。和百變瓊斯的聊天紀錄顯示，百變瓊斯保證如果菲比斯抓到DPR，會立刻去監獄營救。「記得，哪天你在運動場地放風，我會搭直升機迅速帶你走，我保證。」檢方大聲朗讀：「賺了這麼多錢，我可以僱一整個小國的人口去劫獄。」然後是據稱謀殺的聊天紀錄。

檢方展示試算表，說明絲路的蓬勃成長，銷售額高達好幾億美元，超過八千萬美元的利潤據說進到羅斯·烏布利希的口袋。聽到律師努力說明比特幣區塊鏈運作方式、為什麼伺服器加密、人機驗證碼（CAPTCHA）、IP位址如此重要、在一臺三星700Z上跑Ubuntu Linux會發生什麼時，陪審團眼神呆滯。

接著輪到辯護方。

德拉特爾頭頭是道地主張，當然羅斯被抓到雙手在鍵盤上，但他不是恐怖海盜羅勃茲。恐怖海盜羅勃茲，不管他是誰，也可能是數十人的總稱。德拉特爾甚至承認（引起法庭內許多人倒抽一口氣）羅斯確實在幾年前開設了絲路，早在「恐怖海盜羅勃茲」化名出現之前，但是網站像隻數位科學怪人，很快就超出掌控。羅斯變得壓力太大，沒辦法繼續經營絲路，就讓給別人經營了。德拉特爾點出其他使用比特幣的人，指出他們也可以輕易成為恐怖海盜羅勃茲，辯道很顯然DPR不止一位，但羅斯不在其中。

羅斯的律師展示傑瑞德和其他探員的電子郵件，他們所有人都曾在不同時間點認為（遠遠早於逮捕羅斯前）ＤＰＲ是其他人。

德拉特爾主張，羅斯遭到真正的ＤＰＲ陷害了。

開審期間，法庭後方每天都擠滿人，右側長椅坐滿記者、部落客報導這場大事件；左側大不相同，情緒大多比較低落，都是羅斯的家人和支持者。聲援羅斯的人來自全國各地，視羅斯為英雄，在法院階梯上抗議，認為羅斯是名英雄，從頭到尾不過是經營網站，如果這樣也算犯罪，那 eBay、克雷格列表的執行長也都該接受審判，這兩個網站也在販售違法物品。

羅斯媽媽琳每天都到場，裹著厚厚的黑夾克，搭一條精緻黑圍巾，一臉受傷，彷彿眼前發生的都不真實。就算是琳最糟的噩夢，也無法想像兒子會面對這樣的宿命。年經的羅斯，琳的寶貝男孩，如此善良、貼心、乖巧、聰明，曾經上研究所要成為分子物理學家，現在坐在三公尺外，即將接受比死還不堪的刑罰。

羅斯回頭看著琳，眼神充滿自信、毫無動搖，告訴琳別擔心，他沒事。

辯護方知道，有些無法推翻的證據直指羅斯——假證件、奧斯汀的老友理查．貝慈出庭作證說些不利羅斯的話、羅斯筆電內找到的幾千萬美元、傑瑞德出庭作證說自己臥底擔任羅斯的員工。法庭內的人可以看見「美利堅合眾國起訴羅斯．烏布利希」一案，其中一方顯然獲得壓倒性的贏面。

歷經三週審判，終於輪到雙方發表終結辯論。

「他明目張膽違法亂紀；從頭到尾都心知肚明自己的行為。」檢察官瑟林・特納在陪審團面前踱步，喝斥：「是他打造絲路。是他擴展絲路。是他營運絲路，從下到上，自始至終都是他。」瑟林越說，越是對羅斯提出的辯護感到憤怒。

「他認為他可以贏得你們——」瑟林朝陪審團大聲道。

「異議！」羅斯的律師試圖打斷。

「——然後辯護方又試圖辯解筆電中的如山鐵證。」瑟林繼續道，忽視辯護律師。

「異議！！」

「這是病毒。」瑟林調侃道：「這太荒唐了。沒有小精靈偷偷把所有證據放到辯護方的筆電上。」終於，瑟林看著陪審團的男男女女，總結：「他從頭到尾都清楚明白自己在做什麼，你們應該認定他全部起訴皆有罪。」

輪到辯護方，德拉特爾起立，對瑟林的結論相當火惱。

「最根本的原則就是，DPR和烏布利希先生不可能是同一人。」德拉特爾開始道：「存下那些聊天紀錄，聽起來像DPR嗎？必須實際開啟功能，那些聊天紀錄才會儲存下來。」德拉特爾繼續，指出恐怖海盜羅勃茲絕對不會犯這麼愚蠢的錯誤：「寫下那樣的日記，存在自己的筆電上？未免有點方便過頭了吧。」

德拉特爾指著筆電找到的證據，說是其他人栽贓誣陷，下手的就是真正的恐怖海盜羅勃茲，得知聯邦探員逐漸逼近，趁著羅斯在公共圖書館下載電視節目，真正的DPR把聊天紀錄和其他證據都放到羅斯的筆電上。「這起案件有太多霓虹號誌，全都刻意指向烏布利希先生，顯得他有罪。」德拉特爾尖聲道，「但他們不是同一人。」

德拉特爾有技巧地提及，二〇一一年十一月羅斯就已經把網站讓給他人了。羅斯非常後悔自己建立了這麼一個網站，甚至飛到澳洲想要重啟人生，遠離自己生下的怪物。「網際網路不是表面上看到的樣子；人人都能創造徹頭徹尾虛構的事物。」最終，德拉特爾主張政府沒有辦法在不引起合理懷疑的情況下，證明羅斯・烏布利希就是恐怖海盜羅勃茲。「我相信……討論時，你們會獲得唯一結論：起訴書上並非每條罪名，羅斯・烏布利希都有罪。」

第六十九章 追捕海盜

「請起立。」庭務員再次喊道，「退庭。」羅斯被帶往其中一道門離開法庭，朝著拘留室前進。幾公尺外，傑瑞德走出另一道門，經過司法人員，抵達十五樓的大理石大廳。傑瑞德需要找個地方想想，知道該去的地方就是：世貿中心遺址。

傑瑞德在證人席上遭受強力攻擊，羅斯的律師從各種可能的面向指控他搞砸了整個案件。那位律師描繪的傑瑞德是名年輕探員，壓力太大，必須逮捕到恐怖海盜羅勃茲，結果他和他的FBI好夥伴抓錯了人。拋向傑瑞德的問題越來越具爭議，每個提問都受到檢方高聲激昂提出「異議！」

媒體超愛這齣戲，群起報導德拉特爾的理論，向世界指出傑瑞德偵辦本案的不同時間點，都瞄準了「其他犯人」。經過幾天辯護方的連續抨擊和指控，傑瑞德終於聽到令他鬆一口氣的十個字：「辯護人沒有問題了，庭上。」

現在，傑瑞德走向世貿中心遺址，心中回憶過去這幾年，一邊想著這個國家多麼厲害，一邊走下百老匯大道，遠離法院。上一分鐘，還只是美國移民的無名後代，在電影院工作，申請了無數個政府職缺，每一次面試都被拒絕，說沒有文憑、做人太不友善、沒有正確回答提問。不錄用、不錄用、不錄用。終於，年復一年的嘗試，獲得在護照上蓋戳章的工作。試了又試，一試再試，終於成為國土安全部的探員。接著，一通電話打來，機場的龐大政府郵件中心一名員工（做著吃力不討好的工作）來電告知一粒粉紅小藥丸。最後，來到這裡。

傑瑞德步入世貿中心遺址，四周都是工地設備嗶嗶響、敲打聲、安全帽吶喊、龐然大卡車、起重機轟隆隆，觀光客拿起手機、相機捕捉嶄新、即將竣工的世界貿易中心一號大樓（One World Trade Center），心裡想著絲路，一開始打算隻身阻止只有自己看到可能會危害國家的事情，結果也確實阻止了，只是一路上需要其他許多人的協助，每個人都為這塊巨大拼圖貢獻了一小片。

傑瑞德繼續走過四散延伸的工地，每邁出一步，情緒就越加激動，腦中依然在想一粒小藥丸拯救了多少條人命。人人都可以對生活其中的世界造成廣泛深遠的影響力，有人選擇積極正向的影響，有人選擇負面，但也有些人分不出差異。不過，多數人都認為自己在這個大千世界只是沒價值的角色，只是一份工作。

有了這層領悟，傑瑞德走向一名魁武卻看似無聊透頂的世界貿易中心一號大樓工地保全，直直望進保全雙眼，突然大聲說：「謝謝你的服務。」保全滿臉困惑，覺得眼前這個男人——傑瑞德——肯定瘋了。傑瑞德再說一次：「謝謝你的服務。」保全盯著這名奇怪的男人，摸不著頭緒，目送他離開。

傑瑞德現在雙眼泛淚，遇到另一名保全。「謝謝你的服務。」傑瑞德微笑道，「謝謝你的服務。」傑瑞德又說了一次，淚水滾落雙頰。傑瑞德走向每一位能找到的保全，有些年老，有些年輕，男男女女，健壯瘦弱。「謝謝你的服務。」傑瑞德知道自己聽起來像個瘋子，但他停不下來，就是想要讓他們都知道：「謝謝你的服務。」

隔天早上，所有人都重回法庭，法官告訴陪審團接下來要做什麼。羅斯、媽媽琳、爸爸科克都在場；塔貝爾、蓋瑞也在場；數十名記者，還有更多支持者也在場。除了一人不在：傑瑞德。

陪審團十二人進入陪審團室討論，傑瑞德在聯合航空班機上，正要飛回芝加哥。傑瑞德花了好幾天、好幾週、好幾個月、好多好多年追捕恐怖海盜羅勃茲，這期間離家人太遠也太久了。沒必要再與太太和兒子分隔兩地了，說實在的，他毫不在意判決結果，該做的已經做完了。

那班飛機降落在芝加哥歐海爾國際機場，也就是將近四年前那粒粉紅小藥丸著陸的地方，傑瑞德收到塔貝爾的簡訊，陪審團僅僅討論了三個半小時。

「全部起訴都有罪。」

傑瑞德微笑走向變態車開回家，走進屋內，兒子開心迎接，問道：「爹地，抓到海盜嗎？」

「抓到了。」傑瑞德說：「我們抓到海盜了。」父子倆一起倒在沙發上打電動。

第七十章　判刑

凱瑟琳．弗雷斯特法官坐在自己的法官辦公室一會兒，才披上黑色長袍，朝第15A法庭走去。陪審團認定羅斯．烏布利希有罪，現在輪到他宣示判決了。

判決前好幾週，檢方和辯護方都懇求法官採納各自的意見。羅斯的家人和朋友紛紛寫了長信，乞求釋放羅斯，或者可以的話，至少判最短的刑期。琳也寫信給弗雷斯特法官乞求法官憐憫：「我懇求您只判必要的刑期，不會過長，請給羅斯改過的機會。」

就連羅斯也寫信給法官，說他知道監獄不是容易的地方，雖然失去自由很痛苦，但家人承受的痛則是災難等級。他太天真；他後悔自己的所作所為；他沒有想太多就開設絲路。信件結尾，羅斯懇求寬容：「我的青春年少已過，我知道您必須拿走我的中年，但請留給我老年。」

二〇一五年五月二十九日，第15A法庭座無虛席，人多到還要另開一間法庭，架設器材直播判決。金屬探測器架設在法庭外，多一道安全檢查，因為有一位網際網路正義魔人在線上公開法官的住家地址等個人資料，還留言：「操死這個愚蠢的婊子，真希望因絲路被查封關閉而損失大筆金錢的販毒集團，能殺了這女人和他全家。」

檢方則是主張要判超過二十年。檢方特別買機票，請那些在絲路上購買毒品卻吸食過量致死的青少年和成人的父母出庭，其中一位是普雷斯頓·布里奇斯的媽媽，邊哭邊講自己最後一次見兒子是那晚在澳洲伯斯，兒子去參加高三畢業舞會前。

辯護方反駁，請了「品格證人」出庭，這幾位證人和羅斯從小就認識，說了一些羅斯無私又善良的故事。然後羅斯起立，談論自己：「我明白了法律的一點是，自然法則其實比較像人類法則。重力不管你同不同意都存在——跳下懸崖峭壁，就是會受傷。」最後由衷地道歉。

「謝謝，烏布利希先生。」法官對回到座位的羅斯說。

弗雷斯特法官宣布休息十五分鐘。

起先，弗雷斯特法官開始宣示羅斯的判決，既冷靜又堅決，說明自己想要帶著羅斯還有法庭的所有人，走一遍他詳盡的思路，明白他思考了哪些才裁定本次判決。

弗雷斯特法官開始解釋，絲路網站顯然是羅斯創造的平臺，而且不僅僅是實驗，也不是靈光一閃的瞬間，而是規劃一年多才開張經營的網站，打定主意要攻擊美國民主體制，不過他被任命為法官的職責就是保護美國民主。

弗雷斯特法官怒目瞪視羅斯道：「你是那艘船的船長恐怖海盜羅勃茲，你自訂了自己的法律，你依一己之見強迫執行那些法律。這其實是精心規劃的畢生志業。這是你的傑作。你想要絲路網站遺留人間——也確實如此。」

弗雷斯特法官指出辯護方提交研究論文，主張越來越多毒品流通或許對社會道德有好的影響，因為可以減少暴力，也可以鼓勵販售高品質、更加安全的毒品。說到這，弗雷斯特法官看起來很憤怒。似乎聽到羅斯在辯論說就因為他坐在電腦前販賣毒品，所以和其他毒販不一樣。

弗雷斯特法官道：「布朗士區的藥頭，不管是賣安非他命、海洛因還是快克，從來沒有人在法庭上這樣主張。這是充滿優勢的言論。比起其他毒販，你不是一位比較好的人，我們的司法體系，也不會因為你的教育而給予特殊待遇。」

法官談論毒品的附帶損害。羅斯之前說吸食毒品都在與外界隔絕的空間發生，除了吸食毒品的人之外，不會傷害任何人。但在法官眼中，事情並非如此，他說時常有相關人士因為絲路上販售的危險物質而受傷，有人死亡，有人變成毒蟲。都是社會成本，還有很多案例顯示，癮君子喪失照顧孩子的能力，有一整個世代的人成長時無人照料。

法官開始說明那些凶殺，指出當然還沒有找到任何屍體，但在他心中，那一點也不重要。「你謀殺了人嗎？五位？沒錯。」法官斥責：「你為此付錢嗎？沒錯。你收到照片證明你認為的謀殺結果嗎？沒錯。」

來到總結，法官看著羅斯道：「我們只知道人非常、非常複雜，你也是人。你也有好的一面，烏布利希先生，我毫不懷疑，但也有壞的一面，你因絲路而做的一切，嚴重破壞我們的社會結構。」

法官要羅斯起立，全場安靜無聲。

三十歲的羅斯起立，頭微微後仰看向法官，想著法官要說什麼。羅斯的父母坐在法院後方，看著羅斯和即將開口的法官。

「烏布利希先生。現在代表我的國家，我的判決如下。第二、第四項起訴，判刑終身監禁。」法官宣讀。其他項起訴追加了四十年刑期。羅斯站著，聽到這些也無動於衷。他後面，法庭長椅間，只能聽到接連不斷地哭泣聲。「在聯邦制度下。」法官繼續道：「不會有假釋，你得終身服刑。」

第七十一章　多隻貓鼬

審判結束後一年多，最後一名絲路員工才落網。當然，毫無疑問，這名員工是網站最具影響力、最高等級的顧問，最多產的藥頭，他用「百變瓊斯」這個奇妙化名活動。

情況一度看似百變瓊斯真的逃過一劫。百變瓊斯就在泰國一個海邊小鎮躲藏了超過兩年，賄賂幾名地方員警，只要有人開始接近，百變瓊斯都可以躲避相關當局的追查。

百變瓊斯那時在亞洲，坐在飯店房內看新聞，發現他的朋友兼老闆恐怖海盜羅勃茲被捕了。『哇，嚇死我了！』看著電視上羅斯．烏布利希的照片，百變瓊斯心裡想著。

就像所有絲路相關人士，ＶＪ緊盯著羅斯的審判程序，想要更加了解這名前童軍和物理學家，他給予諸多建議並費力打造成恐怖海盜羅勃茲的人。和其他人不一樣的是，ＶＪ可以看見自己對這網站的頭領有多大的影響力，呈堂證供包括筆電上的日記，針對朋友兼參謀百變瓊斯，羅斯寫道：「這位是目前為止我在網站上遇到最強大、最有主見的人。有了他的協助，我才能與絲路社群有更好的互動，不論是發布公告、處理有問題的人、推行優惠活動、更改我的名字、制定規則等等。……他是真正的導師。」

審判中還提及另一證據：聯邦探員在羅斯筆電資料夾找到所有員工的身分證件，其中一張是五十四歲加拿大男性護照，真實姓名是羅傑．托馬斯．克拉克（Roger Thomas Clark），相關當局立刻發現這男人目前躲藏在亞洲。

二〇一五年十二月某日清晨，FBI、國土安全部、緝毒局和泰國當地警方合作，在泰國某個小房間逮捕了VJ。警方闖入藏匿地點，上了手銬，克拉克第一句說的是「叫我貓鼬（Mongoose）」，這指的是在其他毒品網站上百變瓊斯更為出名的綽號「多隻貓鼬（The Plural of Mongoose）」。

雖然抓到了百變瓊斯本人（試圖把自己的過往講得多麼不凡，卻揭露了衝突且複雜的面相），但種種跡象顯示，克拉克是真正危險的罪犯——遠比DPR想像中的還要危險。不過，網路上也有其他線索顯示，克拉克陷入絕望，只管躲在電腦後，目標只有一個：折磨全世界。

又或者，網際網路上，他能兩者兼顧。

數十年前，網路上就出現克拉克和他多重身分的故事。有人斷言，克拉克曾是歐洲勢力最強的大麻販子，也有人談論要是惹怒克拉克，都會落入克拉克設計的圈套，最終入監服刑。某人主張，克拉克不止一人，真正的羅傑．托馬斯．克拉克早就往生多年。克拉克的其他故事和早期生意，充滿了偷竊、謀殺、緝毒攻堅、槍戰、跨國陰謀。

克拉克自身，又或者至少其中一個版本的他，曾經宣稱自己罹患多發性硬化症；肌肉逐漸流失；飽受肌肉抽搐、痙攣、顫動之苦；以及「隨便一位七歲孩童都可以在遊樂場一手拿著冰淇淋，一手打得我屁滾尿流」。大家認為克拉克在海外有家人，不僅英格蘭、加拿大，還有蘇格蘭，但已經多年沒有聯繫。

就各個面向而言，克拉克是需要多加提防的人物。

二〇〇六年，《嗨時光》雜誌（*High Times*，致力推廣大麻的雜誌）記者撰寫一篇專題，選了幾位以前在網路論壇上販售大麻種子的人來報導，記者為撰寫文章訪問了不少人，但卻選擇不去訪問克拉克，因為記者認為克拉克是危險的幕後主使。克拉克現在化名百變瓊斯，最出名的是散布病毒感染電腦，以及講述又長又複雜的故事，沒有人知道那些故事究竟是真是假——當然，除了羅傑．托馬斯．克拉克之外。

克拉克在泰國被逮的時候，探員用自己的智慧型手機拍了一張克拉克的照片，傳給美國負責的探員。模糊的低像素照片上，是一名邋遢、無望的男人，下垂的雙眼望向鏡頭，憔悴消瘦的身體，看起來像是走了一遭地獄又回來人間，但熱愛地獄每一分、每一秒的人。現在，克拉克關在曼谷監獄，律師團正努力爭取引渡回美。等到了美國，克拉克會因走私毒品、洗錢而受審，很可能會終身監禁。

第七十二章　那間博物館

沿著華盛頓特區賓州大道（Pennsylvania Avenue）走，有數十間博物館，每間都訴說著美國的歷史，幾間建築裡的遺跡有好幾百年的歷史，例如美國國歌〈星條旗〉（*The Star-Spangled Banner*）靈感來源的那面破舊旗幟、林肯總統遇刺身亡的那把手槍。還有其他物品比較近代，但還會繼續默默無名好幾百年，有些是新興藝術品，展示在賓州大道五五五當代新聞博物館（Newseum）的哈伯德大廳（Hubbard Concourse），離白宮只有幾個街區。

新聞博物館的遺跡來自美國歷史上幾起最大犯罪案件，展廳一角有一座古老木屋，大小僅容納得下一人，屋主是飛機炸彈客（Unabomber）泰德・卡辛斯基（Ted Kaczynski）。旁邊擺了一雙厚底的黑色運動鞋，鞋底都開口笑了；鞋子的主人是鞋子炸彈客（Shoe Bomber）理查・瑞德（Richard Reid），二〇〇一年企圖炸毀一架美國航空班機。展廳深處，玻璃箱裡展示了編號 2015.6008.43a 的一臺銀色三星筆電。

一旁的說明卡寫道：「他自稱恐怖海盜羅勃茲，就是《公主新娘》的一角。」文字繼續說明，這臺筆電的擁有者是羅斯．烏布利希，「他曾經營運十二億美元的市場：絲路」但說明文字並沒有說為什麼筆電最後來到玻璃箱裡，也沒有說還有什麼資料藏在硬碟裡。

羅斯逮捕後沒幾週，塔貝爾、托姆、傑瑞德三人翻遍了筆電，想要找到絲路的科學鑑定證據。ＦＢＩ鑑識小組成功進入羅斯扮成恐怖海盜羅勃茲使用的那槽硬碟——留存數百萬字ＤＰＲ和網站員工、打手、槍枝和毒品賣家的聊天紀錄——但同一批ＦＢＩ探員卻沒辦法進入電腦的另一槽，也就是羅斯想要當羅斯．烏布利希會登入的那一個帳號，傳訊息給朋友、和家人聊天、過自己的另一個人生。

探員試著破解那側的密碼，但電腦要跑一百年才能猜出正確的通關密碼。沒想到，羅斯那側的電腦資訊永遠深鎖。

那臺筆電的主人也是同樣命運。

現在通常天未亮，羅斯的一天伴隨著鑰匙聲、每間牢房的開門聲，開始了。他的牢房只有一、二公尺深，寬度剩一半。牆壁大多都是橘紅色混凝土厚磚，看起來悚然堅實。羅斯起床，套上囚服，走出牢房，加入一般囚犯。枯燥的日子每天都被嚴格控管，一小時早餐、三十分鐘午餐、三十分鐘晚餐。餐點都放在塑膠餐盤上，餐盤凹槽放置塑膠叉子或湯匙、塑膠杯、小塊包裝人造奶油。監獄合作社販售零食、飲料、衣物。羅斯用媽媽存入他帳戶的錢，偶爾可以買糖果、汽水、一雙新運動鞋或運動褲。

像羅斯一樣的囚犯，也就是行為良好的人，都會獲得一小時放風，可以到監獄屋頂圍一整圈散步，屋頂有加裝籠子遮蔽上空。傍晚，羅斯會被趕回牢房，門栓緊緊鎖上。混凝土牢房被推入黑暗中。

羅斯被逮捕後，絲路迅速關閉，但沒隔幾週，就有新的絲路2.0開張營運，由新的恐怖海盜羅勃茲掌舵。隨後，聯邦探員強行關閉絲路2.0，但新的絲路又冒出來了，還有其他數百個網站，供人匿名販毒。經營這些網站的人視自己為運動的一份子，有些人相信這麼做世界才會成為更安全的地方。或許那只是個理由，也或許不是。

二〇一五年（即羅斯被判終身監禁那年），一群大學研究者完成六萬七千個小時的研究，訪問世界各地十萬人的毒品使用狀況，調查的其中一題詢問大家如何獲得毒品。

根據資料研究顯示，研究者指出絲路開張後一年內，高達20%的受訪者開始在網路上購買毒品。研究者接著問為什麼選擇在網際網路上買毒，受訪者說明，在街頭遇害的機率高了將近六倍。顯然羅斯達成了當初創立絲路的目標，有數萬人覺得線上購毒安全多了。

儘管有這些科技，事情還是好壞參半。同樣在二〇一五年，另一篇研究由美國疾病管制暨預防中心（Centers for Disease Control and Prevention）發表，顯示美國近代史上首次出現海洛因、鴉片類藥物吸食過量致死人數高於槍傷死亡人數。新聞報導，有時候會同時播放智慧型手機拍攝的駭人影片，數百起過量致死意外，導致孩童成了孤兒。死亡人數攀升的原因，其中之一是現在取得合成類鴉片藥物輕而易舉，包括在中國製造的吩坦尼。這類毒品比起傳統海洛因強上五十至一百倍，使用者通常都誤判注射量，必然迎來過量致死。疾病管制暨預防中心報告中的圖表，顯示過量吸食這些合成類鴉片藥物而死亡的人數曲線，和絲路收益利潤的曲線圖表沒什麼不同，都是一條突然陡升朝右直直向上的線。

通常，線上購毒的新聞專題報導都會提及羅斯．烏布利希這個新世界的開路先鋒。這些報導的連結最終會帶領讀者發現線上一部鮮為人知的影片，幾年前在舊金山當代猶太博物館錄製的影片，片中羅斯和高中友人勒內對話，談他們未來的人生樣貌。影片有點失焦，看起來是兩位朋友在對話，但羅斯好像談論的另有其人。

「你覺得你會永生不死嗎？」勒內問。

短暫思考的停頓，羅斯．烏布利希看著鏡頭回答：「我覺得很有可能，認真的。我想我會以某種形式長存不朽。」

第七十三章 其他人

羅斯逮捕幾天後，ＦＢＩ探員離開舊金山，飛回紐約市，開始過濾那臺三星筆電搜集證據。克里斯．塔貝爾相信戲已落幕，恐怖海盜羅勃茲已經繩之以法。

塔貝爾返回辦公室坑區，手機鈴響。

「幹你的資料都在線上。」手機傳來傑瑞德大吼。

「什麼？」塔貝爾回應，毫無頭緒。「你在講什麼？」

傑瑞德說線上毒品市場一團亂，頭領走了，員工想要復仇，目標就是在羅斯．烏布利希逮捕報告最後署名的：「聯邦調查局特別幹員克里斯．塔貝爾」。

塔貝爾點開傑瑞德傳來的連結，顯示ＤＰＲ副手張貼在線上的詳細資訊，看到他家住址、他小孩學校地址、岳父母家的住址、一連串留言說要抓到塔貝爾，毀他全家。

塔貝爾旋即陷入驚慌，朝同事喊道：「他們要找我家報仇！」發了瘋地打給太太莎賓娜說出暗號：「流沙！流沙！」

ＦＢＩ立刻動員華盛頓中央指揮部專門保護遭受威脅的探員。紐約警察局接收到通知，派巡邏車到塔貝爾住家、孩子學校、岳父母家，警笛大響，塔貝爾和家人被載到紐澤西的飯店，整個漫長的週末都要在那裡躲藏。

幾天後，FBI和紐約警察局認為局勢安全了，塔貝爾一家可以離開，他們沿原路開車回家，現在整棟房子裝有監視器，可以傳送實時影像，還有全天候聯邦偵察小隊守護著。那天晚上，親完小孩，道過晚安，送上床睡覺，塔貝爾和莎賓娜面對面坐在廚房餐桌，身邊都帶了一把手槍，萬一有人企圖破門而入還可以自衛。兩人吃著晚餐，看起來就像正在經歷戰爭。

那個週末，有些事情改變了。莎賓娜身為母親的直覺被這些孩子面臨的危險喚醒，看著先生，深情卻也堅決地談論這些危險：「我把此生的十六年給了你，但或許現在是時候輪到你為家人付出了。」

塔貝爾完全明白太太意指為何。塔貝爾人生最想做的就是成為一名警察，不在乎是開罰單給橫越馬路的人或追捕網際網路的頭號通緝犯；當警察是他存在的理由。但與此同時，塔貝爾也總是想要有個家庭，在FBI和妻小之間，毫無疑問，選都不用選。

塔貝爾交出配槍和徽章；網路世界的艾略特．奈斯從FBI辭職。

塔貝爾目前在紐約市的大型網路諮詢公司工作，協助公司和政府部門處理電腦相關犯罪，還是很愛玩「終極二選一」遊戲。雖然太太莎賓娜現在覺得安全多了，在家還是會隨身攜帶手槍，就連洗衣服時也會在疊滿乾淨毛巾的洗衣籃頂端放一把。

恐怖海盜羅勃茲逮捕後幾個月，看起來卡爾・福斯和肖恩・布里吉斯躲過一遭，造假的謀殺和偷竊數百萬美元比特幣都沒人發現。兩人十分聰明，多數贓物都藏在境外戶頭捏造的公司名下。兩人也以為這些數位硬幣永遠無法追蹤到他們身上，畢竟，在他們心中，比特幣就像現金——徹頭徹尾匿名。

卡爾太過自信，還聯絡紐約市的書籍出版社、好萊塢電影製片公司，希望可以販售自己身為臥底緝毒局探員幫忙打倒絲路的故事。緝毒局把他捧為英雄，還頒獎表揚他的傑出表現。看似沒有人懷疑卡爾違法亂紀，卡爾靜靜地開始販賣比特幣，償還所有房屋貸款，還買了幾樣新玩意兒。

不過，FBI和國稅局開始追查進出絲路的比特幣，打造了複雜的演算法模型，計算出錢從哪裡起飛、在哪裡降落，顯然有些比特幣數量對不上。雖然大多數的錢都知道下落，數千萬美元存在羅斯的筆電，數百萬美元在員工、駭客、線人手上，但還有大量比特幣奇妙地流入卡爾・福斯和肖恩・布里吉斯手中。聯邦探員猜想或許這是異常狀況，同專案小組的兩名員警不可能下手偷案子的錢。

或者其實有可能呢？聯邦探員偷偷開始調查這個可能，更多奇怪的點開始浮現，全都回頭指向肖恩和卡爾。

其中，FBI在絲路伺服器找到一則訊息，據稱是政府內鬼的線人傳給恐怖海盜羅勃茲，線人化名「法國女僕」，一直販賣祕密給DPR，獲取高額費用。不過，FBI開始深入調查，卻注意到法國女僕傳給DPR的其中一則訊息，很詭異地署名「卡爾」。稍後，法國女僕補了另一則訊息說：「真抱歉。我叫卡爾菈．索菲亞啦！在這市場有很多朋友。」

這明擺著卡爾搞砸了，扮成他人販賣資訊給DPR，卻不小心寫了自己的名字。聯邦探員後來發現，卡爾創造多個假帳號，用來威逼、脅迫、賄賂恐怖海盜羅勃茲。所有謎團都解決之後，他們發現數十條線索都指向卡爾偷竊了七十五萬七千美元比特幣。

面對數不盡的證據，以及可能在高度安全管理監獄坐牢數十年，卡爾．福斯決定自首認罪，承認偷竊政府財產、電匯詐欺、洗錢、違反利益衝突原則。卡爾獲判服刑七十八個月。

肖恩．布里吉斯沒有打算默默面對，一發現政府在調查他是否洗錢和妨礙司法公正時，肖恩試圖抹除工作筆電上儲存的任何不利證據。接著，打算（但不成功）變更自己的名字和社會安全碼。這些手段一一失敗後，肖恩認罪了，承認自己偷竊絲路八十二萬美元，獲判七十一個月刑期，並且必須返還五十萬美元。肖恩不像卡爾乖乖自首並開始服刑，他被抓到帶著筆電、防彈背心、護照、手機企圖逃離美國。兩人都在聯邦監獄服刑，並於二〇二二年獲釋。

羅斯逮捕後，茱莉亞探了幾次監，冒險到紐約走進監獄訪視。兩人每隔幾週都會通電話。有時候茱莉亞會在電話中哭泣；茱莉亞總是談及上帝。

二〇一五年中某天，茱莉亞不再回覆羅斯的來電。雖然還愛著羅斯，但茱莉亞決定是時候把重心放在自身和自己的事業了。一年後，薇薇安的繆思女神成為美國數一數二成功的閨房照工作室。茱莉亞還是希望能找到好男人結婚，生一、兩個孩子，房子有白圍籬，從此過著幸無美滿的生活。

柯第斯．格林（谷史）原本可能得服刑四十年，因為在猶他州西班牙福克持有一公斤古柯鹼而遭逮捕，可是因為遭受兩名違法政府探員（卡爾、肖恩）虐待、假謀殺，巴爾的摩聯邦法官判決認定柯第斯的羈押時間足以達到「刑滿獲釋」。

審判結束，格林開始在線上販售絲路紀念品，絲路帽子、絲路T恤、簽名自傳——目前還在撰寫——詳述作為絲路員工的生活。

蓋瑞．艾福德依然在紐約市國稅局任職，專心處理金融相關犯罪。政府頒獎表揚蓋瑞對絲路一案的貢獻，辦公桌上的金色牌子肯定蓋瑞是「網路世界的福爾摩斯」。蓋瑞依然會把所有文字都讀三遍。

絲路關閉後一年，傑瑞德繼續在暗網上使用 Cirrus 帳號臥底，幫助塔貝爾、蓋瑞等其他執法人員逮捕恐怖海盜羅勃茲最信任的多名顧問。

Inigo，最年輕的行政人員，才二十四歲，在維吉尼亞州查理城（Charles City）一艘船屋上遭逮捕，那是他工作和生活的地方。年邁的雙親賣了住宅、花了退休存款湊足一百萬美元易科罰金，換來兒子自由之身。Smedley 在入境美國時被當局逮捕，之前他打算和百變瓊斯一起躲藏在泰國。SameSameButDifferent 在澳洲被澳洲的聯邦警察逮捕，逮捕時，相關當局在口袋找到一枚訂婚戒；他正要去向女友求婚。其中一名年紀最長的四十幾歲行政人員，正職工作是為身心障礙者提供協助，但兼職為絲路工作。

總計，全球四十三個國家數百名人士，因為在絲路上購物、販售、工作而依序遭有關當局逮捕，最後以百變瓊斯的逮捕作結。

百變瓊斯被逮捕隔天，傑瑞德前往歐海爾國際機場郵件中心，檢查證物櫃，看看前一晚扣押的包裹和毒品。單肩掛著後背包，裡面裝著魔術方塊，傑瑞德緩緩沿著長長的走廊前進，目的地是扣押室。傑瑞德很興奮得知幾年前開始追的案子，一粒粉紅小藥丸進到他現在身處的相同設施，揭開了大追查的序幕，終於迎來落幕。

但是，傑瑞德路過轉角，經過某個門口，聽到有人呼喊他的名字。「傑瑞德！有東西要給你。」

「什麼東西？」傑瑞德問，停下腳步，轉身朝一名海關探員走去，探員坐在附近的隔間。

「我們昨晚在郵件裡找到這些。」探員說，指著桌上一個褐色氣泡信封袋和一大堆藍色搖頭丸（該信封內容物）。

「有多少粒？」傑瑞德問。

「數過了，兩百粒。」探員回覆。

「兩百？」

「兩百。」

報導二三事

每一天，我們在這世界東走西逛過日子，都會留下數十億小小指紋。轉動門把、按壓螢幕、與人互動，一舉一動都留下我們曾在那裡出沒的痕跡。網際網路上也是一模一樣，我們在社群媒體分享照片、影片，針對新聞文章留言，一整天和上百人傳簡訊、寄電子郵件、聊天。

如果有人比大多數網際網路使用者留下更多這類的數位指紋，那就是羅斯・烏布利希了。羅斯花費多年時間在電腦上過生活、與人互動，透過電腦經歷了人生好壞。

本書研究期間，我可以取得超過兩百萬字恐怖海盜羅勃茲和員工之間的聊天紀錄和訊息。這些紀錄都是極為深入的談話，論及創造和管理絲路的每一分鐘、每個決定，透露決定販售毒品、槍枝、器官、毒藥的驚人細節，顯示網站管理的方方面面。我也取得數十頁羅斯個人的日記，數千筆羅斯的照片和影片，來源包括朋友和羅斯自己的筆電、手機。

和妮可・布蘭克（Nicole Blank）研究員合作，我們翻找網路過去十年來羅斯碰觸過的任何東西，發現了無窮盡的社群媒體寶藏庫，Twitter、Google、Facebook、YouTube、LinkedIn 等等，還有羅斯曾經互動、留言的文章和社群媒體內容。我透過朋友和其他人拿到的羅斯照片則訴說更多故事，照片不只是照片而已，照片的背景資料（又稱 EXIF 資料）會註明拍攝時間、拍攝地點（許多也有 GPS 資料），還有為期三週的羅斯審判，檢方、辯護方提出的證詞、數百筆證據。

使用 Excel 資料庫功能，布蘭克和我可以集中所有資訊再交互參照二〇〇六年到二〇一三年的每一分鐘——許多情況甚至可以比對每一秒。多虧了這項功能，每件事都整齊對上。例如，在絲路上恐怖海盜羅勃茲和副手說週末要休息，來趟小旅行時，那個週末羅斯．烏布利希和朋友張貼了羅斯露營的照片。羅斯訂機票飛往多米尼克，恐怖海盜羅勃茲在班機起飛的同時就斷掉聯繫，卻又在羅斯班機降落不同時區的那一刻又重新上線了——我們的資料庫出現了好幾百次這類重疊。

我盡可能走訪羅斯實際工作的地點，例如坐在格倫公園圖書館同一張椅子上、在同一間壽司餐廳吃飯、躺在羅斯拍下阿拉莫廣場的同一塊草皮上。我和羅斯人生不同階段的人談話，從國小到大學，畢業舞會約會對象到親密好友，甚至前女友和一夜情。透過一位在泰國的翻譯，我才能取得那位據稱百變瓊斯男子的更多資訊。

書中執法單位的故事，我花了超過兩百五十個小時和追捕恐怖海盜羅勃茲的聯邦探員在一起，包括FBI、國土安全調查署、國稅局、海關暨邊境保護局、司法部，走訪局署大樓、辦公室、工作的機場、發現毒品的郵政設施（甚至遇到一隻緝毒犬，但牠沒什麼話好說）。此外，約書亞・比爾曼和約書亞・戴維斯花五十個小時訪問緝毒局，以及數十個小時訪問絲路網站的一名員工，為《連線》（*Wired*）雜誌撰寫一篇絲路專題報導。本書受益良多。

為了確保最微小的細節，我查詢線上天氣日曆來決定某幾天的溫度和風力，查詢衝浪報導瞭解浪高，查詢班機細節瞭解是否遇到亂流，查詢克雷格列表的舊廣告、飛行日誌和其他許多數位工具來講故事，講述這則敘事體非小說類故事。

自從羅斯被逮捕的那天，我就能存取格倫公園圖書館前方監視器的影像，監視器拍下羅斯自由之身的最後一刻。

即便這麼多人接受我的訪問，但羅斯・烏布利希透過家人和律師拒絕受訪。

致謝

首先，我想要大大的感謝讀者，謝謝你花時間閱讀本書。真心誠意，由衷感謝。

我也想要感謝羅斯的雙親琳和科克。雖然他們沒有接受本書訪問，但我們在審判期間確實談過幾次話。我為他們必須經歷的一切深感哀傷。

下列名字或許對讀者沒有任何意義，但我很肯定，沒有他們，就沒有這本書。

謝謝我的編輯尼基．帕帕多普洛斯（Niki Papadopoulos），我心目中最厲害的圖書編輯總是在出版的大廳漫步（噢，也要謝謝你的姓氏，我還得先 Google 一下確保我沒有拼錯）。此外，大大感謝 Portfolio／Penguin 的全組同仁，威爾（Will）、莉亞（Leah）、阿德里安（Adrian）、薇薇安（Vivian）、史蒂芬妮（Stefanie）、塔拉（Tara）、布魯斯（Bruce）、希拉蕊（Hilary）。

謝謝我的書籍代理商，卡廷卡．馬特森（Katinka Matson）及 Brockman, Inc. 的超強團隊；謝謝 CAA 的布萊恩．西伯雷爾（Brian Siberell）和布萊恩．勞德（Bryan Lourd）；謝謝 Ziffren Brittenham 律師事務所的埃里克．謝爾曼（Eric Sherman）律師。

你們每個人都真的很了不起，能與大家共事真的非常幸運。

謝謝我的研究員妮可．布蘭克，謝謝妳如此有耐心又求知欲旺盛，雖然許多忙都無法一一寫在這裡，但衷心感謝妳幫了各種忙。要特別感謝約書亞．戴維斯和約書亞．比爾曼——現今世上最好的兩位說書人——也要特別感謝《精彩》雜誌提供本書如此精彩的報導。

我知道大家總是說要是沒有某甲或某乙的幫忙，某某事就不可能成功，但要是沒有傑瑞德．德－耶吉亞、其妻金、他們的孩子；克里斯．塔貝爾、其妻莎賓娜、他們的孩子；蓋瑞．艾福德、茱莉亞．維、托馬斯．基爾南、日煥．廉；普雷斯頓．布里奇斯一家；執法單位的數十名不可在此具名的工作人員；羅斯之前的多位朋友、熟人、同事，大家都花費無數個痛苦的小時回答我那些單調無聊的問題，要是沒有這些人，本書真的不可能出版。道謝千萬次也不為過，謝謝你們！

大聲向我的《浮華世界》（*Vanity Fair*）雜誌編輯道謝，謝謝喬恩．凱利（Jon Kelly），謝謝格雷登．卡特（Graydon Carter），也要大聲向我那群才華洋溢的同事道謝，謝謝你們無法言喻的支持和友誼。特別感謝我之前在《紐約時報》（*New York Times*）的編輯、同事，尤其感謝史都華．艾默里奇（Stuart Emmerich）、達蒙．達林（Damon Darlin）、迪恩．巴奎特（Dean Baquet）、吉爾．艾布拉姆森（Jill

Abramson），以及每一位姓蘇茲伯格（Sulzberger）的人。最重要的感謝要獻給拉里・英格拉西亞（Larry Ingrassia），謝謝你，謝謝你多年前在吃中國菜，聽我隨口說出想要試試看能否當記者的時候，願意給我機會。

我知道，我的手足正在掃視這一頁，想著他們的名字到底在哪裡，我猜是時候感謝家人了。謝謝你們的美好與支持，即便在我長大成人的路上，總是讓你們頭疼到不行。謝謝老爸和瑪姬（Margie）；謝謝埃布（Eboo）、韋特（Weter）、羅門（Roman）；謝謝莉安（Leanne）、麥可（Michael）、盧卡（Luca）、薇洛（Willow）；謝謝黛布拉（Debra）和凱特琳（Kaitlyn）；謝謝阿曼達（Amanda）和史蒂芬（Stephen）；謝謝班（Ben）和喬許（Josh）；謝謝馬特（Matt）和山姆（Sam）；謝謝皮克索（Pixel）、葛雷希（Gracie）、洛蒂（Lottie）、哈米（Hammy）。有太多人要感謝，根本放不進書中，只好在此謝謝我所有的朋友——你知道你是誰。

最最重要的是，謝謝克莉絲塔（Chrysta）、薩莫塞特（Somerset）、艾默生（Emerson），謝謝你們解答了為什麼我們要活在世上的那些問題。我太太太太太愛你們了，文字無法表達我對你們有多麼感激。

克莉絲塔，我最好的朋友、孩子最棒的母親、世界上最好的太太（是，沒錯，妳是對的——總是如此）。

我愛妳。

撰寫本書期間，沒有一天不想起，對我的記者和作家生活影響最深的兩人：好友和導師大衛・卡爾（David Carr）、我那手不釋卷的母親珊卓拉（Sandra）。

大衛教導我新聞學、說故事的技巧（「持續打字，打到變成寫作」），共同相處的那幾年我永遠感激。

我的母親雖然已經不在，我希望她在天上讀著這段文字。如果正在讀的話，我知道她會先從這頁開始讀。老媽，妳現在可以翻到開頭了。我愛妳，好想妳。

參考文獻

- Bauer, Alex. "My Roommate, the Darknet Drug Lord." *Motherboard (Vice)*, March 12, 2015.
- Bearman, Joshua. "The Untold Story of the Silk Road." *Wired*, April and May 2015.
- Chen, Adrian. "The Underground Website Where You Can Buy Any Drug Imaginable. " *Gawker*, June 1, 2011.
- Greenberg, Andy. "An Interview with a Digital Drug Lord: The Silk Road's Dread Pirate Roberts." Security, *Forbes*, August 14, 2013.
- Hofmockel, Mandy. "Students Debate Current Issues." *Daily Collegian*, December 4, 2008.http://www.collegian.psu.edu/archives/article_1cb3e5e4-6ed2-5bb8-b980-1df989c663f9.html.
- Lamoustache. "Silk Road Tales and Archives." Antilop.cc.
- Mac, Ryan. "Living with Ross Ulbricht." Tech, *Forbes*, October 9, 2013.

- Mullin, Joe. "Judge in Silk Road Case Gets Threatened on Darknet." Law & Disorder, *Ars Technica*, October 22, 2014.
- Smiley, Lauren. "A Jail Visit with the Alleged Dread Pirate Roberts." *San Francisco Magazine*, October 18, 2013.

鷹級童軍（Eagle Scout）羅斯

烏布利希筆電找到的照片

羅斯．烏布利希

烏布利希筆電找到的照片

德州奧斯汀國小的羅斯（最上排左邊第一位）

烏布利希Facebook頁面的照片

羅斯和雙親琳與科克在畢業典禮上的合照
烏布利希筆電找到的照片

高中畢業舞會，羅斯晚上全身正裝泡在游泳池
感謝黛博拉·霍維茨（Deborah Horwitz）提供照片

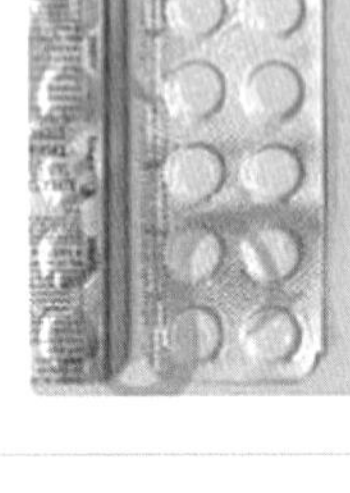

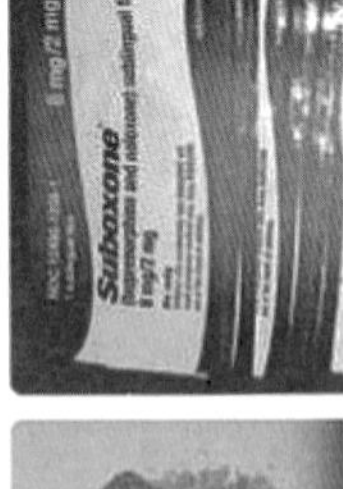

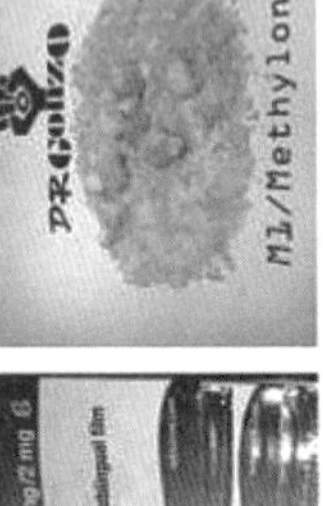

絲路網站，販售超過6,625種不同的毒品

國稅局蓋瑞・艾福德

科爾・威爾遜（Cole Wilson）
拍攝的照片

國土安全部傑瑞德・
德－耶吉亞

感謝傑瑞德・德－耶吉
亞提供照片

緝毒局卡爾‧福斯坐在馬里蘭州（Maryland）巴爾的摩辦公桌
感謝《精彩》雜誌（暫譯，Epic Magazine）提供照片

福斯假扮挪伯，線上絲路的另一個「我」
美國政府證據

羅傑·托馬斯·克拉克的照片，大家認為是百變瓊斯本尊，和其他絲路員工照片一起在烏布利希筆電上發現

烏布利希筆電找到的照片

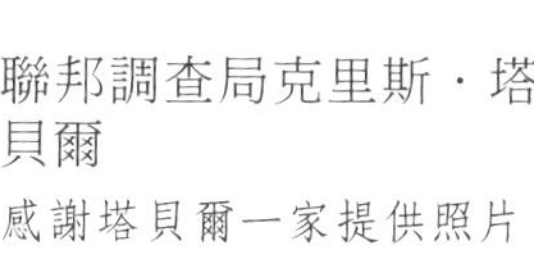

聯邦調查局克里斯·塔貝爾

感謝塔貝爾一家提供照片

03/26/2013
private guard nodes are working ok. still buying more servers so I can set up a more modular and redundant server cluster. redid login page.

03/27/2013
set up servers

03/28/2013
being blackmailed with user info. talking with large distributor (hell's angels).

03/29/2013
commissioned hit on blackmailer with angels

04/01/2013
got word that blackmailer was excuted
created file upload script

羅斯·烏布利希筆電上一段日記，詳細記載下令對某人「動手」，那人打算恐嚇恐怖海盜羅勃茲

烏布利希筆電找到的照片

絲路化名ChronicPain的柯第斯・格林和狗狗在猶他州西班牙福克的合照
感謝《精彩》雜誌提供照片

柯第斯・格林假裝在萬豪飯店遭受馬可波羅專案小組的折磨
美國政府證據

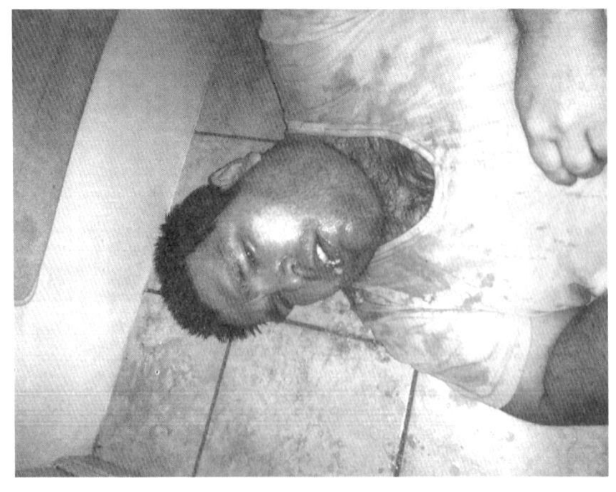

柯第斯・格林假裝遭人謀殺身亡，恐怖海盜羅勃茲收到的就是這張照片
美國政府證據

羅斯向絲路賣家購買假證件提供的照片
烏布利希筆電找到的照片

高寶書版集團
gobooks.com.tw

BK 079
暗網惡帝：直擊全球最大器官交易、毒品走私、軍火買賣帝國絲路偵查全紀錄

作　　者　尼克・比爾頓（Nick Bilton）
譯　　者　傅文心
主　　編　林子鈺
責任編輯　高如玫
封面設計　之一設計
內頁排版　賴姵均
企　　劃　陳玟璇
版　　權　劉昱昕

發 行 人　朱凱蕾
出　　版　英屬維京群島商高寶國際有限公司台灣分公司
　　　　　Global Group Holdings, Ltd.
地　　址　台北市內湖區洲子街88號3樓
網　　址　gobooks.com.tw
電　　話　(02) 27992788
電　　郵　readers@gobooks.com.tw（讀者服務部）
傳　　真　出版部(02) 27990909　行銷部 (02) 27993088
郵政劃撥　19394552
戶　　名　英屬維京群島商高寶國際有限公司台灣分公司
發　　行　英屬維京群島商高寶國際有限公司台灣分公司
法律顧問　永然聯合法律事務所
初版日期　2025年03月

國家圖書館出版品預行編目(CIP)資料

暗網惡帝：直擊全球最大器官交易、毒品走私、軍火買賣帝國絲路偵查全紀錄 / 尼克.比爾頓（Nick Bilton）著；傅文心譯. -- 初版. -- 臺北市：英屬維京群島商高寶國際有限公司台灣分公司, 2025.03
　面；　公分. --

譯自: American kingpin: the epic hunt for the criminal mastermind behind the Silk Road

ISBN 978-626-402-206-4（平裝）

1.CST：烏布利希(Ulbricht, Ross William, 1984-)
2.CST：犯罪　3.CST：個案研究
4.CST：報導文學　5.CST：美國

548.543　　114001958